Swami Satyananda Saraswati

Las bases del *yoga*

El origen del *haṭha-yoga*, los *nāthas*, y su expansión en Occidente

editorial Kairós

Fotocomposición: Grafime. 08014 Barcelona
Diseño cubierta: Katrien Van Steen
Imagen cubierta: Vishnu Vishvarupa. Victoria and Albert Museum, London
Foto contracubierta y de la página 357: Advaitavidya
Impresión y encuadernación: Romanyà-Valls. 08786 Capellades

Primera edición: Diciembre 2021
ISBN: 978-84-9988-915-3
Depósito legal: B 15.697-2021

Sumario

Prólogo

Las seis partes que componen este libro son una selección de enseñanzas orales y escritos acerca de la milenaria tradición del *yoga*.

El texto puede considerarse como un viaje que nos conduce desde los orígenes de la metafísica del *yoga* descrita en las *Upaniṣads*, la profunda y accesible enseñanza de Sri Krishna en la *Bhagavad Gītā*, las bases del *rāja-yoga* de Patañjali con su detallado análisis de la mente y de los estados de interiorización, los orígenes del *haṭha-yoga*, el misterioso mundo de los *nātha-yogīs* y la difusión del *yoga* postural en Occidente, hasta llegar a las preguntas y cuestionamientos de los practicantes de *yoga* en la actualidad.

El libro no intenta ser un compendio completo de la sabiduría yóguica, ya que esto requeriría de cientos de miles de páginas y varias vidas para poder completarlo. En él hallamos un vislumbre del extraordinario resplandor de una tradición viva de la que podemos recibir grandes bendiciones si seguimos sus pasos.

Estas páginas son un humilde ofrecimiento a los grandes *yogīs* de todos los tiempos.

PARTE I
Las bases tradicionales del *yoga*

Conferencia en el 40.° aniversario de la Asociación Internacional de Profesores de Yoga (IYTA), Barcelona, mayo de 2015

oṃ namo brahmādibhyo
brahmavidyā-saṃpradāya-kartṛbhyo
vaṃśarṣibhyo namo gurubhyaḥ
oṃ śāntiḥ śāntiḥ śāntiḥ

Oṃ. Salutaciones a Brahma,
salutaciones al linaje que transmite el conocimiento de *brahman*,
salutaciones a la sucesión de *ṛṣis* y sabios
hasta llegar a mi propio *guru*.
Oṃ. Paz, paz, paz.

Una forma tradicional de dar comienzo a una enseñanza es por medio de la recitación de un *śānti-pathaḥ*. La palabra sánscrita *pathaḥ* significa «recitación». *Śānti* significa «paz, calma, tranquilidad, bienestar». El propósito de estos *śānti-pathaḥ* es el de invocar la bendición de las deidades (*devas*) que rigen el cosmos y las bendiciones del linaje espiritual (*saṃpradāya*), así como invocar la plena presencia y la sutileza de intelecto de aquellos que escuchan la enseñanza.

En esta invocación podemos encontrar el secreto (*rahasya*) del camino del *yoga*:

Oṃ namo brahmādibhyo: salutaciones a Brahma, la deidad que manifiesta el cosmos. Tradicionalmente se considera que Brahma ya tiene en sí el conocimiento del *yoga* desde el origen de los ciclos de creación y lo transmite a su hijo mental Vasishtha. Salutaciones a todas las deidades que sostienen el cosmos.

Brahmavidyā-saṃpradāya-kartṛbhyo: salutaciones al linaje de maestros (*saṃpradāya*) que han alcanzado el conocimiento de *brahman.* Salutaciones al conocimiento más sublime, el conocimiento del Absoluto (*brahmavidyā*). Salutaciones al Absoluto, con la comprensión de que no existe nada aparte de Este y que es nuestra propia esencia. El *yogī* no busca en el exterior, sino que busca en su interior y aspira a reconocer lo que ya Es.

Vaṃśaṛṣibhyo namo gurubhyaḥ: salutaciones a los grandes maestros y *ṛṣis* que han transmitido y que siguen transmitiendo este conocimiento sagrado por medio de la palabra, de los métodos yóguicos, del silencio o de la emanación de su exaltado estado de conciencia. Las técnicas que pueden practicarse –las posturas (*āsana*), el control de la respiración (*prāṇāyāma*), la instrospección de los sentidos (*pratyāhāra*), la concentración (*dhāraṇā*), etcétera– son la parte más superficial del *yoga.* Lo más importante es aquello que el aspirante no puede ver, ni tocar ni concebir: la transmisión pura de *prajñā. Prajñā* significa «conocimiento»; no se refiere al conocimiento de «otro», sino al conocimiento de lo que somos, de nuestra esencia, que los grandes maestros afirman que es plenitud y perfección. Salutaciones a la sucesión de *ṛṣis* y sabios que desde tiempos inmemoriales transmiten sin interrupción este conocimiento (*prajñā*) hasta llegar a nuestro propio *guru.* A él y a todos, salutaciones. El *yoga* es un proceso de transformación que tiene lugar entre un maestro y un discípulo. En este encuentro ocurre una transmisión. Sin *guru* no hay *yoga*. Es muy importante comprender esto.

La enseñanza yóguica contiene en sí un poderoso conjunto de métodos, prácticas y medios que ayudan al aspirante a llegar al autoconocimiento. El hinduismo es una tradición milenaria que no puede ser considerada como una religión tal y como entendemos normalmente esta palabra –es decir, en relación con las religiones monoteístas–. El hinduismo no tiene un fundador, ni un único libro sagrado ni tampoco un único dogma o una única verdad. Es una tradición que posee una profunda metafísica que se manifiesta en múltiples caminos que conducen a la experiencia de la Divinidad y al conocimiento de la Realidad.

Las escrituras más antiguas del hinduismo son los *Vedas*. Estos están compuestos por una parte ritual (*karma-kāṇḍa*), una parte de contemplaciones y meditaciones (*upāsana-kāṇḍa*) y una última parte que trata del conocimiento (*jñāna-kāṇḍa*) en la que se encuentran las *Upaniṣads*, donde ya está presente la enseñanza del *yoga* que se irá desarrollando a lo largo de los milenios en muchas escrituras posteriores. Entre ellas destaca la *Bhagavad Gītā*, en la que Sri Krishna instruye a Arjuna acerca de los caminos del *karma-yoga* (acción desapegada), el *bhakti-yoga* (devoción) y el *jñāna-yoga* (conocimiento), aportando una amplia enseñanza. Los *Yoga Sūtras* de Patañjali son otro de los textos fundamentales para comprender el proceso de la meditación hasta llegar a los espacios de absorción (*samādhi*). Si hacemos referencia al *haṭha-yoga*, algunos de los textos esenciales para comprender el proceso de transformación interna del *yogī* que sigue este camino son la *Haṭha-*

yoga Pradīpikā, la *Śiva Saṃhitā*, la *Gheraṇḍa Saṃhitā* o el *Gorakṣa Śatakam*, donde se tratan aspectos como la purificación de los canales sutiles (*nāḍīs*), el despertar de *kuṇḍalinī* y los distintos planos por los que el *yogī* va pasando hasta llegar a la liberación. ¿A dónde quiere llegar el *yogī* por medio de este proceso? Al reconocimiento de su propio Ser, de su propia divinidad, al reconocimiento de lo que ya Es.

El *yogī* desea vivir en la divinidad, respirar la divinidad, reconocer la divinidad en su propio corazón. En su camino debe soltar todo aquello que lo limita; esta es su meta. En el sentido tradicional, el *yogī* no es aquel que asiste a una clase de *haṭha-yoga* de siete a ocho y media de la tarde y allí practica algunos *āsanas*. El *yogī* es el que vive inmerso en el *yoga* y su práctica abarca todos los aspectos de su vida. Para él todo acto es un acto yóguico, un acto sagrado –cómo camina, respira, come; cómo trata a su hijo, a su empleado; cómo trabaja en su empresa; qué lee; qué mira; con quién comparte su tiempo, etcétera–. Cada instante de la vida del *yogī* forma parte de un proceso de transformación cuyo fin es trascender las limitaciones y abrazar la infinitud.

Como profesores de *haṭha-yoga*, sabéis muy bien que presentar el *yoga* de manera adecuada es un gran reto. Vivimos en una sociedad que ha perdido el sentido de la trascendencia y de la sacralidad. Vivimos condicionados por una cultura cada vez más materialista y vulgar, en la que se valora especialmente la inmediatez; estamos bajo el influjo de unos medios de comunicación –o, mejor dicho, de manipulación– que promueven el egoísmo y el hedonismo, totalmente alejados de una auténtica cosmovisión. El ser humano moderno o posmoderno ha quedado reducido a un productor-consumidor, a alguien que paga muchos impuestos, vota algunas veces e imagina ser libre. Por medio del *yoga* podemos acogernos a una cosmovisión en la que el ser humano forma parte de un cosmos sagrado. Es muy necesario resacralizar nuestras vidas: este es el gran reto del *yogī*.

La función del profesor de *haṭha-yoga* es algo muy especial, porque la mayoría de las personas no van a clase buscando una cosmovisión sagrada, sino que asisten quizás porque no duermen bien, les duele la espalda o están agitados y esperan que el profesor les ayude a resolver estos problemas. Ciertamente el *yoga* puede ayudar a resolverlos, pero su finalidad no es esta; estos podrían considerarse beneficios secundarios. El profesor hábil es aquel que puede ayudar en el caso de una dolencia de espalda, o a que una persona duerma mejor, pero es mediante el ejemplo de su vida –sumado a la enseñanza adecuada de los *āsanas*, los *prāṇāyāmas*, la meditación y una cosmovisión yóguica– como podrá conducir al alumno a un estado de menor contenido mental, en el que se encontrará más pleno. Tal como dice Patañjali en los *Yoga Sūtras*:

> *yogaścitta-vṛtti-nirodhaḥ*
>
> El *yoga* es la cesación (*nirodha*) de los movimientos (*vṛttis*) de la mente.

Si el profesor de *haṭha-yoga* –por medio de una serie de *āsanas*, una relajación y unos minutos de meditación– puede llevar a sus alumnos al reconocimiento de que existe en ellos un espacio de plenitud y un gran tesoro en su interior, habrá cumplido adecuadamente con su función. Mostrar la infinitud que existe en el interior de todos es el auténtico sentido del *yoga*.

En la cultura predominante del Occidente actual, las palabras como «religión» o incluso «espiritualidad» no están de moda y se ha intentado separar el *yoga* de su madre, la tradición hindú, que es de donde surgió, se nutrió y alcanzó esta gran variedad de prácticas y enseñanzas. Para comprender el *yoga* es necesario un conocimiento básico del hinduismo y de la meta de esta tradición: el autoconocimiento.

¿Cómo podemos penetrar en la rica cosmovisión hindú? Leamos un verso del *Mahābhārata* que pertenece al *Viṣṇu-sahasra-nāma* (*Los mil nombres de Vishnu*), un texto que repiten miles de hindúes a diario y que nos permite acercarnos a esta forma de comprender la realidad:

> *namo'stvantāya sahasra-mūrtaye sahasra-pādā'kṣi śiroru-bāhave*
> *sahasra-nāmne puruṣāya śāśvate sahasra-koti-yuga-dhāriṇe namah*

> Salutaciones al Señor infinito que tiene infinitas formas, infinitos pies, ojos, cabezas, muslos y brazos. Salutaciones al Ser eterno de infinitos nombres que sostiene millones de eras cósmicas.

Este verso habla de una única Conciencia que existe en todo y que, en su majestuosa y extraordinaria manifestación como universo, toma infinitos nombres e infinitas formas, incluidos nosotros mismos. El *yoga* nos muestra el camino para llegar al reconocimiento de esta esencia anterior al nombre y a la forma. Los textos exponen que esta esencia o Absoluto, en su completa libertad (*svātantrya*), se manifiesta como el cosmos y danza gozosamente. Una de las representaciones más bellas de la iconografía hindú la encontramos en la imagen de Shiva Nataraja. En Occidente, debido a nuestra educación, hemos perdido en gran medida la conexión con lo simbólico y lo mitológico. Nuestra mente ha sido educada en lo racional y pragmático. En el mito y en el símbolo podemos encontrar algo trascendente que nos puede «hacer recordar» un conocimiento inmemorial, una verdad interior que existe en nosotros de forma latente.

En la imagen de Shiva Nataraja, se representa al Absoluto en su danza de la manifestación. Por supuesto que el hindú no confunde al Absoluto con esta imagen; sabe que la divinidad no tiene necesariamente cuatro ni seis brazos y que no sostiene un tambor como Nataraja. Todo hindú sabe que detrás de esta imagen existe un profundo significado.

La imagen de Shiva Nataraja expresa las cinco funciones de la Divinidad (*pañcakṛtya*) según el shivaísmo. De acuerdo a esta concepción, la manifestación del cosmos es un baile y un juego. La Realidad Suprema, el Absoluto, se representa aquí como el rey de la danza, el baile de la Conciencia Suprema. Veamos el simbolismo de la imagen.

En una de las manos del lado derecho, Shiva sostiene un pequeño tambor (*ḍamaru*). Cuando este instrumento se toca adecuadamente, produce un sonido parecido al sonido «*oṃ*» –el sonido primordial, la primera vibración de la que emana el cosmos–, simbolizando la creación, la emanación de miles de millones de universos, seres y planos de conciencia.

En el lado derecho de Nataraja también vemos una mano abierta mirando hacia delante en una *mudrā* yóguica que significa protección (*abhaya mudrā*), simbolizando que la divinidad sostiene todos los planos de la manifestación.

En la palma de la mano del lado izquierdo arde una llama que simboliza la destrucción o disolución de los universos. Todo lo que existe en el plano del tiempo, el espacio, el nombre y la forma es creado, se mantiene durante un espacio de tiempo y se reabsorbe. Todo se disuelve regresando a su origen.

Entremos ahora en otro aspecto del amplio simbolismo de esta imagen. La Conciencia o divinidad está bailando, gozando de esta danza, y para aumentar su disfrute –esto es muy importante para comprender la cosmovisión hindú– esta misma conciencia una que se manifiesta en infinitas formas juega a esconderse de Sí misma a través de la velación. ¿Cómo lo hace? En esta misma sala, ahora, existe en realidad una única Conciencia, pero esta, en su extraordinario baile, se disfraza y toma la forma de setenta personas que, habiendo olvidado su esencia (velación), se buscan a sí mismas por medio del *yoga*. Siendo ya el Absoluto, sienten que tienen que seguir un camino para llegar al Absoluto y practicar *yoga* para llegar a ser libres y plenas. Para una comprensión adecuada del hinduismo, es importante contemplar acerca de la función que tiene la velación, ilusión (*māyā*) o ignorancia (*avidyā*). En esta imagen, la velación está expresada por medio de un pequeño ser situado debajo del pie izquierdo del Shiva danzante. Este se denomina Mulayaka y simboliza la ignorancia, la ilusión, la velación de la perfección inherente en nuestro interior y en todo. En el ca-

Shiva Nataraja

mino del *yoga*, lo más importante no es lograr algo, sino correr el velo de la ignorancia y reconocer lo que ya somos.

Finalmente, la quinta función cósmica y la más importante es la gracia (*kṛpā*), representada por la mano del lado derecho que apunta al pie de Shiva, que está elevado en su movimiento de danza. Es por medio de esta quinta función por la que el *yogī* recibirá la gracia de su *guru* o de la divinidad, que le permitirá acceder al conocimiento del *ātman*. Esta gracia (*gurukṛpā*), junto con el esfuerzo personal, permitirán al aspirante establecerse en la plenitud de su propia esencia. Cuando el *yogī* recibe la gracia de su *guru*, empieza un sagrado proceso de *yoga* interno que tiene lugar hasta que la dualidad desaparece y reconoce la esencia divina subyacente en todo.

La imagen de Nataraja es un poderoso símbolo de la expresión de la divinidad manifestada como el cosmos –emanación, manutención y disolución–: todo nace, existe durante un tiempo y se disuelve. A la vez, velación: siendo la Realidad Suprema lo único que existe, bajo la ilusión nos sentimos buscadores, creemos que hemos nacido y que moriremos y buscamos un camino hacia la plenitud. La Conciencia una y libre juega a envolverse e identificarse con pensamientos creando la limitación. Cuando el *yogī*, por medio de su ascesis y práctica meditativa, va más allá de todo concepto, idea, noción y fantasía, así como de todo recuerdo o memoria, incluso más allá de la idea de «yo», entonces, en el silencio, se formula la pregunta: ¿Quién soy? (*ko'haṃ*). En este silencio absoluto libre de todo pensamiento (*vṛtti*), ¿quién soy? Es aquí, en la ausencia de todo movimiento y condicionamiento, donde tiene lugar el reconocimiento de la absoluta plenitud y donde el *yogī* experimenta en su interior: «Soy la Conciencia una», «Soy el Absoluto».

Como vemos, la comprensión del *dharma* hindú nos puede llevar a una nueva visión de nosotros mismos y del cosmos. El camino del *yoga* no se basa en la creencia, sino en la autoindagación, en la observación profunda de lo que somos. A la vez, el hinduismo también contiene medios y prácticas adecuadas para aquel que, debido a la dispersión de su mente y sus sentidos, no puede seguir el camino directo de la autoindagación. Esta es la razón de esta imagen. ¿De qué está hecha esta imagen? De cobre o, seguramente, de una mezcla de cinco metales llamada *pañcaloha*. Si debido a los condicionamientos de nuestra mente no somos capaces de reconocer la divinidad en nosotros, podemos usar el medio de la adoración de una imagen en la que proyectamos nuestro sentimiento (*bhāva*) de divinidad. Entonces le ofrecemos nuestra adoración por medio de flores, incienso, perfumes o la recitación de *mantras*. Esto concentrará nuestra mente y será un paso en el camino, hasta que llegará un momento en el que todo desaparecerá en los espacios de silencio interior y el *yogī* sentirá la divinidad en sí mismo como su propio Ser. Entonces, posiblemente no necesite la imagen ni la adoración por medio de las ofrendas de flores, perfumes, incienso o luces, aunque tampoco tiene por qué ser reacio a ello. Simplemente, absorto en sí mismo, sin ningún utensilio, en silencio y sin moverse, solo por su intenso sentimiento interior (*bhāva*), podrá llevar a cabo lo que se denomina *ātmapūjā*, la adoración a su propio Ser.

En el hinduismo existen muchos medios hábiles y cada uno de ellos es apropiado dependiendo de la persona y el momento determinado. No todo el mundo puede concebir la divinidad Absoluta en sí mismo. Muchas personas necesitan adorar algo externo, por lo que la imagen, el templo y el lugar sagrado son importantes ayudas en esta adoración externa para concentrar y purificar la mente. En la tradición yóguica existen muchos medios y prácticas espirituales distintas. Es necesario comprender su propósito y su función, pero su finalidad es siempre la misma: conducirnos a la plenitud que existe siempre en nosotros.

El camino del *yoga* consta de una serie de medios y prácticas para que la mente del aspirante se establezca en la pureza y la luminosidad (*sattva-guṇa*). Solo una mente pura y luminosa será capaz de discernir y reconocer la plenitud que existe más allá del pensamiento. La práctica de *āsanas*, *prāṇāyāmas*, *mudrās*, *bandhas*, etcétera, es un medio para que la mente del aspirante esté cada vez menos afectada por la inercia y la opacidad (*tamoguṇa*). Cuando la inercia (*tamas*) predomina en la mente, no podemos acceder a los espacios sutiles de interiorización y meditación. Si predomina *rajoguṇa*, la mente estará llena de deseos, proyectos egoicos o pasión; el aspirante estará siempre pendiente de algo o de alguien y tampoco será capaz de penetrar en los estados de introspección. El propósito del *yoga* es que la mente se establezca firmemente en la luminosidad, la pureza y la quietud mental. El *yogī* es aquel que tiene la fortaleza y la voluntad de usar los medios adecuados, seguir la enseñanza y avanzar sin descanso hasta llegar al conocimiento de su esencia.

Para comprender adecuadamente la tradición del *yoga*, como ya hemos comentado, es necesario tener unas bases de la profunda metafísica del hinduismo. Esta metafísica la encontramos especialmente en las *Upaniṣads*, en muchos casos por medio de historias y diálogos entre sabios maestros y sus discípulos.

En la *Chāndogya Upaniṣad* encontramos una historia en la que Shvetaketu, tras doce años de estudio, regresó a su casa familiar muy orgulloso del conocimiento que había adquirido. Su padre, el sabio Uddalaka, observó que su hijo tenía un gran obstáculo: el orgullo del conocimiento. Un día se le acercó y le dijo:

–Hijo mío, ¿tus maestros te han enseñado Aquello que una vez conocido no queda nada por conocer?

Shvetaketu, sorprendido, respondió:

–No, padre –y agregó–: no me lo han enseñado. Seguramente mi *guru* no tenía este conocimiento.

Uddalaka no dijo nada más y dejó pasar un tiempo. Sabía que su hijo, aunque orgulloso, tenía una gran sed de conocimiento.

Unos días más tarde, Shvetaketu se acercó a su padre y le dijo:

–¡Oh padre! ¿Tú tienes este conocimiento del que me hablaste?

El padre respondió:

–Es el conocimiento más importante que existe.

Entonces Shvetaketu le pidió humildemente a su padre, Uddalaka, que le transmitiera este conocimiento.

Para poder transmitir una profunda enseñanza es necesario que el discípulo tenga plena confianza (*śraddhā*). Este es un término clave en el proceso del autoconocimiento que define la plena confianza en el *guru* y en la tradición. El discípulo tiene que estar abierto a recibir un conocimiento que posiblemente va a cambiar por completo la forma en que concibe el mundo y a sí mismo. Si no confiamos, ¿cómo podremos recibir esta enseñanza? Si nuestra mente siempre está en la duda o en el juicio, esta enseñanza no podrá transformarnos.

Volviendo a la historia: Shvetaketu, ahora en armonía con su padre, está preparado para recibir la enseñanza y Uddalaka, en su función de *guru*, enseña a su hijo y discípulo:

–Shvetaketu, acércate. Trae un vaso y llénalo de agua.

Shvetaketu hizo lo que se le había pedido y acercó el vaso lleno de agua a su padre. Uddalaka prosiguió:

–Ahora añádele un puñado de sal y remuévela hasta que se funda en el agua.

–Aquí está, padre.

–Ahora, observa el agua atentamente y dime si puedes ver la sal.

Shvetaketu respondió:

–No, padre, no la puedo ver.

–Escucha bien, Shvetaketu: de la misma forma en que la sal existe en esta agua aunque no sea visible, Aquello, el Absoluto, está presente en todo lo que existe. Esta Realidad existe también en ti. Eso eres tú. *Tat tvam asi*.

Shvetaketu recibió esta enseñanza, pero no comprendió plenamente su significado porque no se trata solo de una comprensión intelectual, sino que implica la apertura a otro estado de conciencia.

Uddalaka siguió enseñando a su hijo a lo largo de varios días por medio de diferentes ejemplos en distintos momentos y situaciones.

En otra ocasión, padre e hijo estaban caminando en dirección a un río cercano. Al lado del sendero, un alfarero preparaba una pila de arcilla para su trabajo. Uddalaka le preguntó a su hijo:

–Shvetaketu, ¿qué ves aquí, al lado del camino?

–Oh padre, veo arcilla fresca.

Continuaron caminando, se bañaron en el río y al cabo de unas horas regresaron. El alfarero había estado trabajando la arcilla y había creado diversos objetos. En su camino de regreso, señalando el mismo lugar en el que antes estaba la arcilla, de nuevo Uddalaka preguntó:

–Shvetaketu, ¿qué ves aquí ahora?

Shvetaketu respondió:

–Oh padre, veo vasos, vasijas, platos, ollas y otros objetos.

Uddalaka le dijo:

–Oh hijo, escucha bien. Todo esto –vasos, vasijas, platos y ollas– son solo nombres. Recuerda que esto es arcilla y únicamente arcilla. De la misma manera, oh Shvetaketu, detrás de todas las formas y nombres del cosmos existe la misma esencia Una. Esta es tu esencia. Eso eres tú. *Tat tvam asi.*

La esencia del *yoga* es el reconocimiento directo, más allá de la mente, de la realidad que subyace sin ser vista detrás de todo nombre y forma y que los textos, desde la antigüedad, afirman que es plenitud y dicha suprema.

En esta historia, después de que Uddalaka repitiera a Shvetaketu nueve veces la gran proclamación (*mahāvākya*) «*Tat tvam asi*» (Eso eres tú), este finalmente despertó al conocimiento de lo Real, de su Esencia. Una de las cosas más extraordinarias de las *Upaniṣads* es la naturalidad con la que esta sublime enseñanza se transmite en medio de sencillas situaciones cotidianas, muchas veces en la naturaleza, ya que muchos de estos sabios vivían retirados en los bosques, en *āśrams* o comunidades. Quién sabe si, en el caso de que Shvetaketu no hubiese llegado a esta comprensión, su padre no le habría recomendado sentarse firmemente en postura perfecta (*siddhāsana*) durante horas o practicar *bhastrikā prāṇāyāma* (respiración del fuelle). ¿Para qué? Para armonizar su energía vital (*prāṇa*), aquietar su mente, purificar su intelecto y para que finalmente pudiera tener el reconocimiento directo de su propia esencia (*ātman*).

Vyasa, el gran comentarista de los *Yoga Sūtras* de Patañjali, describe el *yoga* con la afirmación: «*Yoga* es *samādhi*». El *yoga* es la absorción en nuestra propia esencia. Nunca hemos de olvidar que la meta del *yoga* es la trascendencia de toda limitación. El profesor de *yoga* es aquel que enseña los medios hábiles para ayudar al alumno a encontrar en sí mismo un estado expandido, elevado y libre.

La cultura de la posmodernidad ha olvidado la sacralidad de la vida. Para paliar este vacío, se ha promovido una obsesión desmesurada por la adquisición y acumulación de objetos –muchas veces inútiles–. La publicidad nos dice que seremos más libres y felices cuando compremos un coche negro; se nos adiestra a buscar la felicidad siempre en algo: en la casa, en un viaje, en la pareja… Pero si fuéramos capaces de observarnos podríamos ver que, aunque colmásemos todos nuestros deseos, permanecería en nosotros la misma incomodidad existencial, la sensación de «no me siento pleno en mí mismo».

El *yogī* es aquel que reconoce que la dicha no es algo externo a él; ciertamente disfruta del mundo dentro del *dharma*, pero sabe que la mente y los cinco sentidos siempre se están proyectando hacia el exterior y que ninguna experiencia sensorial va a resolver su problema existencial. El *yoga* requiere de autoindagación, de un profundo trabajo, de una intensa práctica para llegar al reconocimiento de Aquello que ya somos. Podemos preguntarnos: ¿cómo vamos a observar e indagar en lo que ya somos si nuestra mente no para de dar vueltas constantemente y está siempre envuelta en medio de memorias, emociones, proyectos y fantasías? El aspirante, a lo largo del proceso yóguico, irá purificando y aquietando su mente, para, al final, desaparecer en el espacio de la Conciencia.

Ahora mismo, podemos observar cómo los pensamientos van y vienen en nuestra mente. Pero observemos con plena presencia el espacio anterior al pensamiento que existe siempre en nosotros y al cual nunca prestamos atención. En nosotros existe una Conciencia que reconoce que la mente tiene pensamientos de tristeza o de alegría. Una conciencia libre y desapegada, que los textos describen como el observador, el testigo (*draṣṭuḥ*) tanto de los pensamientos como del silencio de la mente. Apegados al contenido de la mente decimos «estoy muy agitado» o «estoy muy tranquilo», pero en realidad nuestra esencia no está nunca ni agitada ni tranquila; únicamente es la mente la que experimenta agitación o tranquilidad. En la mente pueden manifestarse pensamientos de dicha, congoja, compasión o celos, pero toda experiencia se manifiesta siempre sobre un profundo silencio subyacente. Cuando no hay ningún pensamiento en nuestra mente, cuando la mente está vacía de todo contenido, ¿qué es aquello que es consciente de que la mente no tiene contenido? La Conciencia. Esta Conciencia es lo que Somos. Esta Conciencia está siempre aquí, libre, nunca afectada y perfecta en sí misma. El *yogī* es aquel que vive con este conocimiento y se hace uno con él. El *yogī* es el que puede ir más allá de los movimientos de la mente (*vṛttis*), más allá del tiempo, el espacio y la limitación –que no son sino modificaciones mentales– para llegar finalmente al espacio de plenitud absoluta que existe en él.

Para mí es un honor estar junto a tantos profesores de *yoga*, personas que habéis dedicado una parte importante de vuestra vida a esta práctica y a este conocimiento, a este camino que nos conduce hacia el reconocimiento de nuestra divinidad.

Me siento muy honrado porque el *yoga* es uno de los medios que puede ayudar a muchas personas a encontrar su fortaleza y su espacio de libertad interior; esta es una forma muy noble de ayudar a elevar la sociedad.

PARTE II
El *yoga* en las *Upaniṣads*

Conferencia para la Universidad del Gran Rosario, Argentina, con motivo del Día Internacional del Yoga, julio de 2020. Editada y ampliada para este libro

> La meditación es superior al pensamiento. Parece que la tierra medita, parece que la región intermedia y los planos celestiales meditan, parece que el agua medita, parece que las montañas meditan, parece que los dioses y los hombres meditan. Por ello, aquellos que alcanzan la grandeza, disfrutan de los frutos de la meditación. Así pues, venera la meditación.[1]

Las *Upaniṣads* son la parte final de los *Vedas*, contienen la enseñanza metafísica más sublime del hinduismo y la esencia del camino del *yoga*. Tradicionalmente se considera que los *Vedas* tienen dos partes. La primera se denomina *karma-kāṇḍa* y es la parte ritualista. En ella se expone cómo por medio de acciones rituales se invoca a las diferentes divinidades que rigen el cosmos para recibir sus bendiciones, como por ejemplo propiciar la lluvia, obtener abundancia material, salud, progenie, paz en un reino, etcétera. Esta parte ritualista está relacionada con la vida en el mundo y es una ayuda para que esta se desarrolle de forma armoniosa y agradable. La segunda parte de los *Vedas* está compuesta por las *Upaniṣads*, se denomina *jñāna-kāṇḍa* y trata del conocimiento de *brahman*. Se la conoce también como *vedānta*, literalmente «el final (*anta*) del *Veda*», o *jñāna-yoga*.

1. *Chāndogya Upaniṣad* VII, 6, 1.

El conocimiento expuesto en las *Upaniṣads* no es el conocimiento de algo que pueda ser percibido por medio de los sentidos ni comprendido por medio de la mente. No es el conocimiento de «otro», sino el conocimiento de nuestra propia esencia que, según las *Upaniṣads*, es la esencia de todo. La enseñanza de las *Upaniṣads* es muy sutil; en el proceso del autoconocimiento se puede usar la mente hasta un cierto estadio del camino, pero luego hace falta ir más allá de la misma mente y del intelecto para poder «comprender» directamente, más allá de toda comprensión intelectual, en un proceso de reconocimiento extraordinario de la Realidad. Es necesario tener siempre presente que para las *Upaniṣads* el buscador es la meta.

Bajo la ignorancia (*avidyā*) nos asociamos con el cuerpo, la mente y el intelecto, y a la vez con los estados de vigilia, sueño y sueño profundo. La enseñanza de las *Upaniṣads* nos lleva al reconocimiento de Aquello que es anterior a todas estas identificaciones. Los sabios de las *Upaniṣads* enseñan que si somos capaces de observar en nuestro interior, en los espacios anteriores a la mente, y fundirnos en nuestra esencia nunca afectada por nada, viviremos inmersos en la plenitud. Esta enseñanza no es para ser estudiada en un sentido académico o intelectual –aunque por supuesto que existen grandes eruditos de las *Upaniṣads*, así como existen estudiosos de todas las materias–, el auténtico propósito de la enseñanza de las *Upaniṣads* es transformar radicalmente nuestra visión de nosotros mismos y del cosmos para llevarnos al autoconocimiento.

La palabra *upaniṣad* proviene de la raíz sánscrita *sad*, que significa «debilitar», «aniquilar», y el prefijo *upa-*, que denota proximidad. Hablamos de una enseñanza que solo puede recibirse y hacerse efectiva si existe una gran cercanía interior entre el maestro y el discípulo. El significado profundo de esta palabra connota también la humildad con la que el discípulo se acerca a su maestro. Sri Shankaracharya, el gran exponente del *advaita-vedānta*, interpreta el significado de la palabra *upaniṣad* como «aquello que destruye» la ignorancia y «aquello que conduce» al conocimiento de *brahman* (el Absoluto). En realidad, para comprender plenamente esta enseñanza es necesario entrar en otra concepción del mundo, despojarse de muchos de los condicionamientos de la sociedad moderna que nos limitan y ser capaces de participar de una cosmovisión sagrada y de una metafísica milenaria.

En el proceso del *jñāna-yoga* expuesto en la enseñanza de las *Upaniṣads* nos encontramos con el denominado *adhikārī-bheda*: la preparación o la capacidad del aspirante que recibe la enseñanza, su predisposición y su potencialidad para llevar a cabo el sutil proceso de la autoindagación. Cada persona está en un distinto estadio de preparación, y es necesario un proceso de ascesis y purificación, tanto física como mental, para ser capaces de elevarnos internamente y así recibir y asimilar por completo esta sutil enseñanza.

Las diez *Upaniṣads* más antiguas son: *Īśa*, *Kena*, *Kaṭha*, *Praśna*, *Māṇḍūkya*, *Muṇḍaka*, *Aitareya*, *Taittirīya*, *Chāndogya* y *Bṛhadāraṇyaka*. Estas se denominan mayores y contienen las enseñanzas de grandes *ṛṣis* y maestros como Yajñavalkya, Shandilya, Aitareya, Pippalada, Uddalaka o Sanatkumara, entre otros. Este grupo de *Upaniṣads* cuenta también con el prestigio que les otorga el haber sido comentadas por importantes *ācāryas* (maestros) como Sri Shankara, Ramanuja y Madhva, que sentaron las bases de diferentes escuelas del *vedānta.* A estas *Upaniṣads* pueden seguirlas en relevancia *Kauṣītaki*, *Maitrāyaṇi*, *Mahānārāyana*, *Śvetāśvatara* y *Kaivalya.* Las *Upaniṣads* se pueden clasificar también por su pertenencia al *Ṛg*, al *Sāma*, al *Yajur* o al *Atharva Veda.* A la vez, es común separarlas en seis grupos según su contenido: shivaítas, vishnuitas, shaktas (con énfasis en la Devi), *saṃnyāsa* (sobre la renuncia), *sāmānya-vedānta* (sobre el *advaita-vedānta*) y las *Upaniṣads* del *yoga.*

Podemos ver ahora, aunque sea brevemente, las denominadas *Upaniṣads* del *yoga.* Estas son más tardías que las *Upaniṣads* mayores; en ellas podemos encontrar una fuerte influencia del *tantra* y están impregnadas de la enseñanza no dual del *advaita-vedānta.* Algunas de ellas exponen detalladas enseñanzas acerca de *kuṇḍalinī*, los *cakras* y las *nāḍīs*, así como diferentes *āsanas*, *prāṇāyāmas*, *mudrās* y *bandhas.* En ellas encontramos una preciosa conjunción entre *yoga* y *jñāna*, tal y como está bellamente expresado en la *Yoga Tattva Upaniṣad*:

> El *yoga* es impotente para producir *mokṣa* cuando se carece de *jñāna* o conocimiento. El aspirante a la liberación debe de practicar firmemente *yoga* y *jñāna.*
>
> El ciclo de nacimiento y muerte solo se origina debido a la ignorancia (*ajñāna*), y perece únicamente por el conocimiento (*jñāna*). Solo *jñāna* existía en el principio. Hay que reconocer (que *jñāna*) es el único medio (para la liberación).
>
> Por medio de *jñāna* reconocemos la naturaleza real de *kai-*

valya, el estado supremo, inmaculado, sin partes, *sat-cit-ānanda*, existencia, conciencia y dicha.[2]

Las *Upaniṣads* del *yoga* agrupan unos veinte textos que exponen en detalle el recorrido del *yogī*, así como las prácticas y estadios en su proceso hacia la liberación. Aportan claridad acerca de la concentración (*dhāraṇā*) y la meditación (*dhyāna*), describen diferentes estados de absorción (*samādhi*) y el estado de no mente (*amanaska*). También encontramos en ellas abundantes contemplaciones acerca de la no dualidad. Algunas de estas *Upaniṣads* ofrecen instrucciones acerca del uso de *mantras*, hablan de los sonidos internos que el *yogī* puede oír en meditación profunda, así como de otros aspectos del camino del *yoga*. Las *Upaniṣads* del *yoga* son, por un lado: *Amṛtabindu*, *Amṛtanāda*, *Nādabindu*, *Dhyānabindu* y *Tejobindu*, con un gran contenido yóguico, tántrico y de *advaita-vedānta*; después encontramos *Haṃsa*, *Brahmavidyā*, *Mahāvākya* y *Pāśupatabrahma Upaniṣads* con enseñanzas acerca del poder del sonido y su utilización para llegar a los estados de absorción (*samādhi*), y, por otro lado, *Yoga Kuṇḍalinī*, *Yoga Tattva*, *Yogaśikhā*, *Varāha*, *Triśikhi-brāhmaṇa*, *Darśana* y *Yogacūḍāmanī*, que contienen enseñanzas sobre diversos aspectos del *haṭha-yoga* (*āsana*, *prāṇāyāma*, *mudrās*, *bandhas*, etc.). Completarían el grupo de estas veinte *Upaniṣads* la *Kṣurikā*, *Maṇḍala-brāhmaṇa* y *Advaya-tāraka*.[3]

2. *Yoga Tattva Upaniṣad* 15-17.

3. Las *Upaniṣads* del *yoga* se tratan en detalle en la parte V, «Las raíces del *haṭha-yoga* y su expansión en Occidente».

Volvamos ahora a las *Upaniṣads* de mayor antigüedad para ver que la esencia del *yoga* ya estaba contenida en ellas. La *Maitrāyaṇi Upaniṣad* afirma:

> Nuestro pensamiento es nuestro mundo. Una persona se convierte en lo que piensa. Este es el eterno misterio. Si la mente descansa en el interior, en el *ātman*, disfrutamos de la dicha eterna.[4]

Esta enseñanza es de vital importancia para comprender en profundidad la visión y el proceso del *yoga*. Quizás algunos podéis suponer que, por estar en la misma sala y escuchando la misma enseñanza, estamos viviendo todos la misma experiencia. Esto es absolutamente falso. Cada uno está en su mundo, en «su propia sala» y escucha esta enseñanza a su manera; todo es siempre una proyección de nuestra mente. Alguien quizás está pensando: «¡Este *swami* no acaba nunca!». Otro puede pensar: «¡Qué enseñanza más profunda!». Y si alguien siente picor en la espalda y se está rascando, su atención no estará en la enseñanza. Todos estamos en nuestra propia mente.

En la *Muktikopaniṣad* encontramos un diálogo entre Sri Rama y su devoto Hanuman en el que este último le pregunta acerca del medio para alcanzar la liberación (*kaivalya*). Sri Rama le responde que la enseñanza de la *Māṇḍūkya Upaniṣad* es suficiente. Si no lo fuera, le aconseja el estudio de las diez *Upaniṣads* mayores. Finalmente, le nombra ciento ocho *Upaniṣads* y le indica que el conocimiento que contienen conlleva la destrucción de la falsa identificación con el cuerpo,

4. *Maitrāyaṇi Upaniṣad* VI, 34.

los sentidos y la mente, y que conduce inexorablemente a la liberación en vida (*jīvanmukti*). Sri Rama enfatiza a Hanuman que este es un conocimiento secreto y que solo puede ser revelado a aquel que está dedicado al servicio de su maestro, que es devoto, que sigue una conducta digna y que es inteligente, indicándole también que el discípulo debe ser probado antes de recibir la iniciación.

Vayamos ahora al corazón de esta enseñanza. En la *Chāndogya Upaniṣad* encontramos una historia que explica cómo Indra pudo recibir la enseñanza de Prajapati (el creador y padre del universo) y obtener el conocimiento del *ātman* solo después de un largo período de intensa disciplina yóguica. Prajapati declaró:

> El *ātman* está libre de todo mal, libre de la vejez, no sufre hambre ni sed. Aquellos que conocen el *ātman* satisfacen todos sus deseos y obtienen todos los mundos.

Esta enseñanza de Prajapati se expandió por todos los mundos y planos de existencia, desde los planos superiores de los *devas* a los mundos inferiores de los *asuras*. *Devas* y *asuras* quedaron fascinados por las palabras de Prajapati y desearon ser poseedores de este conocimiento. La idea de que el conocedor del *ātman* satisficiera todos sus deseos y obtuviera todos los mundos generó un gran interés en Indra, el rey de los *devas*, y en Virochana, el rey de los *asuras*, quienes desde sus distintos planos se dirigieron al mundo de Prajapati para recibir esta enseñanza.

Al llegar al lugar de residencia de Prajapati, este les dijo que, si querían ser instruidos, primero debían pasar treinta y dos años haciendo servicio (*seva*) siguiendo los votos de *brahmacarya* (una vida yóguica, de austeridad, estudio, meditación, disciplina y continencia). Indra y Virochana asintieron y pasaron este período centrados en su práctica. Pasado este tiempo, Prajapati les preguntó:

–¿Qué es lo que buscáis? ¿Qué es lo que queréis saber?

Ambos respondieron:

–Buscamos el conocimiento que tú posees. El conocimiento del *ātman*, que satisface todos los deseos y por medio del cual se poseen todos los mundos. Por eso hemos permanecido aquí.

Prajapati les pidió que se acercaran y les dijo:

–El *ātman* reside en el centro, en el interior de vuestros ojos. Inmortal, libre de temor, es el supremo *brahman*.

Al ver que ambos estaban perplejos, continuó:

–Acercaos a este cuenco de agua y mirad atentamente el reflejo de vuestra cara. Eso es el *ātman*.

Prajapati se dio cuenta de que no comprendían la enseñanza y les dijo:

–Vestíos ahora con vuestras mejores ropas, poneos una guirnalda de flores en el cuello y mirad de nuevo el reflejo de vuestra cara y vuestros ojos en el agua. La esencia reflejada aquí, Eso es el *ātman* inmortal, *brahman*.

Los dos se fueron plenamente satisfechos. Prajapati observó cómo se marchaban siendo consciente de que ninguno de ellos había comprendido realmente la enseñanza y se dijo a sí mismo: «Se van sin conocer nada acerca del *ātman*. Cualquiera de ellos, sea un *deva* o un *asura*, que comprenda la enseñanza de forma errónea (considerando que el cuerpo es el *ātman*) perecerá».

Virochana, el rey de los *asuras*, muy feliz llegó a su mundo y empezó a enseñar:

–Señores, el cuerpo es el *ātman*, disfrutemos. El cuerpo es lo único a lo que hay que servir.

Así es como vive una gran parte de la humanidad, intentando disfrutar –sufriendo también– convencidos de que no existe otra realidad superior aparte del cuerpo y del plano del estado de vigilia. Virochana y los *asuras* no indagaron más. La *Upaniṣad* afirma en este punto: «En este mundo, el que no tiene confianza (en una realidad superior) ni hace donaciones (*dāna*) ni lleva a cabo rituales (*yajña*) es como un *asura*, ya que sigue la conducta de los *asuras*».

Siguiendo con la historia, Indra –que tenía un intelecto más luminoso–, durante su viaje de regreso al mundo de los *devas*, reflexionó acerca de la enseñanza recibida y se preguntó: «Si el cuerpo fuera el *ātman*, si este estuviese ciego, deforme o pereciera, ¿qué ocurriría? El cuerpo no puede ser el *ātman*. No he comprendido la enseñanza». De esta forma, humildemente regresó al *āśram* de Prajapati, quien le indicó que debía pasar otros treinta y dos años siguiendo una vida de austeridad y servicio.

Transcurrido este tiempo, Prajapati prosiguió con la enseñanza:

–Aquel que se desplaza en el mundo de los sueños, Eso es el *ātman*. Inmortal, libre de temor, *brahman*.

Indra se marchó satisfecho. De nuevo, durante su viaje de regreso, mientras contemplaba en la enseñanza recibida, pensó: «Si bien es cierto que los defectos del cuerpo físico no afectan a la realidad del sueño, en el sueño uno también puede ser perseguido y pueden ocurrir cosas desagradables. Eso no puede ser el *ātman*. No he comprendido la enseñanza». Y de nuevo regresó.

Una vez más, Prajapati le invitó a residir en el *āśram* otros treinta y dos años viviendo como un *brahmacārī*, practicando austeridades (*tapasyā*) para purificar su cuerpo y su mente y así generar una profunda transformación interior. Indra aceptó.

Pasado este tiempo, Prajapati prosiguió con la enseñanza:

–Cuando una persona se halla completamente dormida, con los sentidos recogidos y sin experimentar ningún sueño, Eso es el *ātman*. Libre de temor, inmortal, *brahman*.

Después de esta enseñanza, Indra se marchó por tercera vez. No había llegado al mundo de los *devas* cuando se dio cuenta de que de nuevo no había comprendido adecuadamente la enseñanza, y reflexionó: «En el sueño profundo experimentamos bienestar, pero no somos conscientes de nada, es la total inconsciencia. El *ātman* no puede ser la ausencia de la consciencia».

Después de esta reflexión, Indra regresó una vez más al *āśram* de Prajapati, quien en esta ocasión le invitó a quedarse solo cinco años. Por esto se dice que Indra pasó ciento un años en el *āśram* de su *guru* llevando una vida de *brahmacarya*. Finalmente, Prajapati impartió a Indra el conocimiento de la Realidad nunca afectada que subyace detrás de los estados de vigilia, sueño y sueño profundo:

–Oh Indra, este cuerpo es ciertamente mortal, está cubierto por la muerte, pero es el asiento del *ātman*, que es inmortal y está más allá del cuerpo. Eso es lo que los dioses adoran como el *ātman*. Aquel que, habiendo conocido al *ātman*, lo reconoce, posee todos los mundos y satisface todos los deseos.

Así es como Indra obtuvo el conocimiento de la Realidad Suprema.

Por medio de esta historia, la *Upaniṣad* nos enseña que incluso Indra, el rey de los *devas*, poseedor de inmensos méritos que le llevaron a su elevada posición en la jerarquía del cosmos, tuvo necesidad de seguir una intensa práctica de austeridades y contemplación durante ciento un años junto a su *guru* Prajapati. El *yoga* del conocimiento del *ātman* (*adhyātma-yoga*) requiere de una intensa y transformadora ascesis interior para liberar a la mente de las muchas impresiones (*vāsanās*) que la condicionan. Por otro lado, la historia nos muestra también como Virochana, el rey de los *asuras*, se conformó con la errónea comprensión de que el cuerpo físico y la realidad que lo rodeaba era lo único real, y de que en la vida no existe nada superior que intentar gozar por medio del cuerpo.

La vida védica tradicional se sostiene sobre tres grandes pilares: *yajña*, los rituales de fuego que propician a los *devas* y aportan bienestar y abundancia; *dāna*, la donación de riquezas, alimentos o bienes a quienes son merecedores de ellos, y *tapas*, la práctica de austeridades o ascesis. En la enseñanza de las *Upaniṣads*, este último elemento adquiere una considerable relevancia. Podemos observar que muchos de los sabios de las *Upaniṣads* viven apartados del bullicio y las constantes demandas de la vida social, retirados en el bosque, consagrados a la contemplación, a la meditación y, en algunos casos, dedicados también a la enseñanza y el estudio. Su vida puede considerarse como una expresión de *tapas*, austeridad yóguica. *Tapas* es aquella práctica que genera fuego o calor interno. Es por el efecto de este sostenido y prolongado fuego interno por lo que el cuerpo y la mente del *yogī* se purifican, y este llega a convertirse en un recipiente inmaculado y virtuoso que puede acceder al reconocimiento del *ātman*. Tal como afirma la *Chāndogya Upaniṣad*:

> *puruṣo vāva yajñaḥ*
>
> El cuerpo humano es como un *yajña*.[5]

Para los antiguos sabios de las *Upaniṣads* que vivían retirados –así como para los ascetas y *yogīs* a lo largo de los milenios hasta el presente–, el *yajña* es un fuego interior, un fuego íntimo que arde con el combustible de la renuncia, la introspección y la profunda contemplación, muchas veces acompañadas de un intenso proceso, a menudo secreto, de otras prácticas ascéticas. Este es el fuego interior que el *yogī* cuida con gran esmero. A menudo, en la India, si nos adentramos en el mundo de los *sādhus*, podemos encontrar a *yogīs* y ascetas que pasan su vida sentados frente a un *dhuni*, un fuego sagrado que se mantiene siempre encendido. Allí, delante del fuego, el *sādhu* lleva a cabo su práctica yóguica: su recitación y estudio de textos (*svādhyāya*), sus larguísimas repeticiones de *mantras* (*japa*) y su meditación (*dhyāna*). El fuego ante el que el *sādhu* está sentado es posiblemente el mismo fuego ante el que su *guru* estuvo sentado durante la mayor parte de su vida, tal como muchos *yogīs* del mismo linaje habían hecho anteriormente. En la India podemos encontrar fuegos sagrados que son

5. *Chāndogya Upaniṣad* III, 16, 1.

propiciados y se cuidan desde hace milenios. Para el mundo indoeuropeo, el fuego externo y el fuego interno han sido y son de gran importancia ya que se considera que el fuego tiene un poder purificador y es un elemento indispensable en la mayor parte de las ceremonias sagradas.

En las civilizaciones de Grecia, Roma, Persia o la India, el fuego era sagrado, era un elemento indispensable en la adoración y se conservaba cuidadosamente. Fustel de Coulanges, un historiador y conocedor de las antiguas tradiciones indoarias, escribe en su interesante libro *La ciudad antigua*:

> La casa de un griego o de un romano encerraba un altar: en este altar tenía que haber siempre un poco de ceniza y carbones encendidos. Era obligación sagrada para el jefe de la casa conservar el fuego día y noche. ¡Desgraciada la casa donde se extinguía! Todas las noches se cubrían los carbones con ceniza para evitar que se consumiesen enteramente; al levantarse, el primer cuidado era reavivar este fuego alimentándolo con algunas astillas. El fuego no cesaba de brillar en el altar hasta que la familia perecía totalmente: hogar extinto, familia extinta, eran expresiones sinónimas entre los antiguos. (…) La religión también prescribía que este fuego debía conservarse siempre puro; lo que significaba, en sentido literal, que ninguna cosa sucia podía echarse en el fuego y, en sentido figurado, que ningún acto culpable debía realizarse en su presencia. (…) El fuego tenía algo de divino, se le adoraba, se le rendía un culto verdadero, se le ofrendaba cuanto se juzgaba que podía ser grato a un dios: flores, frutas, incienso y vino. Se solicitaba su protección, se le creía poderoso. Se le dirigían frecuentes oraciones para alcanzar de él esos

> eternos objetos de los anhelos humanos: salud, riqueza, felicidad (...) El fuego del hogar era, pues, la providencia de la familia.

Coulanges continúa:

> Entre los indios suele llamarse Agni a esta divinidad del fuego. El *Ṛg Veda* contiene gran cantidad de himnos que se le han dedicado. Dícese en uno de ellos: «¡Oh, Agni, eres la vida, el protector del hombre! (...) ¡Agni, eres un defensor y un padre! ¡Te debemos la vida, somos tu familia!». Así, el fuego del hogar es como en Grecia un poder tutelar (...). También se le pide sabiduría: «¡Oh, Agni, tú colocas en la buena senda al hombre que se extravió (...) Si hemos cometido alguna falta, si hemos marchado lejos de ti, perdónanos!». Como en Grecia, ese fuego del hogar era esencialmente puro (...) Es muy probable que los griegos no hayan recibido esta religión de los indos, ni los indos de los griegos. Pero los griegos, los italianos y los indios pertenecen a una misma raza; sus antepasados, en una época remotísima, habían vivido juntos en el Asia central. Allí es donde primitivamente habían concebido esas creencias y establecido esos ritos. La religión del fuego sagrado data, pues, de la época lejana y oscura en la que aún no había griegos ni italianos ni indos y en la que solo había arios.[6]

En los antiguos textos hindúes, encontramos que antes de adorar a los demás *devas* se invoca a Agni pronunciando su

6. Fustel de Coulanges. *La ciudad antigua* (1944), pp. 29-34. Para profundizar en el tema del fuego en las tradiciones indoeuropeas, véase: Jean Haudry. *Le feu dans la tradition indo-européenne* (2016), Milán: Arché.

venerable nombre: «Oh Agni, quien sea el *deva* que honremos con nuestro ritual, a ti te ofrecemos este fuego». Observemos también que, en la tradición hindú, el último rito de paso (*saṃskāra*) del hombre es el ritual de la cremación, en el que el fuego, por su combustión, retorna los cinco componentes que integran el cuerpo –tierra, agua, fuego, aire y espacio– a sus elementos originales.

Regresemos al sutil camino del conocimiento interior con esta conversación entre el sabio Yajñavalkya y el rey Janaka:

> El sendero sutil y antiguo se abre a lo lejos, ha sido alcanzado por mí; más aún, yo he reconocido mi *ātman*. Por este sendero, los hombres sabios, los conocedores de *brahman*, se elevan a la esfera celestial (liberación) después de la muerte de este cuerpo, hallándose liberados (aun estando vivos).
>
> El sabio buscador de *brahman*, aprendiendo tan solo acerca del Ser, debería practicar los medios que conducen a la sabiduría (*prajñā*). En verdad, él no debería reflexionar sobre demasiadas palabras, ni debería hablar en exceso, porque esto tan solo fatiga el órgano del habla.[7]

En el primer *mantra*, Yajñavalkya afirma claramente que es un conocedor de *brahman*, es uno con *brahman*, un liberado en vida (*jīvanmukta*). En el segundo expone que el sabio ya no está interesado en demasiadas palabras –el período del estudio intelectual ya pasó para él–, tampoco habla en exceso, la luminosidad del silencio lo engulle en una dicha innombrable,

7. *Bṛhadāraṇyaka Upaniṣad* IV, 4, 8 y 21.

ahora vive en la plenitud del silencio interior. Por medio de su práctica, el seguidor del *jñāna-yoga* entrega la totalidad de su vida a la autoindagación, a la búsqueda de lo Real, de lo Supremo, del Absoluto, de *brahman*. Pero, y esto es lo más fascinante, *brahman* no es algo que pueda ser descrito por medio del lenguaje ordinario, ni es un objeto de experiencia, ni tampoco es objeto de conocimiento en el sentido común de la palabra. El *yogī* sabe que debe llegar a conocer esta Realidad, que no es otra que su propia esencia. La búsqueda es muy sutil y requiere de un afinado intelecto.

Tal como dice la *Chāndogya Upaniṣad*:

> *Oṃ*. (Este cuerpo) es la ciudad de *brahman*, en su interior existe una morada con la forma de un pequeño loto (del corazón); en su interior existe un minúsculo espacio. Lo que existe en su interior es lo que debería conocerse. Eso es ciertamente lo que uno debería desear conocer.[8]

Ante la pregunta de los discípulos sobre qué es lo que existe en este espacio interior, el *guru* responde:

> Este espacio dentro del corazón es tan vasto como el espacio (exterior). En su interior están contenidos ambos, el cielo y la tierra, también el fuego y el aire, el sol y la luna, los rayos y las estrellas, todo lo que atañe a este mundo y todo lo que no, todo ello está contenido en este espacio.
>
> Este espacio interior no envejece con la decrepitud del cuer-

8. *Chāndogya Upaniṣad* VIII, 1, 1.

po. No perece con la muerte del cuerpo. Esta es la auténtica ciudad de *brahman*.[9]

En la *Kaṭha Upaniṣad* leemos:

> Ese ser supremo, que se halla oculto en todos los seres, no brilla hacia el exterior, pero puede ser visto por los sabios a través de sus intelectos concentrados y sutiles.[10]

Este «espacio sagrado dentro del corazón», este «ser supremo que se halla oculto en todos los seres» que los antiguos *ṛṣis* (sabios) intentan describir, es el espacio sagrado en el que los *yogīs*, en profunda meditación, entran, desaparecen y se deleitan permaneciendo en *yogānanda*, la dicha sublime de la unión con el Absoluto. Los sabios de las *Upaniṣads* se esfuerzan en describirnos esta realidad trascendente. En la misma *Chāndogya Upaniṣad* encontramos esta extraordinaria enseñanza del sabio Shandilya que, al igual que otros *ṛṣis*, buscaba el medio para describir lo indescriptible y expresar lo inexplicable, aquello que trasciende la mente y el intelecto. Esta es su enseñanza:

> Todo esto es *brahman*. De Él emana el universo, en Él el universo se funde, en Él el universo respira. Por tanto, el hombre ha de meditar en *brahman* con la mente calmada.
>
> Aquel que tiene mente, aquel cuyo cuerpo es sutil, aquel cuya forma es luz, aquel cuyos pensamientos son verdad,

9. *Chāndogya Upaniṣad* VIII, 1, 3 y 5.
10. *Kaṭha Upaniṣad* I, 3, 12.

> aquel cuya naturaleza es como el espacio, aquel cuya creación es este universo, aquel que contiene todos los deseos, todos los sabores y todos los olores, aquel que abraza la totalidad del mundo, aquel que nunca habla, aquel que no tiene ansia alguna.
>
> Él es mi Ser, dentro del corazón, más pequeño que un grano de arroz, más pequeño que un grano de cebada, más pequeño que una semilla de mostaza, más pequeño que un grano de mijo; Él es mi Ser dentro del corazón, más grande que la tierra, más grande que la región intermedia, más grande que el cielo, más grande que todos estos mundos.
>
> Aquel cuya creación es el universo, Él es mi ser dentro del corazón. Él es *brahman.*[11]

Esta enseñanza trasciende la mente conceptual; la mente que no puede comprenderla. Como todas las demás prácticas yóguicas, la comprensión y el intelecto pueden llevar al aspirante hasta cierto punto, pero la meta del *yoga* es la liberación (*mokṣa*, *kaivalya*), liberando al *yogī* incluso de la misma práctica yóguica y conduciéndolo al conocimiento del *ātman*.

En unos *mantras* de la *Muṇḍaka Upaniṣad* encontramos una conocida analogía, que habla de un árbol en el que viven dos pájaros que son inseparables. Uno de ellos corre incansablemente para saborear todos los frutos y bayas, disfrutando de ellos cuando son maduros y dulces, y sufriendo cuando son verdes y amargos. El otro pájaro está siempre quieto e inamovible:

11. *Chāndogya Upaniṣad* III, 14, 1-4.

> Dos pájaros con bellas alas eran amigos próximos y estaban posados en el mismo árbol. Uno de ellos comía los frutos con deleite, mientras que el otro lo observaba sin comer.
>
> Bajo la ilusión y completamente inmerso en este cuerpo, el ser humano, impotente, sufre. Cuando ve al otro, al Señor adorado y ve su gloria como su propia gloria, se libera de todo sufrimiento.[12]

La *Upaniṣad* enseña que en nosotros existe una parte que se identifica con la mente y el cuerpo (*jīva*), que se considera la hacedora de la acción, que está sometida a la causalidad y recibe sus resultados bajo la forma de méritos (*puṇya*) y deméritos (*pāpa*). La otra parte es el testigo inmutable, la Conciencia (*brahman*), aquello que el *yogī* desea conocer. La *Upaniṣad* continúa:

> Cuando el sabio aspirante reconoce a *brahman* (su propio Ser), siempre brillante como el oro, el creador, el Señor, la causa de Hiranyagarbha, entonces va más allá de los méritos y las faltas. Libre de toda impureza alcanza la total identidad (con *brahman*).
>
> Ciertamente este (*ātman*) es *brahman* que se manifiesta bajo la forma de todos los seres. Conociéndolo el sabio queda en silencio.[13]

El silencio que describe este último *mantra* es el corazón de la enseñanza de las *Upaniṣads* y del *yoga*. El *yogī*, tal como

12. *Muṇḍaka Upaniṣad* III, 1, 1-2.
13. *Muṇḍaka Upaniṣad* III, 1, 3-4.

expresa esta analogía, con sus sentidos y su mente aquietados, trasciende su identificación con el cuerpo y la mente (dejando atrás al primer pájaro) y reconoce en su interior su gloriosa esencia siempre libre (el segundo pájaro inactivo y completo en sí mismo), el *ātman*, *brahman*.

Esta enseñanza no dual trasciende la palabra y es un gran secreto. El conocimiento del *ātman* solo puede ser transmitido por medio del silencio, por la gracia del *guru*, y necesita de una vida yóguica de ascesis y contemplación.

En este diálogo del gran sabio Yajñavalkya encontramos una de las enseñanzas más profundas de las *Upaniṣads*:

Entonces, Ushasta, el hijo de Chakra, le preguntó:

–Yajñavalkya, háblame acerca de *brahman*, que está inmediatamente presente, que es percibido directamente y que es el Ser de todo.

Yajñavalkya respondió:

–Es este, tu Ser, el que se halla dentro de todos.

Ushasta preguntó de nuevo:

–¿Y cuál es el Ser que se halla dentro de todos, Yajñavalkya?

Yajñavalkya respondió:

–El que respira a través del *prāṇa* es tu Ser que se halla dentro de todo. El que se mueve hacia abajo a través del *apāna* es tu Ser que se halla en todo. Ese que penetra a través de *vyāna* es tu Ser que se halla en todo. Ese que sale como *uḍāna* es tu Ser que se halla en todo. Es tu Ser que se halla en todo.[14]

14. *Prāṇa*, *apāna*, *vyāna*, *uḍāna* y *samāna* son los «cinco *prāṇas*» o cinco de las funciones del *prāṇa* o energía vital que se encuentra en el cuerpo sutil y afectan al fun-

Ushasta continuó:

–Háblame con precisión acerca de *brahman*, que es inmediato y directo, el Ser en todo.

Yajñavalkya respondió:

–Es este, tu Ser, el que se halla en todo.

Volvió a preguntar Ushasta:

–¿Y cuál es el Ser que se halla dentro de todo, Yajñavalkya?

Dijo Yajñavalkya:

–Tú no puedes ver al que ve lo que es visto; tú no puedes escuchar a quien escucha lo escuchado; tú no puedes pensar en quien piensa lo pensado; tú no puedes conocer al conocedor de lo conocido. Este es tu *ātman*, que se halla en el interior de todo. Todo lo demás es perecedero.

Entonces, Ushasta guardó un respetuoso silencio.[15]

La *Upaniṣad* continúa:

Entonces, Kahola, el hijo de Kushitaka, le preguntó:

–Yajñavalkya, por favor, háblame sobre el Absoluto, *brahman*, inmediato y directo, el Ser que se halla en el interior de todo. Respondió Yajñavalkya:

–Es este, tu Ser, el que se halla dentro de todo.

Dijo Kahola:

–¿Cuál es el Ser que se halla dentro de todo?

Respondió Yajñavalkya:

–Es aquel que trasciende el hambre, la sed, el dolor, la ilusión, la vejez y la muerte. Al conocer al Ser, los brahmanes

---

cionamiento del cuerpo físico. *Prāṇa* corresponde a la inspiración, *apāna* a la espiración, *vyāna* distribuye el *prāṇa* por todo el cuerpo y gracias a *udāna* el ser individual (encarnado) sale del cuerpo físico en el momento de morir.

15. *Bṛhadāraṇyaka Upaniṣad* III, 4, 1-2.

abandonan el deseo de tener hijos, riquezas, mundos y toman la vida de mendicantes. El deseo de tener hijos es el deseo de riquezas y el deseo de riquezas es el deseo por el mundo. Todo esto no es sino deseo. Por lo tanto, aquel, después de obtener la erudición, debería tratar de vivir desde la fuerza que viene del conocimiento de la verdad. Después de haber conquistado esta fuerza y conocimiento, este se hace meditativo. Y cuando ya lo conoce todo sobre el estado contemplativo y su opuesto, llega a ser un conocedor de *brahman*.

Kahola volvió a preguntar:

–¿Cómo se comporta el conocedor del Absoluto?

Yajñavalkya respondió:

–Cualquiera que sea su conducta, él siempre será Aquel (el Absoluto). Todo, excepto Él, es perecedero.

Entonces Kahola guardó un reverente silencio.[16]

El sabio Yajñavalkya, después de intentar describir Aquello que no puede ser descrito, la Conciencia libre e independiente que está detrás de toda experiencia y no experiencia en este mundo, en todos los mundos y en todos los seres, menciona algo muy importante que nos lleva al corazón de la tradición yóguica. Yajñavalkya afirma que el sabio debería vivir desde la fuerza que viene del conocimiento de la verdad y continúa diciendo que conquistando esta fuerza se hace meditativo y que, cuando se absorbe en este estado contemplativo, llega finalmente al conocimiento de *brahman*. Este énfasis en la vida contemplativa ha llevado a los *yogīs*, desde la más remota antigüedad, a abandonar el deseo de tener hijos, riquezas

16. *Bṛhadāraṇyaka Upaniṣad* III, 5, 1.

y mundos, y a vivir una vida de ascesis y renuncia. Esta idea queda fuertemente reflejada en estos *mantras* de la *Muṇḍaka Upaniṣad*:

> Los ignorantes (faltos de discernimiento), considerando los rituales y los trabajos humanitarios como lo más elevado, no conocen ningún bien superior. Después de haber gozado de sus recompensas en los más altos cielos obtenidos con sus méritos, regresan de nuevo a este mundo, o bien a un mundo inferior.[17]

Tanto las ceremonias de fuego (*yajña*) como el amplio mundo de los diversos rituales con sus beneficiosas características, así como los trabajos para el bien de la sociedad y la comunidad –como pueden ser el construir pozos para facilitar el acceso al agua, la construcción de lugares en los que se ofrece comida, lugares de descanso para los peregrinos, estanques para las vacas, templos, caminos, o el ofrecer comida (*dāna*) a los necesitados–, son actividades que no conducen directamente al conocimiento. Sin duda son actos de gran mérito que son exaltados en las escrituras (*smṛtis*) y forman parte de la rica vida tradicional hindú; todos ellos purifican, elevan y pueden conducir a planos elevados después de la muerte, pero el tiempo (*kāla*) es implacable y, tras un tiempo en los planos superiores determinado por estos méritos, el ser individual (*jīva*) regresa de nuevo a una matriz en este mundo o en otro mundo inferior para continuar su viaje. El *yogī* es aquel que ha meditado profundamente acerca de este ciclo inagotable (*saṃsāra*) y re-

17. *Muṇḍaka Upaniṣad* I, 2, 10.

conoce que no existe relación entre los méritos de la acción y el conocimiento del *ātman*. Este reconocimiento profundo de que lo finito solo puede conducir a la finitud es algo que el *yogī* tiene arraigado en su psique. La aspiración de los *yogīs* desde los tiempos más remotos ha sido siempre la infinitud, lo Real, el Absoluto, *brahman*.

En la *Kaivalya Upaniṣad* leemos:

> Es por medio de la renuncia como unos pocos buscadores han alcanzado la inmortalidad; no es por medio de los rituales, ni por medio de la descendencia ni por medio de la riqueza. Los *saṃnyāsīs* (renunciantes) alcanzan (al Ser inmortal) que brilla más allá del firmamento y que reside en el corazón.[18]

Y la *Muṇḍaka Upaniṣad* dice:

> Pero aquellos sabios de mente serena, que viven de dádivas, practicando austeridades y meditación en los bosques, se purifican y entran por el sendero del Sol al lugar donde mora el Ser inmortal (Hiranyagarbha), cuya naturaleza es imperecedera.[19]

Hagamos ahora una pequeña pero interesante digresión. A menudo podemos encontrar referencias en las que, según la cosmovisión hindú, el Sol se considera la puerta a la experiencia de *brahman*. La conocida *Īśa Upaniṣad* menciona que la puerta de la verdad es un disco dorado:

18. *Kaivalya Upaniṣad* IV.
19. *Muṇḍaka Upaniṣad* I, 2, 11.

> La sagrada puerta de la Verdad se halla cubierta por un disco dorado. Ábrela, ¡oh sustentador! Muévela para que yo, que he estado adorando a la Verdad, pueda contemplarla.[20]

La *Śvetāśvatara Upaniṣad* compara al *puruṣa* supremo o *brahman* con el Sol:

> Conozco este *puruṣa* supremo, que es luminoso como el Sol y está más allá de la oscuridad. Solo conociéndole a Él se puede ir más allá de la muerte; no existe otro camino para lograr la meta Suprema.
>
> Sirve al eterno *brahman* con las bendiciones del Sol (Savitri), la causa del universo. Permanece absorto por medio del *samādhi* en el *brahman* eterno. Así las acciones no te atarán. [21]

Sigamos con la enseñanza del sabio Shvetashvatara. Esta es su descripción del *yogī* sentado en la postura correcta (*āsana*) y controlando su fuerza vital (*prāṇa*) durante la meditación:

> El hombre sabio debe mantener su cuerpo firme, con las tres partes superiores (tronco, cuello y cabeza) bien erguidas, entonces debe llevar sus sentidos hacia el corazón con la ayuda de la mente. Luego, en la sagrada nave de *brahman*, ha de cruzar los peligrosos remolinos del mundo.
>
> El *yogī* cuyas acciones se hallan bien reguladas debe controlar los *prāṇas*; cuando ellos se hallan aquietados debe espirar el aire a través de las fosas nasales. Luego ha de controlar su mente

20. *Īśa Upaniṣad* XV.
21. *Śvetāśvatara Upaniṣad* III, 8 y II, 7.

> constantemente, tal como un experto auriga refrena a unos briosos corceles.[22]

Shvetashvatara menciona también el lugar apropiado para la práctica yóguica:

> Este *yoga* debe practicarse en el interior de una cueva que se halle protegida de los vientos, o bien en un lugar nivelado, puro, libre de piedrecillas, graba y fuego; que no se halle perturbado por el sonido que produce el agua al caer ni esté próximo a lugares bulliciosos; que sea agradable para la mente y no sea ofensivo para la vista.[23]

Desde la antigüedad, los *yogīs* han buscado siempre lugares retirados, agradables y en la naturaleza. El silencio, la pureza del aire y el mantenerse alejados de lugares ruidosos o muy poblados son algunas de las características clásicas que encontramos en las descripciones del lugar ideal para la práctica yóguica.

No hemos de pensar que estos *yogīs* eran desconocedores del amplio sistema de *āsanas*, *bandhas*, *mudrās*, *prāṇāyāmas* y otras prácticas que se dieron a conocer en la Edad Media por medio de relevantes textos yóguicos. Es necesario tener siempre presente que la enseñanza tradicional era y es transmitida de *guru* a discípulo, de forma oral y muchas veces en secreto.

La *Upaniṣad* prosigue:

22. *Śvetāśvatara Upaniṣad* II, 8-9.
23. *Śvetāśvatara Upaniṣad* II, 10.

> Antes de que el *yogī* tenga la experiencia de *brahman*, verá los siguientes signos preliminares (a esta experiencia): nieve, humo, sol, viento, fuego, luciérnagas, relámpagos y la luna, etcétera.[24]

En este *mantra*, el sabio Shvetashvatara describe distintas experiencias interiores que el *yogī* puede tener en estados profundos de meditación, todas ellas previas a la absorción final en *brahman*. Las visiones de humo, sol, fuego, relámpagos; visiones de *devas*, sabios o del propio *guru*; sonidos internos (*nādas*), movimientos corporales (*kriyās*) y un amplio abanico de experiencias que pertenecen a distintos planos de absorción han sido descritas a lo largo de los milenios por *yogīs* y ascetas de distintos linajes. Muchas de estas están relacionadas con el despertar de *kuṇḍalinī śakti*, la energía interior, y el ascenso del *prāṇa* por el canal central (*suṣumṇā nāḍī*).[25]

Regresemos a la *Muktikopaniṣad* que habíamos mencionado al principio. En la segunda parte del texto, Sri Rama instruye a Hanuman sobre las fases avanzadas del proceso de contemplación del *yogī*, enfatizando la necesaria destrucción de sus impresiones pasadas (*vāsanās*) para poder experimentar la plenitud del *ātman*:

> La destrucción de las impresiones pasadas (*vāsanākṣaya*), el cultivo del conocimiento (*vijñāna*) y la destrucción de la men-

24. *Śvetāśvatara Upaniṣad* II, 11.

25. Para profundizar en las experiencias que pueden tener lugar después del despertar de *kuṇḍalinī*, una buena referencia es el libro *Devatma Shakti* de Swami Vishnu Tirth. Otra publicación que contiene interesante información acerca de las diferentes experiencias del camino yóguico es: *Spiritual Experience* (*Amrta Anubhava*) de Swami Sivananda.

> te (*manonāśa*); cuando estos tres se practican a la vez y durante largo tiempo, dan un gran fruto. Si no se practican juntos, no habrá éxito ni en cientos de años. Practicados a la vez, los nudos del corazón ciertamente se abrirán. Las falsas impresiones de la vida mundana acumuladas durante cientos de vidas no se pueden destruir sin una larga práctica. Así pues, evita el deseo de placeres sensoriales y practica con esfuerzo estos tres.
>
> El sabio conoce que una mente que se asocia con las impresiones pasadas (*vāsanās*) conduce a la esclavitud y que una mente libre de impresiones lleva a la liberación.
>
> Así pues, Hanuman, practica la destrucción de las impresiones (*vāsanās*) lo antes posible.[26]

En este estadio, el *yogī*, con el cuerpo, la mente y el intelecto purificados después de una larga práctica, entra en la delicada fase en la que tiene lugar la destrucción de sus impresiones pasadas o latentes (*vāsanākṣaya*), así como la destrucción de la mente limitada y condicionada (*manonāśa*), que bajo la ilusión (*avidyā*) le atan a la finitud y a la limitación. Ambos procesos son muy importantes y se mencionan en los textos avanzados de *haṭha-yoga*, *tantra* y *advaita-vedānta*. Sri Rama insiste en que este proceso de destrucción de los condicionamientos que nos limitan debe ir siempre acompañado del conocimiento del *ātman* (*vijñāna*).

El proceso de purificación del *yogī* conlleva una muerte interior y un nuevo nacimiento. En su nuevo estado de conciencia, el *yogī* experimenta también grandes cambios en el

26. *Muktikopaniṣad* II, 10-16.

cuerpo físico y en la mente, tema del que tratan varios de los textos clásicos del *haṭha-yoga* de la Edad Media. Volviendo de nuevo a la enseñanza del sabio Shvetashvatara, este continúa:

> Los maestros del *yoga* nos dicen que el cuerpo se torna ligero, saludable, libre de deseos, de tez luminosa, dulce voz, suave olor y excrementos sutiles.
>
> Así como el oro cubierto por la tierra se torna brillante después de haber sido purificado; así también el *yogī*, habiendo tomado conciencia de la realidad del *ātman*, se torna uno con este divino *ātman* no dual, se libera de toda angustia y conquista la meta sublime y eterna.[27]

De la misma manera que una persona que pasea durante largo tiempo en medio de flores aromáticas queda impregnada de su olor, el *yogī* queda impregnado de la pureza y luminosidad del *ātman*. Aun viviendo en un cuerpo limitado, el *yogī* es una expresión de la ilimitación y la inmortalidad. El sabio Shvetashvatara concluye su enseñanza con la descripción del estadio final del *yogī*:

> Con el conocimiento de *brahman*, todas las cadenas son destruidas, y con la cesación del sufrimiento, el nacimiento y la muerte llegan a su fin. A través de la meditación en *brahman*, después de la disolución del cuerpo, se eleva al tercer estado, es decir, al de señorío universal. Y, finalmente, el aspirante, trascendien-

27. *Śvetāśvatara Upaniṣad* II, 13-14.

> do también este estado, vive en la completa bienaventuranza de la unión con *brahman.*
>
> Este bienaventurado *brahman*, que habita eternamente dentro de nosotros, es lo que debe ser conocido. Más allá de Eso no hay nada más que conocer.
>
> Por el poder de sus austeridades y por la gracia de la Divinidad, el sabio Shvetashvatara conoció a *brahman* y propagó este altísimo y sagrado conocimiento, muy amado por los sabios y los renunciantes (establecidos) en elevados estados espirituales.[28]

En la *Kaivalya Upaniṣad*, el sabio Ashvalayana se acercó respetuosamente a Brahma y le pidió el conocimiento más noble, el conocimiento de *brahman*, que destruye todos los males y conduce más allá de la ilusión. Brahma le bendijo para que pudiera alcanzar este conocimiento por medio de la plena confianza (*śraddhā*) en la enseñanza, en el maestro y en la tradición, así como por medio de la devoción (*bhakti*) y la meditación yóguica, y le instruyó acerca del lugar en el que llevar a cabo su práctica, la postura del cuerpo y el método por el que trascender la mente limitada y así acceder al conocimiento de *brahman*:

> En un lugar solitario, establecido en el estadio más elevado de la renuncia (*saṃnyāsa*), debe sentarse en una postura confortable; puro y en un lugar retirado, manteniendo el cuerpo, el cuello y la cabeza alineados, debe aquietar los órganos de los sentidos y mentalmente saludar a su *guru* con devoción.

28. *Śvetāśvatara Upaniṣad* I, 11-12 y VI, 21.

> Llevando la atención hacia el estable, puro, claro y placentero loto del corazón (debe meditar) allí en *brahman*, que es la fuente de todo, incomprensible, inmanifestado, de múltiples formas, auspicioso, tranquilo, inmortal, sin principio, ni medio ni fin, no dual, todo penetrante, conciencia, dicha, sin forma y prodigioso.[29]

Poder acceder a esta enseñanza y finalmente al conocimiento del *ātman* requiere de ciertas cualificaciones: una intensidad de propósito, un lúcido discernimiento sobre la finitud del mundo del nombre y la forma, un gran desapego y una intensa aspiración por el Absoluto. Pero además hay otro elemento muy importante que las *Upaniṣads* señalan repetidamente y que es la llave del proceso: la relación armoniosa entre *guru* y discípulo. Una antigua invocación védica (*śānti-pathaḥ*) que los estudiantes recitan tradicionalmente antes de recibir la enseñanza de las *Upaniṣads* dice así:

> *oṃ saha nāvavatu saha nau bhunaktu*
> *saha vīryaṃ karavāvahai*
> *tejasvi nāvadhītam-astu*
> *mā vidviṣāvahai*
> *oṃ śāntiḥ śāntiḥ śāntiḥ*

> *Oṃ*, que Él (la divinidad) nos proteja a ambos (*guru* y discípulo). Que nos proteja a ambos otorgándonos el fruto del conocimiento. Que ambos tengamos la fortaleza (para adquirir el cono-

29. *Kaivalya Upaniṣad* 5-6.

> cimiento). Que nuestro estudio nos conduzca a la iluminación. Que no haya distanciamiento entre nosotros.
> *Oṃ*, paz, paz, paz.

Tradicionalmente el aspirante o *brahmacārī* acudía a la casa del *guru*, quizás un *āśram* en un lugar retirado en el bosque o en las montañas. Tras ofrecerle de manera adecuada sus respetos, abrir su corazón y mostrarle su sincero deseo e intensa aspiración por la vida yóguica, el joven ofrendaba al que sería su *guru* unos pedazos de madera denominada *arghya* que se utiliza en los rituales de fuego. Esta madera no debía estar mojada ni húmeda, sino seca y lista para arder, como muestra del deseo interior del discípulo y de su petición de que su ignorancia ardiera en el fuego del conocimiento y quedara libre de toda mácula. El discípulo debía presentarse ante el maestro con una cierta preparación, lo que se denomina *adhikāra*, sin ello la enseñanza no tendría efecto en él y posiblemente el *guru* tampoco lo aceptaría.

En la *Chāndogya Upaniṣad* encontramos una bella historia que narra cómo el joven Satyakama Jabala acudió al *āśram* del sabio Haridrumata Gautama en busca de enseñanza. Gautama, después de hacerle varias preguntas al joven recién llegado y ver su nobleza, le aceptó como discípulo y le dio la instrucción de ir a las montañas con las cien vacas del *āśram* y regresar cuando estas fueran mil. Imaginemos nuestra sorpresa si fuéramos a un *āśram* a estudiar las *Upaniṣads* y los métodos de autoconocimiento y el *guru* nos diera la instrucción de cuidar las vacas alejados de su presencia. Posiblemente pocos de nosotros seríamos capaces de seguir este mandato. Satyakama

Guru y discípulo en su *āśram*

Jabala, con total confianza, se dirigió hacia las montañas con la manada de vacas y pasó allí mucho tiempo, doce años según la narración, un período de tiempo que encontramos recurrentemente en los textos antiguos y que representa un ciclo completo de renovación interior. Satyakama se sentía pleno, sin nada que le faltara. Un día, un toro muy grande de la manada se le acercó y le dijo: «Satyakama, ya somos mil, puedes regresar al *āśram* de tu *guru*». Satyakama, al escuchar al buen animal, se sintió feliz de haber podido seguir adecuadamente la instrucción de su *guru* y, viendo que la manada era ahora inmensa, guió a los animales de regreso hacia el *āśram* de su maestro.

Durante el camino de regreso, cuatro divinidades se manifestaron y le otorgaron una cuarta parte, la mitad, tres cuartas partes y la totalidad de la enseñanza, respectivamente. Satyakama recibió así el pleno conocimiento de *brahman* y felizmente llegó al *āśram* de su *guru.* Gautama, que lo esperaba, al verlo radiante y reconociendo su estado le dijo: «Oh hijo mío, brillas como alguien que tiene el conocimiento de *brahman*, ¿quién te ha instruido?». A lo que Satyakama respondió: «Me han instruido seres que no eran humanos. Pero es de ti, respetado maestro, de quien quiero recibir esta enseñanza. Por favor, satisface mi deseo, ya que ciertamente he oído de personas venerables como tú que el mejor conocimiento es el que se recibe del propio *guru*». Tras estas palabras, Gautama le impartió el conocimiento de *brahman.* La *Upaniṣad* concluye afirmando que, al impartirle este conocimiento, «absolutamente nada fue omitido», refiriéndose a que, con el conocimiento de *brahman*, la esencia de todo, todo es conocido.

Con los años, Satyakama se convirtió en un gran maestro y tuvo un gran número de discípulos. ¿Cuál fue el mérito de Satyakama Jabala? Seguir plenamente la instrucción de su *guru.* Este es un requisito muy importante en el sutil camino del *yoga.*

El primer paso del camino es aquietar la mente y los sentidos, disfrutar de la soledad y el silencio, reducir los deseos, tener un intenso amor por la enseñanza y ser capaz de dar la vida por ella. Cuando el *guru* acepta al discípulo, asume un claro deber hacia este. Después de la iniciación se teje un lazo invisible que los une y los unirá hasta que el discípulo alcance el mismo estado de plenitud que su *guru.* Este es un tema fascinante en el que ahora no podemos detenernos, pero contemplemos brevemente estos *mantras*:

El maestro debe impartir de manera correcta el conocimiento de *brahman* al discípulo que se ha acercado debidamente a él, cuya mente se halla serena por completo y cuyos sentidos están bajo control. A través de dicho conocimiento podrá conocer al inmutable y verdadero *puruṣa.*[30]

Por medio de la práctica del *yoga* se obtiene el contentamiento, la fortaleza ante los pares de opuestos (placer y dolor) y la tranquilidad. Este conocimiento muy secreto no debe transmitirse a alguien que no sea el propio hijo o un discípulo, o que no tenga una mente calmada. Se puede otorgar a aquel que tiene devoción hacia su maestro y que posee todas las cualidades.[31]

Sigamos ahora con la sublime enseñanza de la *Kaṭha Upaniṣad*:

Vajashravasa, el padre de Nachiketa, estaba ofreciendo donaciones (*dakṣiṇa*) a los brahmanes para concluir una importante ceremonia de fuego (*yajña*). El joven Nachiketa observó que su padre ofrecía unas vacas muy delgadas y famélicas, siendo consciente de que una donación tiene que ser siempre de algo preciado y agradable y de que su padre estaba incurriendo en una importante falta. Entonces le dijo repetidamente: «Padre, ¿a quién me entregarás?». El padre, molesto por la impertinencia de su hijo, en un momento de enfado dijo: «¡A la muerte te ofreceré!». Al escuchar las palabras de su padre, Nachiketa se presentó ante él y le dijo: «Oh padre, en nuestra familia nunca rompemos la palabra dada, vivimos establecidos en la veracidad

30. *Muṇḍaka Upaniṣad* I, 2, 13.
31. *Maitrāyaṇi Upaniṣad* VI, 29.

> (*satya*). Tú me has ofrecido a la muerte y al mundo de la muerte voy ahora».

Nachiketa se desplazó al mundo de Yama (el señor de la muerte). Cuando llegó allí, Yama estaba ausente y tuvo que esperar durante tres días y tres noches sin comer ni beber. Cuando Yama regresó y vio a aquel joven brahmán de cara radiante, se disculpó por los días que había tenido que esperar y le otorgó tres deseos. Aquí empieza una profunda conversación que contiene de forma concisa y clara la esencia de la metafísica de las *Upaniṣads*. Uno de los deseos de Nachiketa fue que Yama le mostrara el misterio de la muerte y le revelara qué es lo que realmente muere con la muerte del cuerpo.

> Nachiketa dijo: ¡Oh Yama! Me has dicho que incluso los mismos *devas* tienen sus dudas respecto a esta cuestión y has declarado que no es fácil de comprender. Sin embargo, no podré hallar a otro maestro como tú. Ningún otro deseo es comparable a este.[32]

Yama, para disuadirle de formular esta pregunta, le propuso que le pidiera hijos y nietos que vivieran cien años, le ofreció elefantes, caballos, ganado, oro, un vasto dominio sobre la tierra e incluso vivir cuantos años deseara. Le ofreció salud y larga vida y le dijo: «Haré que disfrutes de todos tus deseos». Le brindó también doncellas celestiales (*apsaras*), con sus carrozas e instrumentos musicales, mientras le pedía que no insistiera con su pregunta acerca de la muerte. Nachiketa le respondió:

32. *Kaṭha Upaniṣad* I, 1, 22.

> ¡Oh Yama! Todo lo que me ofreces es efímero y además debilitará el vigor de todos mis órganos de los sentidos. Incluso la vida más larga es verdaderamente corta. (...) La riqueza nunca puede hacer feliz a un hombre.[33]

Al ver el extraordinario desapego (*vairāgya*) de Nachiketa al rechazar todos los bienes imaginables que un hombre pudiese desear, Yama accedió a instruirle en el conocimiento del *ātman*. Así dio comienzo la enseñanza:

> Yama dijo:
> Lo bueno (*śreyas*) es una cosa, lo placentero (*preyas*), otra. Ambas sirven a distintos propósitos y atan al hombre. Es feliz aquel que, entre las dos, elige lo bueno (*śreyas*). Pero aquel que elige lo placentero (*preyas*) ciertamente pierde de vista la meta final.[34]

El aspirante en el camino del *yoga* del conocimiento (*jñāna-yoga*) debe buscar siempre aquello que es lo más beneficioso para su crecimiento interior (*śreyas*), escogiendo siempre lo más elevado, lo más armónico, lo más justo, lo más noble y lo más ético, aunque esto conlleve un gran esfuerzo. Debe ir siempre más allá de las pulsiones de los sentidos y de la mente cambiante y establecerse en un estado de ecuanimidad y armonía interior sin caer en la constante elección de lo más placentero, fácil e inmediato (*preyas*), que le apartaría del auténtico

33. *Kaṭha Upaniṣad* I, 1, 26-27.
34. *Kaṭha Upaniṣad* I, 2, 1.

camino basado en la determinación y en la fortaleza interior. Este será el firme soporte que sustentará al *yogī* a lo largo de todo su proceso.

Yama prosiguió su enseñanza mostrando a Nachiketa quiénes son aquellos que pueden obtener el conocimiento del *ātman*:

> No puede llegar al *ātman* aquel que no ha abandonado la mala conducta, aquel cuyos sentidos no están controlados, aquel cuya mente no está en paz, ni aquel a quien le falta concentración. (El *ātman* se alcanza) solo a través del conocimiento.
>
> Este *ātman* no puede ser alcanzado por la recitación (de los *Vedas*), ni a través de la memoria ni tampoco por la repetida escucha (de textos sagrados). El *ātman* es alcanzado solo por aquel a quien Él elige. (Ante este buscador,) el *ātman* revela Su verdadera forma.
>
> Por medio de la contemplación en el *ātman*, que es difícil de ver, oculto, que mora en la cueva (del corazón), que descansa en las profundidades, el hombre sabio deja atrás toda alegría y todo dolor.[35]

El *ātman* solo puede ser reconocido por la profunda contemplación en el ser (*adhyātma-yoga*). Las prácticas externas ayudan al aspirante a controlar y aquietar su mente y sus sentidos, pero llega un momento en el que es necesario un gran desapego y una profunda introspección en los espacios interiores de infinitud en los que el *ātman* se revela.

Yama prosiguió:

35. *Kaṭha Upaniṣad* I, 2, 24, 23 y 12.

> Muchos ni siquiera oyen hablar del *ātman*, otros, aunque oyen hablar de él, no lo comprenden. Sublime es el que puede exponer (acerca de Él). Hábil es aquel que lo encuentra. Extraordinario es aquel que, instruido por un sabio maestro, conoce (al *ātman*).
>
> (...) Cuando el *ātman* es enseñado por alguien que no es diferente de Él, no puede haber duda acerca de Este. (El *ātman*) es inconcebible y está más allá de la razón.[36]

Estos dos *mantras* de gran belleza hablan del encuentro entre el discípulo preparado (*adhikārī*) y purificado por una intensa práctica y el maestro establecido en el *ātman* (*brahmaniṣṭha*). El *guru* transmite al discípulo el conocimiento de Aquello que está más allá de toda percepción y que trasciende la mente. Yama prosiguió su enseñanza por medio de una conocida metáfora que se encuentra en las *Upaniṣads* y también en la *Bhagavad Gītā*:

> Considera al *ātman* como el amo de un carro, al cuerpo como el carro, al intelecto como el conductor y a la mente como las riendas.
>
> Los sentidos (dicen los sabios) son los caballos, los objetos de los sentidos son los caminos. Los sabios declaran que el *ātman* –cuando se halla unido con el cuerpo, los sentidos y la mente– es el que experimenta.[37]

Después de esta clara metáfora, la *Upaniṣad* continúa exponiendo que aquel que carece de discernimiento y cuya mente no está disciplinada no podrá controlar sus sentidos (los caba-

36. *Kaṭha Upaniṣad* I, 2, 7-8.
37. *Kaṭha Upaniṣad* I, 3, 3-4.

llos del carro), no podrá alcanzar la meta y seguirá atrapado en la rueda del nacimiento y la muerte (*saṃsāra*). Pero aquel que posee discernimiento y cuya mente está aquietada, disciplinada y pura (sus órganos de los sentidos serán como los caballos mansos del carro), ciertamente alcanzará la meta y no volverá a nacer. Yama insiste en que solo aquel que tiene un intelecto puro y un gran discernimiento alcanza el estado supremo de *brahman.*

Yama sigue su enseñanza hablando del aquietamiento de la mente y del intelecto que conducirán al *yogī* al estado supremo. Nos vamos acercando a la esencia del proceso yóguico:

> La naturaleza del *ātman* no pertenece al plano de la percepción. No puede ser visto por medio de los ojos, sin embargo, se revela por medio de un intelecto libre de dudas (y por la constante meditación). Aquellos que así lo conocen devienen inmortales.[38]

El aspirante puede practicar *āsanas*, llevar una vida de austeridad y estudiar los textos sagrados entre otras prácticas –como seguramente hacéis muchos de vosotros–, pero existe un momento en el camino del *jñāna-yoga* en el que el aspirante debe soltar todo soporte para desaparecer en el gran silencio, en el que la Conciencia por ella misma se revela y la ilusión de la identidad limitada desaparece bajo la inmensidad de este reconocimiento.

Yama prosigue su enseñanza, cada vez más sutil, describiendo cómo el *yogī*, por medio de un proceso de profunda interiorización, transita por diferentes planos meditativos (*bhūmis*) que

38. *Kaṭha Upaniṣad* II, 3, 9.

se corresponden con los diferentes niveles de la manifestación (*tattvas*), de menor a mayor sutileza, hasta llegar a la esencia de todo, la conciencia suprema, el *ātman*, su propio ser:

> Más allá de los sentidos (*indriyas*) está la mente (*manas*), más allá de la mente está el intelecto (*buddhi*). Más allá del intelecto está el intelecto cósmico (*mahat*). Por encima del intelecto cósmico está lo inmanifestado (*avyakta*). Más allá de lo inmanifestado está el *ātman* omnipenetrante y sin atributos. Conociéndolo, el ser encarnado se libera y alcanza la inmortalidad.[39]

Yama describe ahora la esencia del *yoga*:

> Cuando los cinco órganos de conocimiento se aquietan junto con la mente y el intelecto ya no se mueve, esto es lo que se describe como el estado supremo.
>
> Ellos (los sabios) consideran que el firme control y aquietamiento de los sentidos es lo que se llama *yoga*. Por ello es necesario estar muy atento, porque el *yoga* surge y desaparece.[40]

Yama afirma que el *yogī* alcanza el estado supremo cuando los cinco órganos de conocimiento o percepción –el poder de ver, de oír, de gustar, de oler y de tocar– junto con la mente y el intelecto se aquietan completamente, ofreciéndonos esta clara, concisa y conocida definición de *yoga*: «el firme control y aquietamiento de los sentidos es lo que se llama *yoga*».

39. *Kaṭha Upaniṣad* II, 3, 7-8.
40. *Kaṭha Upaniṣad* II, 3, 10-11.

También nos advierte de que es preciso estar muy atentos y muy presentes durante la absorción yóguica, porque tan solo con el menor pensamiento, con el menor movimiento interno, el *yogī* cae de este espacio inefable y regresa al mundo de la multiplicidad. El gran trabajo del *yogī* es mantenerse en este estado de conciencia hasta que devenga plenamente permanente y natural. El *yogī* debe ser como la luz de una vela en un lugar protegido por completo, sin experimentar el más mínimo movimiento. Así, la mente del *yogī* se convierte en no mente. Aquí podríamos citar uno de los *mantras* más conocidos de la *Kaṭha Upaniṣad*, en el que Yama insta al *yogī* a levantarse con fuerza y tomar refugio en la enseñanza de un *guru* para poder seguir este camino:

> Levántate. Despierta. Acércate a los grandes (sabios) y aprende. El camino es estrecho y arduo, tan difícil de transitar como el cortante filo de una navaja. Así lo describen los sabios.[41]

En este estadio del camino, el proceso interior del *yogī* requiere de toda su atención, toda su energía y todo su ser. Posiblemente su mente se encuentra más aquietada, puede permanecer en prolongados estados de contemplación y se siente más feliz y más pleno, pero este no es el final del camino. El *yogī* podrá alcanzar la meta suprema solo por medio de la incesante perseverancia, buscando los espacios de silencio absoluto en los que todo desaparece y se manifiesta lo real.

Yama muestra ahora a Nachiketa la forma de alcanzar el

41. *Kaṭha Upaniṣad* I, 3, 14.

estado en el que todos los deseos e impresiones latentes del *yogī* son destruidos para siempre y este deviene inmortal; enfatizando: «Esta es la totalidad de la enseñanza».

> Cuando todos los deseos que moran en el corazón desaparecen, entonces el mortal deviene inmortal. Alcanza a *brahman* aquí mismo (...) Esta es la totalidad de la enseñanza.[42]

Así concluye Yama su sublime instrucción:

> ¡Que el discípulo conozca al *ātman* como el luminoso, como el inmortal! ¡Sí, como el luminoso, como el inmortal!
>
> Habiendo recibido este conocimiento eterno enseñado por Yama, el rey de la muerte, y comprendido el proceso del *yoga*, Nachiketa, habiendo alcanzado a *brahman*, se tornó puro e inmortal. Cualquier otra persona que alcance este conocimiento del *ātman* (alcanzará a *brahman*).[43]

El joven Nachiketa, después de recibir esta sagrada enseñanza, quedó plenamente establecido en *brahman* por la bendición de Yama, regresó al plano de la tierra y, cerca de su padre, vivió dichoso en la más exaltada libertad.

Que todos nosotros, como *yogīs*, podamos tener la firme determinación y el gran desapego que tuvo Nachiketa para poder entrar en los espacios interiores de plenitud y establecernos en la conciencia de *brahman*.

42. *Kaṭha Upaniṣad* II, 3, 14-15.
43. *Kaṭha Upaniṣad* II, 3, 17-18.

PARTE III

El *yoga* en la *Bhagavad Gītā*

Firme en el *yoga*, actúa abandonando el apego, oh Arjuna, permaneciendo siempre ecuánime ante el éxito y el fracaso. A esta ecuanimidad se la denomina *yoga* (*samatvaṃ yoga ucyate*).[44]

La *Bhagavad Gītā* (*El canto del Señor*) es una de las joyas espirituales de la literatura sánscrita. Forma parte del sexto canto del *Mahābhārata* (*Bhīṣma parva*) y consta de dieciocho capítulos compuestos por setecientos versos en los que se recoge el diálogo entre Sri Krishna y Arjuna en el campo de batalla de Kurukshetra.

La *Gītā* contiene la esencia del hinduismo y es uno de sus textos más relevantes, lo que ha hecho que tenga numerosos comentarios, algunos de ellos de grandes maestros (*ācāryas*) como Sri Shankara, Ramanuja, Madhva, Abhinavagupta, Madhusudhana Saraswati, Jñanadeva o Sridhara Swami, entre muchos otros.

La *Bhagavad Gītā* es el texto de *yoga* por excelencia. Cada uno de sus capítulos termina con la afirmación de que esta es una escritura sagrada del *yoga* (*yoga-śāstre*) y de que contiene el conocimiento de *brahman* (*brahmavidyāyaṃ*). A lo largo del texto, Sri Krishna instruye a Arjuna sobre los distintos aspectos

44. *Bhagavad Gītā* II, 48.

del camino, como el *karma-yoga* (el camino del desapego hacia los frutos de la acción), el *bhakti-yoga* (el camino de la devoción), el *rāja-yoga* (el camino de la meditación) y el *jñāna-yoga* (el camino del conocimiento), pero no debemos considerar que estos caminos son independientes el uno del otro.

Si la enseñanza de las *Upaniṣads*, en muchas ocasiones, está dirigida a aquellos que siguen una vida de retiro y contemplación, la *Bhagavad Gītā* ofrece la misma enseñanza para aquellos que forman parte activa de la sociedad y que tienen deberes concretos en ella. En el caso de Arjuna, se trata de un príncipe cuyo reino ha sido usurpado injustamente por ciertos elementos malvados de su propia familia, sus primos. Su deber es luchar no solo para recuperar el reino, sino sobre todo para seguir su deber (*dharma*), ya que no sería correcto que un gobernante (*kṣatriya*) dejara que unas personas injustas y poco nobles se hicieran con el poder, pues ello conduciría a un decaimiento del *dharma* y de la armonía social.

La *Bhagavad Gītā* contiene en sí la misma profunda metafísica de las *Upaniṣads*, pero expuesta de forma más accesible por Sri Krishna para que un mayor número de personas puedan acceder a este conocimiento.

Uno de los versos de la *Śrī Gītā Dhyānam* (*Meditación sobre la Gītā*), una composición de nueve versos que tradicionalmente se recita antes del estudio de la *Bhagavad Gītā*, describe con una bella imagen como la esencia de las *Upaniṣads* se encuentra en cada verso de este texto:

> Todas las *Upaniṣads* son como las vacas, el que las ordeña es Krishna, el vaquero. Arjuna es el ternero, los hombres de inte-

> lecto purificado son los que beben y la leche es el néctar supremo de la *Gītā*.[45]

Es importante comprender que la *Bhagavad Gītā* no contiene una nueva enseñanza, sino que Sri Krishna expone, con excelsa maestría, el *dharma* eterno (*sanātana dharma*). El mismo Krishna afirma a lo largo del diálogo que él, siendo la divinidad suprema (Ishvara), en tiempos inmemoriales, le enseñó este *yoga* imperecedero a Vivashvan (la deidad solar), quien a su vez transmitió este conocimiento a Manu, el padre de la humanidad, quien lo enseñó al sabio rey Ikshvaku, siendo desde entonces así transmitido en una larga sucesión.

> Ese mismo *yoga* ancestral es el que te he enseñado ahora, porque eres mi amigo y devoto. Este es ciertamente un secreto supremo.[46]

Acerquémonos, pues, a esta extraordinaria enseñanza y dejemos que sean las mismas palabras de Sri Krishna, por medio de una breve selección de versos de la *Gītā*, las que nos vayan guiando en este viaje por los distintos aspectos del camino del *yoga*. El contexto en el que esta enseñanza tiene lugar, aunque pueda sorprendernos, es, como ya hemos dicho, el campo de batalla de Kurukshetra. Allí, dos inmensos ejércitos están encarados y preparados para la lucha. Arjuna le pide a su primo Sri Krishna, quien también es su auriga, que sitúe el carro de combate en una posición adecuada donde poder observar al

45. *Śrī Gītā Dhyānam* IV.
46. *Bhagavad Gītā* IV, 3.

ejército enemigo. En ese momento, Arjuna ve ante sí, preparados para la terrible batalla, a sus familiares y seres queridos: a su maestro Drona, al sabio y respetado Bhishma, a sus primos, abuelos, amigos y conocidos. De repente, Arjuna sucumbe ante un estado emocional de gran decaimiento:

> Oh Krishna, viendo a todos mis parientes aquí reunidos, formados para la batalla y deseosos de luchar, mis miembros desfallecen. Se me seca la boca, me tiembla el cuerpo y se me eriza el pelo; el arco Gandiva cae de mis manos y me arde la piel. Ni siquiera puedo tenerme en pie y parece que mi mente diese vueltas.[47]

Después de decir estas palabras, Arjuna dejó caer su arco y se sentó en el carro con la mente turbada y abrumada por el dolor. Sri Krishna le increpó preguntándole de dónde surgía tal confusión y semejante debilidad tan poco digna de un gobernante (*kṣatriya*) noble y justo. A lo que Arjuna respondió:

> Estoy confundido acerca de cuál es mi deber, te ruego que me indiques qué es lo mejor para mí. Soy tu discípulo, instrúyeme, porque he tomado refugio en ti.[48]

Este es un momento crucial en el que la relación de parentesco que tenían Sri Krishna y Arjuna se transforma en una relación entre *guru* y discípulo. Desde el mismo instante en el que Arjuna dice que toma refugio en Sri Krishna, es el deber

47. *Bhagavad Gītā* I, 28-30.
48. *Bhagavad Gītā* II, 7.

Krishna y Arjuna

de este instruirle y ayudarle. Sri Krishna, con gran fuerza, da comienzo a su enseñanza:

> Te lamentas por quienes no debes lamentarte (...) Los sabios no se afligen ni por los vivos ni por los muertos.
>
> No ha habido ningún momento en el que yo no haya existido, ni tú, ni tampoco estos reyes de los hombres. Y, ciertamente, jamás dejaremos de existir en el futuro.
>
> Lo irreal no tiene existencia; lo real nunca deja de existir. Los que conocen la realidad saben la verdad sobre ambos.[49]

49. *Bhagavad Gītā* II, 11-12 y 16.

Sri Krishna le otorga de este modo a Arjuna la enseñanza más elevada, mostrándole que el *ātman* existe más allá del cambio constante del mundo de nombres y formas. Que el *ātman* existe en todos y en todo, es uno, lo único que existe, y está libre de toda transformación. Este *ātman* es existencia y dicha, es su propia esencia y la esencia de todos los que están en el campo de batalla dispuestos a luchar. Con la lucha o sin ella, con la muerte o sin ella, para el *ātman*, que es lo único real, no hay cambio alguno; el *ātman* es existencia absoluta. Sri Krishna expone a la vez que aquello que es irreal (*asat*) no existe y que aquello que es real (*sat*) existe siempre:

> Sabe que Eso que penetra todo este universo es indestructible. Nadie puede causar la destrucción de esto, lo Imperecedero.[50]

Sri Krishna prosigue su enseñanza acerca del *ātman* exponiendo la esencia del *vedānta*:

> Este (*ātman*) no ha nacido ni muere nunca. No puede empezar a ser ni dejar de ser. Es no nacido, inmortal, inmutable y antiguo. No muere cuando muere el cuerpo.
>
> Este (*ātman*) no puede ser cortado, no puede ser quemado, no puede ser mojado y no puede ser secado. Es eterno, omnipenetrante, firme, inamovible e inmemorial.
>
> Se dice que este (*ātman*) es inmanifiesto, impensable e inmutable. Por eso, sabiendo esto, no debes lamentarte.[51]

50. *Bhagavad Gītā* II, 17.
51. *Bhagavad Gītā* II, 20, 24-25.

Sri Krishna, a lo largo de este diálogo, instruye a Arjuna desde diferentes niveles de comprensión, haciendo concesiones según el estado de la mente en el que se encuentra su discípulo y su grado de preparación, mostrándole que la muerte también forma parte del extraordinario orden del cosmos:

> Pero, aunque considerases que (el *ātman*) nace y muere constantemente, ni siquiera entonces deberías lamentarte, oh Arjuna.
>
> Pues cierta es la muerte para el que nace y cierto es el nacimiento para el que muere. Por lo tanto, no debes lamentarte ante lo inevitable.
>
> Oh Arjuna, los seres no están manifestados al principio, se manifiestan en el estado intermedio y, de nuevo, no están manifiestos al final. ¿Por qué habría que lamentarse?[52]

La muerte es inevitable ya que forma parte del fluir armónico de este cosmos; al mismo tiempo, Sri Krishna dirige la mente de su discípulo una y otra vez hacia la comprensión de que el *ātman* que existe en todo no está afectado por nada.

> Este (*ātman*) está presente en todos los cuerpos y es siempre indestructible, oh Arjuna. Por lo tanto, no debes lamentarte por ninguna criatura.[53]

Desde otra perspectiva no menos importante, la del *dharma* (la acción correcta según el estadio y condición en la vida), Sri

52. *Bhagavad Gītā* II, 26-28.
53. *Bhagavad Gītā* II, 30.

Krishna le indica a Arjuna que siga su propio deber (*svadharma*). Es muy importante comprender el concepto del *dharma*, pues conocer y seguir su propio *dharma* es el eje que permite al *yogī* avanzar en su camino, sea cual fuere su estadio en la vida o en la sociedad.

La *Bhagavad Gītā* comienza con las conocidas palabras «*dharma-kṣetre*» (en el campo del *dharma*); encontramos también la palabra «*dharma*» cuando Arjuna describe su confusión y le confiesa a Krishna: «No sé cuál es mi *dharma*». Más tarde, Krishna le da la instrucción: «Tienes que respetar tu propio deber (*svadharma*)». Krishna expone también que la enseñanza que le está dando es sagrada, supremamente purificadora y que está en concordancia con el *dharma*. En otra ocasión, cuando Arjuna tiene la extraordinaria visión de la forma cósmica de Sri Krishna, expresa: «Eres el protector imperecedero del *dharma* eterno», y posteriormente el mismo Krishna se define a sí mismo como la «morada del *dharma* imperecedero».

> Además, considerando tu propio deber (*svadharma*) no debes vacilar, porque para un guerrero (*kṣatriya*) no hay nada más elevado que una guerra justa.
>
> Dichosos son los guerreros, oh Arjuna, a los que se ofrece una batalla semejante, pues es una puerta abierta al cielo.[54]

Una guerra justa, una guerra defendiendo el *dharma* y ser capaz de dar la vida por ello. Estos son conceptos que pueden herir la sensibilidad de la mentalidad moderna. *Dharma yuddha*

54. *Bhagavad Gītā* II, 31-32.

(una guerra por el *dharma*) es un antiguo concepto hindú e indoeuropeo de gran relevancia. El *kṣatriya* ofrece su vida no para obtener poder ni riquezas, sino como deber ineludible de su condición.[55] Para un *kṣatriya*, el *dharma* es superior a su misma vida y el poder ofrecer la propia vida luchando para sostener el orden y la justicia de una sociedad es para él el honor más elevado.

Karma-yoga

Sri Krishna instruye a Arjuna en el *karma-yoga* (el *yoga* del desapego en la acción) mostrándole que en este universo nadie puede permanecer ni un instante sin actuar y que la misma naturaleza primordial (*prakṛti*) nos induce a todos a actuar constantemente.

55. Existen autores, especialmente estudiosos tradicionalistas, que mezclan el concepto de *dharma yuddha* con conceptos de otras tradiciones, como por ejemplo la *jihad* islámica. Es importante recalcar que, desde el punto de vista hindú, la *jihad* o guerra santa del islam no es una guerra por el *dharma.* El *dharma* no es la revelación de un profeta ni el mandato de una deidad tribal, sino que está basado en la comprensión del orden y la armonía del cosmos. Si seguimos con el ejemplo de la *jihad* islámica, en esta, el guerrero emprende su lucha con el fin de conquistar nuevas tierras para el islam, para islamizar a poblaciones que ni lo piden ni lo desean, muchas veces enriqueciéndose con un botín de bienes usurpados, o incluso de personas esclavizadas. En caso de morir en esta «santa guerra islámica», el guerrero asciende a un cielo en el que podrá disfrutar de innumerables jóvenes vírgenes y chicos de poca edad. Nada más alejado del concepto hindú de una guerra para salvaguardar el orden y la virtud de una sociedad, en la que el guerrero ofrece su vida como deber.

No está de más recordar la gran cantidad de guerras que han tenido lugar en los últimos cientos de años para ver que muy pocas de ellas han sido realmente por el *dharma,* por el orden y la virtud, sino únicamente por el poder, la riqueza, el control de los recursos y el control de la población, o han sido inducidas por las fanáticas ideologías de ciertas religiones. Con la pseudolengua moderna, muchas de estas guerras se han presentado como guerras por la paz.

> Cumple tus deberes obligatorios porque la acción es superior a la inacción. Si te abstuvieras de actuar, no podrías ni siquiera conservar el cuerpo.
>
> Así pues, actúa siempre sin apego según tu deber, porque actuando sin apego se alcanza lo supremo.
>
> Que tu afán sea por la acción, mas nunca por sus resultados. Que los resultados de la acción no sean tu motivación, pero no te apegues tampoco a la inacción.[56]

El *karma-yogī* es aquel que tiene la comprensión de que la acción se lleva a cabo como un deber sagrado hacia el cosmos, hacia el orden supremo. Sri Krishna le indica a Arjuna que actúe siguiendo su deber en la sociedad, sin estar apegado al resultado de las acciones, sea este el éxito o el fracaso, enseñándole que «el *yoga* es la destreza en la acción» (*yogaḥ karmasu kauśalam*).[57] El *yogī* no solo debe mostrar esa destreza o habilidad mediante una acción física determinada y excelente, sino también con una actitud interior de desapego hacia los resultados de esta acción. Aquel que se entrega a su propio deber logra la perfección, afirma Krishna, instruyendo a Arjuna en su deber de seguir actuando para el bien de todos los seres (*loka-saṃgraha*).

En la enseñanza sobre el *karma-yoga*, Sri Krishna va conduciendo a Arjuna a espacios más sutiles que requieren de un profundo discernimiento, mostrándole que en realidad el *ātman*, la esencia de todo, nunca actúa, y que son únicamente las cualidades (*guṇas*) de la naturaleza primordial (*prakṛti*) las que lo hacen.

56. *Bhagavad Gītā* III, 8 y 19 y II, 47.
57. *Bhagavad Gītā* II, 50.

> Son las cualidades de la naturaleza (*guṇas*) las que realizan todas las acciones. Aquel cuya mente está engañada por el egoísmo piensa: «Yo soy el que actúa».[58]

Cuando en el *yogī* predomina la pureza (*sattva-guṇa*), este experimenta felicidad, paz y un contentamiento natural; cuando predomina la tendencia hacia la acción con deseo (*rajoguṇa*), aparecen en su mente la codicia, la inquietud y el anhelo; y cuando predomina la inercia (*tamoguṇa*), su mente se sume en la oscuridad, la pereza y el engaño.

Otra forma de vivir el *karma-yoga* es la de considerar toda acción como una ofrenda a la divinidad. Sri Krishna le enseña a Arjuna que considere así cualquier cosa que haga, cualquier cosa que coma, cualquier ritual que lleve a cabo y cualquier austeridad que practique, ya que con esta actitud se liberará de las cadenas de los resultados de la acción.

> Conociendo esto, los antiguos que deseaban liberarse también actuaban. Actúa, pues, tú como hicieron ellos en el pasado.[59]

Finalmente, Sri Krishna le muestra a Arjuna el estado del sabio que está más allá del apego y de la identificación con la acción:

> Los que saben llaman sabio a aquel cuyas acciones están libres de deseo y de motivos egoístas, y cuyas acciones han sido consumidas por el fuego del conocimiento.

58. *Bhagavad Gītā* III, 27.
59. *Bhagavad Gītā* IV, 15.

> Aquel que ve la no acción (del *ātman*) en la acción (del cuerpo) y la acción en la inacción es un sabio entre los hombres, es un *yogī* aunque lleve a cabo todas las acciones.
>
> Renunciando al apego por los frutos de sus acciones siempre está satisfecho, sin depender de nada. Aunque actúe, ya no hace nada.[60]

El *yogī* que ha alcanzado la sabiduría, establecido en su esencia inmutable, el *ātman*, observa cómo su cuerpo y su mente actúan sin cesar, reconociendo que es la naturaleza primordial (*prakṛti*) la única que actúa, permaneciendo sin apego y sin deseo.

> Por lo tanto, cortando con la espada del conocimiento esta duda nacida de la ignorancia que habita en tu corazón, establécete en el *yoga.* ¡Levántate, oh Arjuna![61]

Bhakti-yoga

> Contempla ahora el universo entero, oh Arjuna –con todo lo móvil y lo inmóvil–, y cualquier otra cosa que desees ver, aquí todo junto en mi cuerpo. Pero con tus ojos no puedes verme. Te doy el ojo divino. Observa mi *yoga* soberano.[62]

En un momento culminante de la conversación, Arjuna reconoce la divinidad de Sri Krishna y le pide que le muestre su

60. *Bhagavad Gītā* IV, 19, 18 y 20.
61. *Bhagavad Gītā* IV, 42.
62. *Bhagavad Gītā* XI, 7-8.

auténtica forma, su forma divina. Sri Krishna le concede a su discípulo esta extraordinaria visión y, al otorgarle esta gracia, Arjuna repentinamente vio ante sí una inmensa forma que abarcaba la infinitud del espacio en la que estaban contenidos todos los dioses y multitud de seres de todas las clases y especies, desde Brahma hasta el ser más diminuto. Arjuna exclamó:

> Te veo a Ti, sin principio, medio ni fin, de poder ilimitado, con infinitos brazos, tus ojos son el sol y la luna, tu boca es un fuego ardiente quemando el universo entero con Tu resplandor.
>
> El espacio que hay en la tierra, en el cielo y en todas las direcciones está lleno solo de Ti. Habiendo visto tu maravillosa y terrible forma los tres mundos tiemblan de miedo, ¡oh gran ser!
>
> Tú eres la deidad primordial, el *puruṣa* ancestral, el supremo soporte de este universo. Eres el conocedor, lo conocido y la morada suprema. El universo está lleno de Ti, ¡oh Tú de infinitas formas![63]

Arjuna no pudo sostener ante sí tal inmensidad y magnificencia y, compasivamente, Sri Krishna retomó su forma original, confiando a su discípulo que esta forma era muy difícil de ver y que hasta los mismos dioses ansiaban contemplarla. También le dijo que no se podía acceder a esta visión ni por medio del estudio de los *Vedas* ni por las donaciones (*dāna*) ni por los rituales de fuego (*yajña*), ya que esta sagrada visión era el fruto de una devoción auténtica y pura.

La enseñanza del *bhakti-yoga* puede resumirse en estas pa-

63. *Bhagavad Gītā* XI, 19-20 y 38.

labras de Sri Krishna: «Con la mente absorta en Mí (la divinidad), practica el *yoga* y refúgiate en Mí». El auténtico devoto vive en un mundo sagrado, en realidad, es consciente de que la divinidad a la que adora ha tomado la forma de este extraordinario universo, que él vive en el cuerpo de esa divinidad y que esa misma divinidad existe en él como su propio ser. Narada, en los *Bhakti Sūtras*, uno de los textos más relevantes del *bhakti-yoga*, define la *bhakti* de la siguiente manera:

> Cuando logra (el amor supremo), el devoto se vuelve perfecto, inmortal y completamente satisfecho.
>
> Entonces el devoto ya no desea nada más, ya no se lamenta por nada, no odia nada ni se deleita en nada más, y ya no se esfuerza por conseguir ninguna otra cosa.
>
> Después de conocerlo, (el devoto) queda como ebrio, totalmente aquietado (en su propio éxtasis) y se deleita en el *ātman*.[64]

Sri Krishna continúa así con su enseñanza:

> Fija tu mente solo en Mí. Centra en Mí tu intelecto. Así, sin duda alguna, morarás solo en Mí.
>
> Con facilidad me alcanza, oh Arjuna, aquel *yogī* que es constante y me recuerda de continuo con una mente sin distracciones.[65]

Un antiguo dicho de sabiduría afirma que adquirimos las cualidades de aquello en lo que meditamos. Así pues, el devoto

64. *Bhakti Sūtras* de Narada 4-6.
65. *Bhagavad Gītā* XII, 8 y VIII, 14.

constantemente piensa, medita, contempla y adora su aspecto elegido de la divinidad, hasta fundirse por completo en él. La enseñanza continúa:

> Si alguien con devoción Me ofrece una hoja, una flor, una fruta o agua, Yo acepto (esta ofrenda) hecha con una mente pura.
>
> Cualquier cosa que hagas, cualquier cosa que comas, cualquier cosa que ofrezcas, cualquier austeridad que practiques, oh Arjuna, hazlo como una ofrenda a Mí. [66]

En el *bhakti-yoga*, el énfasis radica en la purificación, la transmutación y la focalización de la poderosa energía emocional hacia la divinidad. Para el *yogī*, el camino de la *bhakti* representa tener conciencia de que vive en un universo sagrado en el que cada gesto es un acto de adoración. Implica también el reconocimiento constante de que todo lo que ocurre en nuestra vida es por nuestro bien, vivir con la plena confianza y con la certeza de que la divinidad nos otorga nuestro destino para vivir ciertas experiencias, sean estas agradables o desagradables. Sri Krishna continúa:

> Yo soy el origen de todo. Todo emana de Mí. Conociendo esto, el sabio medita y Me adora.
>
> Soy el mismo con todos los seres. Para Mí no hay nadie odiado ni querido. Pero los que me adoran con devoción están en Mí y Yo también estoy en ellos.[67]

66. *Bhagavad Gītā* IX, 26 y 27.
67. *Bhagavad Gītā* X, 8 y IX, 29.

En el *sanātana dharma* (*dharma* eterno) o hinduismo, la divinidad es siempre ecuánime y justa, y no se concibe la idea de una relación privilegiada con ningún mesías, profeta o pueblo elegido. La divinidad reside en el corazón de todos los seres por igual, y todos ellos pueden descubrirla si siguen las pautas adecuadas. Estas pautas son la esencia del camino del *yoga*. Sri Krishna continúa:

> A aquellos que, fijando su mente en Mí y constantemente disciplinados por el *yoga*, me adoran con perseverancia y con confianza suprema, los considero los mejores en el *yoga*.
>
> Al final, tras innumerables nacimientos, logrado el conocimiento, sabiendo que todo esto es Vasudeva (la divinidad), llega a Mí. Es muy difícil encontrar a un *mahātmā* como este.[68]

En el *bhakti-yoga*, el amor o devoción hacia la divinidad puede tomar muchas formas. Los textos más relevantes de este camino describen con detalle los diferentes *bhāvas* (emociones o sentimientos) con los cuales el devoto se puede relacionar con la divinidad, como puede ser el de percibir y experimentar a la divinidad como a un padre, como a una madre, como a un hijo, como a un amante, como a un hermano, como a un amigo o como el *guru*. Una bella expresión de estos *bhāvas* la encontramos en los poemas de muchos *mahātmās*, especialmente del medievo, que han vivido este camino. A la vez, en el *bhakti-yoga* se puede adorar a la divinidad con nombre y forma (*saguṇa*) o como a la conciencia sin forma (*nirguṇa*).

68. *Bhagavad Gītā* XII, 2 y VII, 19.

A medida que la mente y el intelecto del *yogī* se purifican, este va percibiendo que no hay diferencia entre la divinidad y su propio ser. Sri Krishna concluye su enseñanza sobre la *bhakti* hablando del devoto (*bhakta*) que ha llegado al final del camino y que está establecido en la presencia constante de la divinidad:

> Por la devoción me conoce verdaderamente y sabe lo grande que Soy. Entonces, tras conocerme de verdad, entra en mi Ser.
>
> Llevando a cabo siempre todas sus acciones refugiándose en Mí, por mi gracia alcanza la morada eterna e inalterable.[69]

Sri Krishna concluye:

> Así pues, recuérdame a Mí en todo momento y lucha. Con tu mente e intelecto absortos en Mí, sin duda vendrás solo a Mí.[70]

Rāja-yoga

> Se dice que ha alcanzado el *yoga* aquel que ha renunciado a todos los pensamientos y no está apegado a los objetos de los sentidos ni a las acciones.[71]

En el camino del *rāja-yoga*, el aspirante, por medio de la concentración y la meditación, renuncia a los pensamientos y va más allá de estos hasta llegar al estado de absorción (*samādhi*).

69. *Bhagavad Gītā* XVIII, 55-56.
70. *Bhagavad Gītā* VIII, 7.
71. *Bhagavad Gītā* VI, 4.

El que sigue el camino del *rāja-yoga* debe hacer un esfuerzo constante (*abhyāsa*) para mantener la mente libre de contenido hasta llegar al reconocimiento de su esencia, la pura Conciencia. Sri Krishna le indica a Arjuna cuál es el lugar adecuado para la práctica meditativa, cómo debe ser la postura del cuerpo, cuál es la actitud interior del *yogī*, así como la meta que este debe alcanzar:

> El *yogī* debe mantener siempre la mente serena, concentrada, permaneciendo en soledad, solo, controlando su mente y su cuerpo, libre de deseos y posesiones.
>
> Que en un lugar limpio establezca un asiento firme, ni demasiado alto ni demasiado bajo, con una tela, una piel y una hierba *kuśa*[72] una encima de la otra.
>
> Allí, sentado en su asiento, debe concentrar su mente y, controlando los pensamientos y los sentidos, debe practicar el *yoga* para purificarse.
>
> Que mantenga el cuerpo, la cabeza y el cuello firmemente erguidos e inmóviles, fijando la mirada en la punta de su nariz, sin mirar alrededor.
>
> Sereno y sin miedo, firme en el voto de continencia (*brahmacarya*) y con la mente calmada, debe sentarse pensando en Mí y teniéndome como su meta suprema.
>
> Así, disciplinado en el *yoga*, el *yogī* de mente controlada alcanza la paz, el *nirvāṇa*, que se halla en Mí.[73]

72. Hierba usada como asiento (*āsana*) en la meditación y en los rituales.
73. *Bhagavad Gītā* VI, 10-15.

Como veremos con más profundidad en el siguiente capítulo sobre los *Yoga Sūtras* de Patañjali, el camino del *rāja-yoga* requiere de una intensa disciplina, comporta seguir unas restricciones (*yamas*) y unas observancias (*niyamas*) que serán la base sobre la cual se sustentará el proceso yóguico. Sri Krishna enseña a Arjuna que el *yoga* es imposible para aquel que come en exceso o para aquel que no come nada, ya que ambas acciones crean un desequilibrio en la energía vital (*prāṇa*), lo que a la vez genera un desequilibrio en la mente que el *yogī* desea controlar; también le enseña que el *yoga* no es para el que duerme demasiado ni para el que no duerme.

> El *yoga* destruye el sufrimiento de aquel que es moderado en la comida y en el esparcimiento; es moderado en sus acciones, en el sueño y en la vigilia.[74]

El *yogī* debe controlar tanto los sentidos como la mente hasta que estos se aquieten. Sri Krishna advierte a Arjuna acerca de la poderosa fuerza que tienen el pensamiento, el deseo y el apego en el ser humano, ensalzando a la vez el autocontrol, cualidad que el *yogī* debe cultivar para poder lograr la paz y estabilidad necesarias para la meditación:

> Cuando una persona piensa en los objetos de los sentidos surge el apego hacia ellos. Del apego nace el deseo y del deseo surge la ira.
>
> De la ira procede la ilusión; de la ilusión, la confusión de la

74. *Bhagavad Gītā* VI, 17.

> memoria; de la confusión de la memoria, la pérdida del discernimiento y, debido a la pérdida del discernimiento, perece.
>
> El (*yogī*) que tiene autocontrol, moviéndose entre los objetos con los sentidos controlados, libre de toda atracción y repulsión, alcanza la paz.
>
> En esta serenidad cesan todas sus miserias. El intelecto de aquel de mente tranquila se estabiliza pronto.[75]

El *yogī* es aquel que conduce la energía de sus sentidos y de su mente hacia el interior. Sri Krishna presenta este proceso por medio de la imagen de una tortuga:

> Cuando (el *yogī*) aparta completamente sus sentidos de los objetos de los sentidos, tal como una tortuga contrae sus miembros, su sabiduría es estable.
>
> Los objetos de los sentidos se apartan de aquel que se abstiene de ellos, excepto su sabor (sutil), pero este también desaparece después de ver lo Supremo.
>
> No hay sabiduría para el de mente inestable, la contemplación no es posible para el de mente inestable y no hay paz para el que no es contemplativo, ¿cómo puede ser feliz el que no tiene paz?
>
> El *yogī* autocontrolado está despierto (al *ātman*) cuando es de noche para todos los seres; cuando todos los seres están despiertos (al mundo dual), es de noche para el sabio que ve.[76]

75. *Bhagavad Gītā* II, 62-65.
76. *Bhagavad Gītā* II, 58-59, 66 y 69.

El sabio o *yogī* que está despierto ha reconocido en sí lo real, lo inmutable, lo imperecedero, y vive desde esta conciencia. Aquel que está dormido está atrapado por el mundo de nombres y formas sintiéndose el hacedor y el que disfruta o sufre los resultados de la acción. Estas son dos formas de vivir completamente distintas y opuestas. La persona bajo la ignorancia busca la felicidad detrás de pequeños placeres efímeros con gran esfuerzo, mientras que el sabio disfruta de la plenitud constante de su propio Ser. El *yogī* de mente controlada por la práctica prolongada siente una dicha infinita, una dicha que trasciende la mente, y al final queda establecido en el estado supremo. Sri Krishna continúa:

> A esto se le llama *yoga*, a la separación de la unión con el dolor (*duḥkha-saṃyoga-viyogaṃ*). Este *yoga* debe practicarse con determinación y sin que la mente se desaliente.[77]

La mente del *yogī* debe aquietarse hasta perderse en el silencio, en la conciencia pura en la que no existen ni el dolor ni el placer. Sri Krishna da la enseñanza a Arjuna para que este pueda acceder al estado de meditación:

> Abandonando por completo todos los deseos nacidos de los *saṅkalpas* (imaginación o pensamiento) y subyugando completamente la hueste de los sentidos por medio de la mente, poco a poco logrará la quietud con el intelecto firmemente controlado. Con la mente establecida en el *ātman*, que no piense en nada.

77. *Bhagavad Gītā* VI, 23.

> Hacia donde sea que vaya la mente inestable e inquieta, subyugándola debe hacerla regresar y llevarla bajo el control del *ātman*.[78]

Sri Krishna describe ahora, de forma muy bella, al *yogī* cuya mente está aquietada y está establecido en la plenitud de su esencia:

> Cuando la mente controlada descansa únicamente en el *ātman*, libre del deseo por los objetos, entonces se dice que está establecido en el *yoga*.
>
> Como una lámpara en un lugar sin viento, que no vacila, este es el símil que se aplica al *yogī* de mente controlada que practica el *yoga* del *ātman*.
>
> El *yogī* de mente serena, que ha calmado sus pasiones, que está libre de faltas y que se ha convertido en *brahman*, disfruta de una dicha suprema.
>
> Aquel que está establecido en el *yoga* ve el *ātman* en todos los seres y a todos los seres en el *ātman*. Ve lo mismo en todo (*sama-darśana*).[79]

En este último verso, Sri Krishna describe cómo el *yogī* reconoce la misma esencia en todos los cuerpos y formas, percibiendo al *ātman* en todos los seres y siendo consciente de que todos los seres existen en el *ātman*, logrando así la visión de igualdad (*sama-darśana*).

Arjuna escucha esta sublime enseñanza, pero es consciente

78. *Bhagavad Gītā* VI, 24-26.
79. *Bhagavad Gītā* VI, 18-19, 27 y 29.

de que su mente está agitada, se encuentra en un estado de inquietud interior y no sabe cómo seguir esta instrucción:

> La mente es ciertamente inestable, oh Krishna, impetuosa, fuerte y obstinada. Me parece más difícil de controlar que el viento.[80]

Sri Krishna responde que, sin lugar a dudas, la mente es bulliciosa y difícil de controlar, pero que se la puede controlar por medio de una práctica firme y continuada (*abhyāsa*) y del desapego (*vairāgya*). Esta misma enseñanza la encontramos en los *Yoga Sūtras* de Patañjali:

> La detención (de los movimientos de la mente) se produce por medio de la práctica continuada (*abhyāsa*) y el desapego (*vairāgya*).[81]

El hecho de que se imparta la misma enseñanza en la *Gītā*, los *Yoga Sūtras* de Patañjali y en otros antiguos textos de *yoga*, y de que se haga énfasis en las mismas prácticas para lograr la quietud mental, nos muestra que existe una antigua tradición yóguica de transmisión oral de la cual han surgido grandes maestros y que, a través de los siglos, ha producido importantes tratados para guiar a los aspirantes. *Abhyāsa* y *vairāgya* son la base y el eje central no solo del camino del *rāja-yoga*, sino también de todo proceso yóguico. La práctica yóguica debe ser constante, persistente, ininterrumpida y debe prolongarse

80. *Bhagavad Gītā* VI, 34.
81. *Yoga Sūtras* I, 12.

durante el tiempo que sea necesario hasta lograr el fruto o estado deseado. A la vez, esta práctica, por intensa que fuera, no daría ningún fruto si el *yogī* no sintiera un intenso desapego (*vairāgya*) por todo lo que existe en el mundo de la finitud y no aspirase a la infinitud absoluta, la plenitud del *ātman*.

El *yogī* y la muerte

Arjuna pregunta a Sri Krishna qué le ocurre a aquella persona que se esfuerza en esta vida siguiendo el camino del *yoga*, pero que no consigue obtener un firme control de la mente y deja su cuerpo sin llegar al final del camino: «¿Qué le ocurre a este *yogī*? ¿Todo su esfuerzo es en vano? ¿Todo se pierde?». Sri Krishna le responde que en el camino del *yoga* ningún esfuerzo puede perderse nunca y que, en el caso de que un *yogī* dejara su cuerpo sin haber alcanzado su meta, renacería en una familia de personas puras en la que predominaría la abundancia, o incluso podría nacer en una familia de sabios *yogīs*. Krishna enfatiza: «Este tipo de nacimiento es verdaderamente difícil de lograr en este mundo». En este nuevo nacimiento, el *yogī* entraría en contacto con el conocimiento adquirido en su anterior nacimiento y seguiría esforzándose hasta lograr el estado de plenitud.

> (...) El *yogī* que persevera en su esfuerzo, purificado de faltas y perfeccionado a lo largo de muchos nacimientos, alcanza la meta más elevada.[82]

82. *Bhagavad Gītā* VI, 45.

Arjuna sigue indagando acerca del momento de la muerte. Sri Krishna le responde que si en el momento de la muerte en la mente del *yogī* predomina la pureza (*sattva-guṇa*), este accede a los planos más elevados; si su mente está bajo la influencia del deseo o la pasión (*rajoguṇa*), renace entre personas apegadas a la acción; y si en su mente predominara la inercia, la confusión y la opacidad (*tamoguṇa*), nacería en matrices de seres desprovistos de sensibilidad.

En el caso del *yogī* avanzado, Sri Krishna afirma que este puede utilizar el sagrado momento de la muerte para alcanzar el estado final:

> Aquel que en el momento de la muerte abandona el cuerpo pensando únicamente en Mí llega a mi ser.
>
> Con una mente disciplinada por la práctica del *yoga*, que no se mueve hacia ningún objeto, el que medita en el supremo, el *puruṣa* resplandeciente, lo alcanza, oh Arjuna.
>
> Aquel que medita en el omnisciente, el antiguo, el que rige el cosmos, más pequeño que un átomo, el soporte de todo, cuya forma es inconcebible, brillante como el sol y más allá de la ignorancia, (aquel que medita) en el momento de su muerte en este supremo *puruṣa* resplandeciente con una mente inamovible y con devoción, por el poder del *yoga*, dirigiendo toda la energía vital (*prāṇa*) hacia el centro de las cejas, llega a Él.[83]

Sri Krishna describe así al *yogī* avanzado en el camino y con la mente controlada, en el momento de dejar su cuerpo:

83. *Bhagavad Gītā* VIII, 5 y 8-10.

> Controlando todas las puertas (los sentidos) con la mente confinada en el corazón, estableciendo la energía vital (*prāṇa*) en la cabeza, firme en el *yoga* de la concentración, recitando la sílaba *oṃ*, *brahman*, y meditando en Mí, el que parte así y abandona su cuerpo alcanza la meta suprema.
>
> Llegando a Mí, estos grandes seres (*mahātmās*) ya no nacen de nuevo en este plano impermanente y de dolor, pues han llegado a la perfección suprema (la liberación).[84]

Sri Krishna concluye la enseñanza del *rāja-yoga* en la *Bhagavad Gītā* exaltando la condición del *yogī* e instando a Arjuna a que se establezca en este camino:

> El *yogī* es superior a los ascetas, se considera incluso superior a los hombres de conocimiento (eruditos) e incluso superior a aquellos que ejecutan los rituales. Así pues, ¡sé un *yogī*, oh Arjuna![85]

Jñāna-yoga

> El sacrificio del conocimiento (*jñāna yajña*) es superior al sacrificio (ritual) con objetos (*dravya yajña*). Todos los actos rituales sin excepción, oh Arjuna, culminan en el conocimiento.[86]

84. *Bhagavad Gītā* VIII, 12-13 y 15.
85. *Bhagavad Gītā* VI, 46.
86. *Bhagavad Gītā* IV, 33.

En la enseñanza de Sri Krishna encontramos también la esencia del camino del *jñāna-yoga* (*yoga* del conocimiento). Así como la luz disipa la oscuridad, el conocimiento disipa la ignorancia. Todos los distintos caminos, como el *karma-yoga*, el *bhakti-yoga* o el *rāja-yoga*, son medios para llegar al conocimiento del *ātman*. Sri Krishna, con gran claridad, enseña a Arjuna acerca de Aquello que el *yogī* debe conocer:

> Te voy a exponer en detalle este conocimiento combinado con sabiduría que una vez obtenido ya no queda nada por conocer aquí (en este mundo).
>
> Te describiré (ahora) aquello que debe conocerse, aquello por cuyo conocimiento (el *yogī*) alcanza la inmortalidad: es el *brahman* supremo y sin principio. Se dice que no puede llamarse existente (*sat*) ni inexistente (*asat*).
>
> Con manos y pies en todas partes, con ojos, cabezas y bocas en todas partes, con oídos en todas partes, presente en el mundo, envolviéndolo todo.
>
> Está en el exterior y en el interior de todos los seres; es inamovible y se mueve; está lejos y cerca. Por su sutileza, no puede ser conocido.
>
> Siendo indiviso, reside en los seres pareciendo estar dividido. Este (*brahman*) es lo que hay que conocer como el soporte de los seres, el que los devora y el que los genera.
>
> Se dice que es la luz de todas las luces y está más allá de la oscuridad (ignorancia). Es el conocimiento, el objeto de conocimiento y la meta del conocimiento, sentado en el corazón de todos.[87]

87. *Bhagavad Gītā* VII, 2 y XIII, 12-13 y 15-17.

Este conocimiento representa el final del camino para el *yogī*, la liberación (*mokṣa*). Donde existe la luz no puede existir la oscuridad; cuando el *yogī* tiene el conocimiento del *ātman* –es decir, cuando reconoce que lo único que existe es el *ātman*–, la ilusión de la multiplicidad, que es la causa del dolor, desaparece. A la luz de este conocimiento desaparecen las ideas del ser individual (*jīva*), la deidad (*īśvara*) y el mundo (*jagat*). Esta tríada, que era constante en todas las interacciones del *yogī* a lo largo de su camino, ahora ha desaparecido y queda establecido –aún y actuando en este mundo– en la plenitud de la pura Conciencia. Lo único que puede destruir la ignorancia es el conocimiento:

> Así como un fuego encendido reduce el combustible (madera) a cenizas, oh Arjuna, el fuego del conocimiento reduce a cenizas todas las acciones.
>
> No existe nada en este mundo que purifique tanto como el conocimiento; el que es perfecto en el *yoga* lo alcanza con el tiempo.[88]

¿Quién puede obtener este conocimiento? ¿Quién es el *yogī* que está preparado para contener este fuego purificador? Solo aquel que tiene la mente y los sentidos controlados, que tiene amor y plena confianza en la enseñanza, en su *guru* y en la tradición, y que dedica su vida a esta búsqueda, podrá alcanzar este conocimiento. ¿Quién no está preparado para alcanzar este conocimiento? Aquel que está bajo la ignorancia, cuya mente y sentidos no están controlados, el que no tiene plena confianza ni en las escrituras ni en su *guru* ni en la tradición, y el que vive

88. *Bhagavad Gītā* IV, 37-38.

constantemente bajo la duda; esa persona, Sri Krishna afirma, va hacia su propia destrucción y no podrá ascender en el camino del *yoga*.

Según las antiguas escrituras del hinduismo, uno de los métodos de menor dificultad para obtener este conocimiento es buscar y permanecer en la compañía de los sabios que están establecidos en el *ātman*. Sri Krishna le revela a Arjuna que si el *yogī* se mantiene en esta compañía con una actitud de servicio y presencia, los sabios le instruirán en el conocimiento, y que, incluso si se diera el caso de una persona que hubiese cometido grandes faltas en algún momento de su vida, por el poder purificador del conocimiento, esta podría también alcanzar la liberación.

Sri Krishna ofrece en la *Gītā* una profunda descripción de aquellos que han trascendido la ignorancia y que, establecidos en el conocimiento, viven en la plenitud del *ātman*:

> Aquellos cuyas mentes (e intelectos) están absortos en Eso (el *ātman*) se funden en Eso, aquellos cuyo soporte es Eso y que tienen Eso como su meta suprema, alcanzan el estado de no retorno con sus faltas disipadas por el conocimiento.
>
> Los sabios ven el mismo (*ātman*) en un brahmán dotado de saber y humildad, en una vaca, en un elefante, en un perro o en alguien que come perros (un descastado).[89]

El *yogī* que está establecido en el conocimiento, reconoce que detrás de las envolturas (*upādhis*) de los distintos cuerpos y

89. *Bhagavad Gītā* V, 17-18.

seres manifestados en este universo existe la misma realidad una, el *ātman*. Sri Krishna continúa su descripción de estos sabios:

> El conocedor de *brahman* (*brahmavid*) con un intelecto firme y libre de confusión está establecido en *brahman*. No se alegra cuando le llega algo agradable ni se agita cuando llega algo desagradable.
>
> Con la mente desapegada de los contactos exteriores, encuentra la dicha en el *ātman*. Aquel cuya mente está unida a *brahman* por medio del *yoga* alcanza la dicha imperecedera.
>
> Aquel cuya felicidad está en su interior, cuyo goce está en su interior, cuya luz está en su interior. Este *yogī* se absorbe en *brahman* y alcanza la dicha de *brahman*.[90]

Según la tradición, el *jñāna-yoga* consta de tres pasos: escuchar la enseñanza (*śravaṇa*), reflexionar acerca de ella (*manana*) y contemplar en ella (*nididhyāsana*); esto conduce al *yogī* a otro estado de conciencia en el que la limitación desaparece y solo queda la plenitud del *ātman*.

Los diferentes *yogas* en la *Bhagavad Gītā*

> Por medio de la meditación en el *ātman* (*rāja-yoga*), algunos perciben el *ātman* por el *ātman*, otros por medio del *yoga* del co-

90. *Bhagavad Gītā* V, 20-21, 24.

nocimiento (*jñāna-yoga*) y otros por el *yoga* de la acción (*karma-yoga*).[91]

La enseñanza de la *Bhagavad Gītā* contiene en sí la esencia del camino del *yoga*. *Karma*, *bhakti*, *rāja* o *jñāna-yoga* forman parte de un mismo proceso. Tradicionalmente, el aspirante comienza su práctica con años de dedicación al servicio de su maestro, ofreciendo su acción de forma altruista para purificar su mente (*karma-yoga*). La práctica meditativa es un aspecto básico del camino que requiere perseverancia y seguir los *yamas* y *niyamas* (abstinencias y restricciones) para enfocar de manera adecuada la energía de la mente (*rāja-yoga*). Con el tiempo, y a medida que su práctica se hace más profunda, va reconociendo el valor de la gracia de su maestro y del linaje al que pertenece y en el cual ha sido iniciado, así como el profundo cambio interior que ha vivido. De aquí surge un sentimiento natural de respeto, amor y devoción (*bhakti-yoga*). Finalmente, al vivir cerca de su *guru* y en compañía de personas dedicadas a la contemplación, el aspirante escuchará una y otra vez la enseñanza acerca del *ātman* y contemplará y meditará en ella hasta que, al final, esta se convertirá en una experiencia directa (*jñāna-yoga*).

No hemos de pensar que el *yoga* es para todos, ni que todos los que inician este camino llegan al final del proceso. El camino del *yoga* requiere de una intensa fortaleza interior y determinación que debe ser sostenida durante años.

91. *Bhagavad Gītā* XIII, 24.

> Entre miles de hombres, apenas uno se esfuerza por la perfección. E incluso entre los adeptos que se esfuerzan, apenas uno me conoce verdaderamente.[92]

Sri Krishna describe así al *yogī* que, con determinación, aspira a llegar al final del camino y establecerse en el *ātman*:

> Dotado de un intelecto purificado, dominándose firmemente, abandonando los sonidos y demás objetos sensoriales, rechazando la pasión y el odio, permaneciendo en soledad, comiendo poco, controlando el habla, el cuerpo y la mente, dedicado constantemente al *yoga* y a la meditación, siempre refugiado en el desapego, abandonando el sentido de «yo», la fuerza (violencia), la arrogancia, el deseo, la cólera y la posesividad, libre de la idea de lo mío y tranquilo, está preparado para convertirse en *brahman*.[93]

Al llegar a la meta, e independientemente del camino que el *yogī* haya seguido, este se establece en *brahman*:

> Ve realmente aquel que ve al señor supremo morando en todos los seres por igual, imperecedero mientras ellos perecen.
>
> Ve realmente aquel que ve que todas las acciones pertenecen a *prakṛti* (la naturaleza primordial) y que en el *ātman* no hay acción.
>
> Cuando reconoce que los distintos estados de existencia des-

92. *Bhagavad Gītā* VII, 3.
93. *Bhagavad Gītā* XVIII, 51-53.

> cansan en el Uno y que emanan de este Uno, entonces alcanza a *brahman*.
>
> Este *ātman* supremo, sin comienzo, más allá de los *guṇas*, es imperecedero. Oh Arjuna, aunque mora en el cuerpo no actúa ni se mancha.[94]

La sublime enseñanza de la *Bhagavad Gītā* concluye con estas palabras de Sri Krishna:

> Así te he expuesto este conocimiento, más secreto que lo secreto. Reflexiona profundamente sobre esto y actúa después como quieras.
>
> ¿Has escuchado esto, oh Arjuna, con una mente concentrada? ¿Se ha destruido en ti la confusión (causada) por la ignorancia?[95]

A lo que Arjuna, después de escuchar esta sagrada enseñanza de los labios de Sri Krishna, la Divinidad manifiesta, de reconocerlo como su *guru*, de habérsele concedido la gracia de la visión de su forma cósmica y de haber escuchado en detalle la esencia de los diferentes aspectos del *yoga*, conmovido respondió:

> Mi confusión ha sido destruida, por tu gracia he recuperado la memoria (del conocimiento y de la acción correcta), oh Krishna. Me siento firme. Mis dudas han desaparecido, actuaré según tu palabra (*kariṣye vacanaṃ tava*).[96]

94. *Bhagavad Gītā* XIII, 27 y 29-31.
95. *Bhagavad Gītā* XVIII, 63 y 72.
96. *Bhagavad Gītā* XVIII, 73.

La *Bhagavad Gītā* concluye:

> Dondequiera que esté Sri Krishna, el Señor del *yoga*, y dondequiera que esté Arjuna, el arquero, allí estarán presentes la fortuna, la victoria, la riqueza y la conducta firme. Esta es mi convicción.[97]

97. *Bhagavad Gītā* XVIII, 78.

PARTE IV
El *rāja-yoga* de Patañjali

Conferencia. Centre de ioga l'Om,
Vilafranca del Penedès, junio de 2015.
Editada y ampliada para este libro

yogena cittasya padena vācāṃ
malaṃ śarīrasya ca vaidyakena
yopākarottaṃ pravaraṃ munīnāṃ
patañjaliṃ prāñjalirānato 'smi

Salutaciones con las manos juntas al más noble de los sabios,
Patañjali, que nos otorgó el *yoga*
para serenar la mente, la gramática
para la pureza del habla y la medicina
para la perfección y salud del cuerpo.

Así empieza una conocida invocación tradicional en honor al sabio Patañjali que se recita en muchas ocasiones antes de empezar el estudio de los *Yoga Sūtras*. En ella se ofrecen los respetos a su venerable autor, Patañjali, quien a la vez se considera que compuso uno de los textos más importantes sobre gramática sánscrita, el *Mahābhāṣya* (gran comentario) del *Aṣṭādhyāyī*, un antiguo texto de gramática y lingüística sánscrita que consta de 3.959 *sūtras* (aforismos) escrito por Panini.[98] La tradición considera que Patañjali también es el autor de un importante texto sobre *āyurveda* (medicina tra-

98. Se considera que Panini, Katyayana y Patañjali son los tres gramáticos más importantes de la India antigua.

dicional india), que algunos eruditos afirman que se trata de la *Caraka Saṃhitā*. De este modo, la tradición hindú sostiene que Patañjali fue un gran exponente del *yoga*, de la gramática y de la medicina. Salutaciones una y otra vez al sabio Patañjali.

La invocación continúa:

ābāhu puruṣākāraṃ śaṅkha-cakrāsi dhāriṇam
sahasra śirasaṃ śvetaṃ praṇamāmi patañjalim

Postraciones ante Patañjali (encarnación de Adishesha), la parte superior de su cuerpo tiene forma humana, sus manos sostienen una concha y un disco, y está coronado por una cobra de mil cabezas.

Esta segunda parte de la invocación está enraizada en la rica mitología y simbolismo hindús, y venera a Patañjali como una encarnación de Adishesha, el poder (*śakti*) de Vishnu que sostiene el universo y al que se representa con la forma de una inmensa y poderosa serpiente.

En las representaciones iconográficas, la parte superior del cuerpo de Patañjali tiene forma humana y la parte inferior tiene forma de serpiente. Sobre su cabeza, muchas veces se extiende una cobra de mil cabezas, símbolo de su poder.

Según narran algunas historias mitológicas, Narayana (Vishnu, el protector del cosmos) estaba descansando sobre la inmensa serpiente Adishesha mientras observaba con gran atención la danza cósmica de Shiva. Narayana estaba tan absorto en esta contemplación que, debido a la vibración del ritmo de la danza, su cuerpo empezó a hacerse más y más pesado.

Adishesha, pese a su tremendo poder, tenía grandes dificultades para poder sostener a su Señor. Al finalizar la danza, el cuerpo de Narayana retornó a su peso original y Adishesha, maravillado por este extraño fenómeno, se atrevió a preguntar acerca de la causa de este cambio. Narayana le respondió que el aumento de peso era debido a su completa absorción en la danza de Shiva. Fue entonces cuando Adishesha expresó su deseo de contemplar la extraordinaria danza cósmica de Shiva, a lo que Narayana accedió. Adishesha pasó un tiempo meditando para ver cuál era el lugar adecuado para encarnar en la tierra.

Un texto del siglo XVII de Ramabhadra Dikshita llamado *Patañjalicarita* recoge las antiguas historias mitológicas sobre Patañjali y narra, en unos preciosos y elaborados versos, que Gonika, la hija de un sabio (*ṛṣi*), llevaba tiempo haciendo austeridades y ofreciendo su adoración a la deidad solar para poder tener un hijo muy noble, a quien poder impartir todo su conocimiento y sabiduría. Cuando Adishesha vio a Gonika y la excelsa virtud que la rodeaba, sintió que ella sería la madre perfecta, ya que formaba parte de un linaje de nobles y sabios *ṛṣis*. Según cuenta la historia, Gonika estaba con las palmas de las manos juntas, en *añjali*, haciendo sus ofrendas de agua a la deidad solar con el intenso deseo de tener un hijo que fuera la encarnación de la sabiduría. Mientras ella hacia su sagrada ofrenda, Adishesha, en la forma de una pequeña serpiente, cayó en el agua que tenía entre sus manos. Cuando la sabia mujer ofreció esta agua, de repente Adishesha cayó de sus manos y se convirtió en un joven asceta con las marcas de ceniza en la frente y el cabello enmarañado. Llevaba collares de *rudrakṣa* (sagrados para Shiva) y de *sphaṭika* (sagrados para la Devi). «Esta persona que brilla ante mí como una llama de fuego es mi hijo. Ha nacido como fruto de mis años de intensas austeridades», dijo Gonika. Acercándose a su joven hijo, le susurró al oído: «Ya que caíste (*patat*) de mis palmas juntas (*añjali*), se te conocerá como Patañjali», y le dio su bendición. Patañjali, a su vez, ofreciendo sus respetuosas salutaciones a su madre, se retiró al bosque para hacer austeridades (*tapas*).

Más adelante, junto al sabio y devoto de Shiva Vyaghrapada, Patañjali pudo contemplar la danza cósmica de Shiva en Chidambaram (un lugar muy importante para los devotos shivaítas situado en el sur de la India, donde se encuentra un grandioso templo de Shiva en el que la deidad principal es Shiva Nataraja, el Rey de la Danza). Shiva, al finalizar su baile, bendijo a Patañjali y le instó a escribir un comentario del *Aṣṭādhyāyī* de Panini para el correcto uso de la palabra. Recordemos que la enseñanza se transmite por medio de la palabra y que su uso adecuado es muy importante para poder comunicar sus sutiles principios metafísicos. Posteriormente, Patañjali, con su inmensa sabiduría, escribió un texto de *āyurveda* para la salud corporal y, por último, compuso los *Yoga Sūtras* para comprender y trascender la mente. Finalizadas estas obras, Patañjali regresó a los planos superiores y recuperó su forma original de Adishesha para continuar con su servicio a Narayana.

Los historiadores, arqueólogos y académicos no pueden determinar con exactitud en qué momento se originó el *yoga*, ya que se pierde en los orígenes ancestrales del hinduismo. Entre los restos arqueológicos más antiguos del norte de la India, ahora Pakistán, como los de Harappa, Mohenjo-Daro y Lothal,

Patañjali

que formaban parte de una gran civilización de más de cinco mil años de antigüedad, donde se encontraba el desaparecido río Saraswati, se han encontrado figuras de arcilla con representaciones de personas en posturas yóguicas y meditativas. Tal como expresa el erudito Mircea Eliade, «el *yoga* es una dimensión específica de la espiritualidad hindú (…) El *yoga* está presente en todas partes, tanto en la tradición oral como en la literatura sánscrita y vernácula».[99] Hemos de recordar que la enseñanza tradicional en el hinduismo era y sigue siendo oral, y que los textos escritos son algo relativamente reciente y pertenecen al período de los últimos dos mil años. Sería fácil concluir que el *yoga* tiene la antigüedad del mismo *dharma* hindú. En su esencia, el *yoga* es la aspiración del ser humano de reconocer su propia infinitud y el inmenso poder que existe en su interior.

Desde el punto de vista histórico, se sabe muy poco de Patañjali; la opinión más generalizada es que vivió en el norte de la India en el siglo II a.e.c., aunque hay historiadores que lo sitúan entre el siglo V y IV a.e.c. Algunos eruditos afirman que vivió en la zona de Gandhara (ahora Pakistán), que pertenecía al linaje (*gotra*) del respetado *ṛṣi* Angiras y que estudió en Taxila, que fue un importante lugar de enseñanza hindú y budista hasta el siglo II. Hay tradiciones que consideran que Patañjali dejó su cuerpo en el sur de la India, en Siruganur, cerca de Tirupatur. En esta pequeña población de Tamil Nadu, en el templo de Brahmapurisvara –lugar en el que Brahma adoró a Shiva–, se encuentra el *samādhi* (lugar en que está enterrado el

99. Mircea Eliade. *Técnicas del yoga* (2000), pp. 98-99.

cuerpo) de Patañjali. A poca distancia, en un templo de Shiva cercano, se encuentra también el *samādhi* de Vyaghrapada, el gran devoto de Shiva que acompañó a Patañjali en su visión de la danza cósmica en Chidambaram. Muchos historiadores son de la opinión de que el autor del *Mahābhāṣya*, de la *Caraka Saṃhitā* y de los *Yoga Sūtras* no puede ser el mismo Patañjali y que posiblemente existieron varios grandes sabios con este mismo nombre. El hindú vive entre la realidad mitológica y la realidad histórica sin fricción ni contradicción. Lo que es cierto es que un sabio llamado Patañjali, gran conocedor de la práctica yóguica, después de años de contemplación y estudio, compiló el vasto conocimiento del *yoga* que existía hasta aquel momento, y que hasta entonces se había transmitido oralmente, y con una extraordinaria habilidad y concreción ordenó este conocimiento y lo expuso bajo la forma de *sūtras* (aforismos).

¿Qué es un *sūtra*? Un *sūtra* es un aforismo, una frase muy corta que contiene en sí un gran significado. El *sūtra* resume de forma compacta una extensa enseñanza para ser recordada con facilidad. Muy pocas veces un *sūtra* puede ser comprensible si se lee literalmente y sin preparación. Los *sūtras*, en su sentido tradicional, son la esencia de elaboradas enseñanzas orales y necesitan del comentario de un maestro que tenga un conocimiento profundo de la enseñanza.

En cierta manera, conocer y profundizar en los *Yoga Sūtras* no implica solo tener el conocimiento intelectual de un texto, sino que significa profundizar en el conocimiento de nuestra mente y sus estados, penetrar en planos interiores y espacios de conciencia que ya existen en nosotros. Lo más importante de esta contemplación y de este proceso –que requerirá de la totalidad de nuestro ser– es el reconocimiento de lo que somos más allá de las modificaciones de la mente, la conciencia siempre libre (*puruṣa*). Todas las nociones que tenemos acerca de nosotros mismos son solo mente. Todas nuestras ideas y nociones, pertenezcan al pasado, al presente o al futuro, existen solo en la mente. Los *Yoga Sūtras* quieren llevarnos al conocimiento de aquello que es anterior a la mente condicionada.

La tradición del *yoga* está basada en la antigua visión (*darśana*) del *sāṃkhya*. Veamos brevemente su esencia, que no es distinta de la del *yoga*. El sistema del *sāṃkhya*, así como el *yoga*, acepta la realidad del mundo externo. Es un sistema dualista, ya que considera que existen dos realidades eternas y distintas, el *puruṣa* (la conciencia) y *prakṛti* (la materia primordial). Ciertos términos sánscritos son difíciles de traducir ya que son como puertas que conducen a una distinta cosmovisión. El término *prakṛti*, comúnmente traducido como «naturaleza o materia primordial», hace referencia a todo aquello que tiene nombre y forma, todo lo que existe en este universo, todo lo que está en nuestra mente y en el subconsciente; todo lo manifestado y también todo lo que existe potencialmente en el plano no manifestado. Toda experiencia tiene lugar en *prakṛti*.

Prakṛti es la materia primordial –sea esta física, sutil o no manifestada–, siempre activa, no consciente, que cambia y evoluciona constantemente. A *prakṛti* se la puede denominar *pradhāna*, la fuente primordial de la que todo origina, y también *avyakta* cuando se encuentra en un estado no manifestado. En la *Sāṃkhya Kārikā* de Ishvarakrishna, uno de los textos más importantes de esta tradición, leemos:

> Lo manifestado (*vyakta*) tiene una causa, es transitorio, limitado, activo, múltiple, dependiente, determinado, compuesto (de partes) y subordinado. Lo no manifestado (*avyakta*) es lo contrario.[100]

Prakṛti es un compuesto de tres constituyentes llamados *guṇas*: *sattva* (pureza y luminosidad), *rajas* (acción y pasión), y *tamas* (opacidad e inercia). Ishvarakrishna en la *Sāṃkhya Kārikā* los describe así:

> *Sattva* es ligero y luminoso; *rajas*, excitante y móvil; *tamas*, pesado y obscuro.[101]

El *sāṃkhya* es a la vez un sistema pluralista, ya que considera que existen una infinitud de *puruṣas*. El *puruṣa* es la conciencia pura sin relación ni vínculo con nada; es la conciencia inmutable e inactiva. Una de las diferencias entre el *sāṃkhya* y el *yoga* es que el primero no es teísta y en su cosmología no existe ninguna referencia a la divinidad; sin embargo, en el *yoga*, la divinidad, Ishvara, es un principio cósmico y se considera que la devoción hacia esta es una virtud y una ayuda en el camino. Debido a esta diferencia menor, a veces se denomina al *yoga* como *seśvara-sāṃkhya* (el *sāṃkhya* con *īśvara*).

Al igual que el *sāṃkhya*, el *yoga* es uno de los seis *darśanas* o sistemas clásicos u ortodoxos del hinduismo. Se denominan ortodoxos porque aceptan la autoridad de los *Vedas*. Cada uno

100. *Sāṃkhya Kārikā* X.
101. *Sāṃkhya Kārikā* XIII.

de estos seis *darśanas* (visiones) es un acercamiento particular a la metafísica védica.

El propósito de los *Yoga Sūtras* es guiarnos hacia el reconocimiento del *puruṣa*, nuestra esencia, la conciencia pura no afectada por nada, más allá de todo cambio, anterior al tiempo, al espacio y al mismo personaje individual. Una conciencia prístina no afectada por ningún pensamiento ni emoción, ni por ninguna acción corpórea. La tradición yóguica afirma que cuando esta conciencia se asocia con *prakṛti* y se identifica con el pensamiento condicionado a causa de la ignorancia (*avidyā*) se produce la velación que da lugar al sufrimiento. El pensamiento en sí mismo es siempre limitado; cuando lo observamos vemos que no existe el pensamiento ilimitado, ya que el mismo pensamiento es limitación. La tradición del *yoga* quiere guiarnos hacia la observación del *puruṣa*, la conciencia no afectada por ninguna experiencia que tenga lugar en el estado de vigilia, de sueño o de sueño profundo. Cuando en nosotros no hay ningún pensamiento, ninguna idea, ningún concepto, ni tan solo la idea de «yo» (*aham*), en este espacio, ¿quiénes somos? Este gozoso silencio que no está limitado por nada nos puede llevar al reconocimiento de nuestra esencia, el *puruṣa*. Los *Yoga Sūtras* no es un texto solo para el estudio intelectual, sino que su función es conducir al *yogī* hacia una liberadora experiencia interior.

Patañjali no expone una nueva doctrina, sino que sistematiza una antigua sabiduría que se origina en los mismos *Vedas*.

Los *Yoga Sūtras* constan de 195 *sūtras* y están divididos en cuatro capítulos (*pādas*): *Samādhi pāda* (sobre la absorción), *Sādhanā pāda* (sobre la práctica), *Vibhūti pāda* (sobre los poderes yóguicos), y *Kaivalya pāda* (sobre la liberación). Tal como comentábamos, un estudio adecuado de los *Yoga Sūtras* requiere de un comentario para poder penetrar y comprender la enseñanza en su contexto tradicional. Existen numerosos comentarios, el más antiguo, de mayor autoridad y que se considera indispensable para su estudio es el *Yoga Bhāṣya* de Vyasa; otros comentarios de gran relevancia son el *Tattva-vaiśāradī* (*Experta exposición sobre los fundamentos*) de Vacaspati Misra (siglo IX), el *Rāja-martanda* (*El sol real*) de Bhoja Raja (siglo XI), el *Yogabhāṣya-vārttika* (*Exposición sobre el yoga*) de Vijñana Bhikshu (siglo XV) y el *Yoga-sudhākara* (*La luna del yoga*) de Sadashiva Brahmendra (siglo XVIII), por citar solo unos pocos. En la actualidad, muchos maestros y adeptos han escrito elaborados comentarios de los *Yoga Sūtras*, el de mayor reputación es el *Bhasvati* (*El luminoso*) de Swami Hariharananda Aranya.

Entremos ahora en la enseñanza de los *Yoga Sūtras*. El primer *sūtra* dice:

atha yogānuśāsanam

Ahora (comienza) la enseñanza del *yoga*.

En el hinduismo *atha* se considera una palabra auspiciosa. Varios de los comentarios tradicionales de los *Yoga Sūtras* mencionan que las palabras «*oṃ*» y «*atha*» surgieron de la boca de Brahma en el origen mismo de la creación. Cuando esta palabra se encuentra en el comienzo de una enseñanza conlleva una bendición. La referencia temporal de «*atha*» (ahora) es relativamente poco importante. Su verdadero significado reside en la conjunción de que «ahora», en este momento, un maestro puede enseñar el *yoga* según el conocimiento tradicional y «ahora» un discípulo con un intenso anhelo de transformación y de conocer su propia esencia, que ha pasado por disciplinas que generaron en él la preparación necesaria (*adhikāra*), desea recibir este conocimiento. Los *Yoga Sūtras* son como flechas que nos indican hacia dónde enfocarnos y nos dan los medios hábiles para hacerlo. No proponen nada que sea externo a nosotros, ni nos pueden dar nada que no tengamos; el proceso tiene lugar en nosotros mismos y por nosotros mismos. Los *sūtras* nos mostrarán los medios para conocer los distintos niveles de la mente e ir más allá de ella. Cuando se encuentran un maestro y un discípulo con la necesaria intensidad para entrar en este proceso: *atha yogānuśāsanam* (ahora empieza el *yoga*).

El segundo *sūtra* es muy conocido:

yogaścitta-vṛtti-nirodhaḥ

El *yoga* es la cesación de los movimientos de la mente.

Patañjali empieza su enseñanza mostrando el objetivo y la meta del *yoga*. De hecho, los cuatro primeros *sūtras* resumen la totalidad del proceso yóguico. El *yoga* es la supresión, detención o aquietamiento (*nirodhaḥ*) de los movimientos o pensamientos (*vṛttis*) en la mente (*citta*). Si observamos con atención, la mente siempre está en movimiento. Permanezcamos en silencio durante un minuto y observemos nuestra mente. ¿Qué experiencia tenemos del espacio mental? Seguramente podemos percibir ciertos pensamientos que van y vienen, aparecen y desaparecen. La esencia del *yoga* es el aquietamiento de todo movimiento en la mente; permanecer sin ningún pensamiento, sin ningún recuerdo, sin ninguna emoción. Es importante ser conscientes de que la noción de «yo» (*aham*) es también un pensamiento.

La meta de la práctica del *yoga* es reconocer en nosotros el espacio de total plenitud y total vacío. Como podemos ver, no es un proceso fácil, ya que estamos totalmente identificados con el contenido de nuestra mente, y nuestra individualidad se sostiene con nuestros pensamientos y emociones. Por eso el *yoga* requerirá de un cambio y elevación de todos los aspectos de nuestra vida. Todo lo que hagamos o dejemos de hacer podrá ser una ayuda o un impedimento en nuestro proceso yóguico.

El tercer *sūtra* es muy importante y habla del fruto de este proceso:

tadā draṣṭuḥ svarūpe'vasthānam

Entonces, el testigo mora en su propia naturaleza.

Cuando no hay pensamiento estamos en nosotros mismos. La palabra *draṣṭuḥ* viene de la raíz del verbo «*dṛś*» (ver, percibir) refiriéndose a aquello que observa, la conciencia testigo, aquello en nosotros que es siempre consciente de todos los procesos mentales, o consciente de la ausencia de ellos. Cuando no hay contenido alguno en el espacio de la mente, la conciencia testigo (*draṣṭuḥ*) está en sí misma, en su estado natural (*svarūpa*).

Este *sūtra* implica un giro radical en las nociones que tenemos de nosotros mismos. Siempre nos identificamos con nuestros pensamientos, que a veces pueden ser muy brillantes u originales, y a veces no tanto. Patañjali da la vuelta a estas nociones y nos dice que cuando no hay ningún pensamiento, cuando experimentamos una total quietud y silencio interior, estamos en nuestra propia naturaleza, en lo que somos, el *puruṣa.*

El *rāja-yoga* es el proceso por el cual el aspirante, a través de diferentes pautas, podrá penetrar y establecerse en el silencio trascendente. Muy posiblemente, antes de entrar en el silencio tendrá que lidiar con la dispersión de su mente y encontrar la forma adecuada, primero, de concentrarla y, posteriormente, aquietarla.

Como hemos comentado, Vyasa, compilador de los *Vedas* y los *Purāṇas* y autor del *Mahābhārata*, es también el autor del comentario más importante a los *Yoga Sūtras*. Tradicionalmente, los *Yoga Sūtras* se estudian siempre con su comentario. En él se expone que la mente tiene cinco estados o condiciones y enfatiza que el *yogī* debe evitar tres de ellos y fortalecer los dos restantes. Estos estados mentales son:

Mūdha: una mente opaca, poco brillante, que no está presente, sin capacidad de concentración, confusa, que está bajo la ilusión. Este estado mental se debe a un exceso de inercia u opacidad en la mente (*tamas*). En algunas ocasiones, todos hemos tenido la experiencia de estar leyendo un libro y, al final de la página, pensar: «¿Qué he leído?». Nos damos cuenta de que nuestra mente no estaba presente y tenemos que volver a empezar. Otro ejemplo: ahora en esta sala quizás algunos no me estáis oyendo, miráis pero no oís nada debido a un incremento de opacidad en vuestra mente.

Kṣipta: es la condición o estado mental en que la mente está inquieta, llena de contenido, debido a un exceso de pasión o deseo (*rajas*). Se trata de una mente siempre ocupada en su movimiento y contenido interior que impide hacer posible la concentración.

Vikṣipta: es una mente distraída, inestable, dispersa. Su atención va de objeto en objeto. Por ejemplo: nos gustaría escuchar esta charla, pero estamos pensando en el coche que tenemos aparcado fuera, luego la mente salta al pensamiento del regalo de nuestro hijo y aparece un nuevo pensamiento: «no sé si he dejado la nevera de casa abierta o cerrada». Nos esforzamos y durante un breve período somos capaces de concentrarnos en la enseñanza, pero de nuevo vienen nuevos pensamientos y la mente se pierde en la dispersión. Este es el tercer estado mental que para el proceso yóguico es necesario evitar.

Vyasa prosigue mencionando los dos estados que el *yogī* debe cultivar:

Ekāgratā: el estado mental en el que la mente está concentrada, atenta y enfocada en un único objeto. Un *yogī* cuya mente está en *ekāgratā*, cuando camina, camina; cuando come, come; cuando está en el trabajo, está plenamente en el trabajo. Es una mente centrada. En realidad, el hecho de sostener un estado de concentración a lo largo de todas nuestras actividades cotidianas es una interesante práctica que todos podemos hacer para reducir la dispersión de nuestra mente. Hoy en día parece que la dispersión ha aumentado: los teléfonos móviles, las llamadas continuas y los incesantes mensajes nos llevan a no poder estar presentes en algo concreto durante mucho tiempo. Cada vez es más raro poder mantener una plácida conversación sin la interrupción de llamadas y mensajes. La mente ya es dispersa por sí misma y si además le añadimos estos supuestos avances técnicos, la dispersión se incrementa. Hay personas que incluso tienen una gran necesidad de estos estímulos y distracciones constantes y no son capaces de permanecer en sí mismas, en silencio, ni tan solo por un breve espacio de tiempo.

Nirodha: es el estado mental en el que el *yogī* experimenta la total restricción del pensamiento, la cesación total de movimiento en la mente. Este es el estado al que el *yogī* aspira para poder profundizar en su interior y reconocer la plenitud de su propia esencia.

En el cuarto *sūtra*, Patañjali continúa:

vṛtti-sārūpyam-itaratra

En otras ocasiones, (el testigo parece) identificarse con las modificaciones mentales.

En este *sūtra*, Patañjali expone que, cuando la mente no está libre de todo contenido (*nirodha*), la conciencia se identifica con los pensamientos y modificaciones, y esto nos llevará a sufrir o gozar en acordanza con estos. Si una mañana la mente se levanta con pensamientos de tristeza, ¿qué es lo que decimos? «Hoy estoy muy triste, no estoy nada bien, no encuentro mi lugar en el mundo, parece que todo va mal». Pero si al día siguiente nos despertamos con pensamientos de alegría en nuestra mente decimos: «¡Qué hermoso cómo cantan los pájaros! ¡Qué brillante es la luz del sol! Qué suerte tener esta casa tan acogedora y unos amigos que me aprecian». ¿Qué es lo que cambia? Solo el contenido de la mente con el que nos identificamos. En cierta manera somos completamente esclavos del movimiento de los *guṇas* (cualidades de *prakṛti*) que predominan en nuestra mente. La predominancia de estos *guṇas* depende de muchos factores: lo que hemos comido, cómo hemos dormido, lo que hemos leído, con quién hemos hablado, el clima que hace, y muchas cosas más. Los *guṇas* tienen vida propia, la mente es totalmente vulnerable y baila al ritmo que estos le marcan. Nos sentimos mejor o peor según el *guṇa* que predomine en nuestra mente, y a esto es a lo que ridículamente llamamos «ser libres».

El *yogī* es aquel que puede afirmar: «Yo soy el observador desapegado del movimiento de la mente. Yo no soy el pensamiento. Soy el *puruṣa*, la Conciencia siempre libre».

Patañjali, en los siguientes *sūtras*, del cinco al once, describe los diferentes pensamientos o procesos mentales (*vṛttis*) y los clasifica en cinco tipos: *pramāṇa*, el conocimiento correcto o proceso cognitivo (por medio de la percepción, la inferencia o el testimonio verbal); *viparyaya*, el conocimiento erróneo; *vikalpa*, la imaginación o la fantasía; *nidrā*, el sueño, y *smṛti*, la memoria.

Además, expone que algunas de estas *vṛttis* o pensamientos se pueden considerar *kliṣṭa*, es decir, que producen sufrimiento, y otros *akliṣṭa*, que nos ayudan a liberarnos del sufrimiento. Es importante observar que el aspirante lleva a cabo su práctica por medio de la mente y que esta puede ser una gran ayuda o un gran obstáculo en su camino. Una mente con determinación, con claridad de propósito, con confianza en la tradición y en el *guru*, con un intenso deseo de experimentar la plenitud, tendrá pensamientos que no generarán sufrimiento (*akliṣṭa*), sino que serán una ayuda para trascenderlo. Por el contrario, una mente con tendencias opacas, con ausencia de claridad, apegada a los objetos externos y a otras personas, y con poca capacidad de perseverar en la práctica, tendrá pensamientos que serán la causa del sufrimiento (*kliṣṭa*) y deberá ser purificada y elevada para no ser un obstáculo en el camino. El *yogī* tiene que usar su mente de manera adecuada para llegar a trascenderla.

Patañjali continúa su enseñanza –en los *sūtras* del doce al catorce– aportándonos los medios para poder ir más allá de la limitación del pensamiento y llegar a una mente aquietada:

abhyāsa-vairāgyābhyāṁ tannirodhaḥ

Una práctica estable y el desapego (son los medios) para detener (las modificaciones mentales).

tatra sthitau yatno 'bhyāsaḥ

En este caso, la práctica es el esfuerzo constante para lograr (la estabilidad de la mente).

sa tu dīrgha-kāla-nairantarya-sat-kārā-sevito dṛḍha-bhūmiḥ

Esta práctica se afianza cuando se cultiva durante largo tiempo, de forma ininterrumpida y con devoción.

Patañjali en estos tres *sūtras*, que pueden considerarse como el corazón de la práctica, aporta dos pautas de gran relevancia en las que menciona los términos *abhyāsa* y *vairāgya*.

Abhyāsa es la práctica estable, continuada, constante y repetitiva, que se lleva a cabo con esfuerzo y determinación; una práctica que amamos y que no es únicamente mecánica.

Podemos preguntarnos: ¿estamos llevando a cabo una verdadera práctica yóguica? Si practicamos *āsanas* durante una hora y meditamos quince minutos, estamos haciendo una «minipráctica». No va a funcionar. Es necesario expandir la práctica y que esta abarque todos los aspectos de nuestra vida manteniéndonos en una actitud yóguica a lo largo del día: contemplando la enseñanza, observando la mente y sus cambios, dándonos cuenta de que no somos esta mente cambiante que se mueve de manera constante y que en nuestra esencia no hay movimiento. Si podemos integrar el *yoga* en la totalidad de nuestra vida, podremos afirmar que vivimos realmente el *yoga*. Si no, será como una etiqueta que nos ponemos un rato al día cuando vamos al centro de *yoga*, y esto no tendrá en nosotros el impacto suficiente para generar un cambio interior. Para llevar a cabo una práctica continuada (*abhyāsa*) es necesario tener la certeza de cuál es nuestro camino, cuáles son las prácticas que tenemos que seguir y cuál es nuestra meta. Para este proceso, la ayuda del maestro es vital. ¿A dónde nos lleva la práctica yóguica? A la liberación (*kaivalya*), al reconocimiento de que somos el *puruṣa*, la conciencia libre. Contar con esta claridad es vital para que la práctica continuada (*abhyāsa*) tenga fuerza.

La segunda pauta que menciona Patañjali es *vairāgya* –el desapego, la renuncia, el desapasionamiento–, algo que ciertamente no está de moda en la actualidad. *Vairāgya* es darnos cuenta de que en este mundo todo es cambio, que si nos aferramos a algo, antes o después, aquello a lo que nos apegamos y de lo que tenemos dependencia va a cambiar o desaparecer. *Vairāgya* es la observación desapegada de que todo lo que nace también muere, de que nada permanece, es darnos cuenta de que nada ni nadie puede hacernos felices y de que, si tenemos esta expectativa, en algún momento, tarde o temprano sentiremos frustración.

¿Qué enseñan desde la antigüedad los maestros del hinduismo y los grandes *yogīs*? «La plenitud está en ti». No solo esto, sino que afirman: «la plenitud eres tú», «la plenitud es lo que ya eres», «la plenitud es tu esencia», «deja de buscar fuera». Los cinco sentidos están hechos para experimentar. Este baile sensorial con el universo es necesario y no existe ninguna connotación moral detrás de esta enseñanza. Pero démonos cuenta de que la totalidad del universo externo de nombres y formas aparece y desaparece. Tan solo es necesario un cierto grado de observación.

Posteriormente, los maestros nos hablan de dar un giro a nuestra atención y llevarla hacia nuestro interior, hacia aquello que siempre Es. Los grandes maestros nos dicen: «lo que no eres aquí y ahora, lo que no está en ti aquí y ahora, no tiene ningún valor», mostrándonos que en nosotros, aquí y ahora, existe un espacio de conciencia y plenitud absoluta. Muchos pueden decir: «¡Oh Swami, pero no soy capaz de reconocerlo!». De acuerdo, ahora es cuando comienza el proceso del *rāja-yoga* y Patañjali nos da una serie de pautas para llevar a cabo este proceso.

Antes de finalizar el primer capítulo (*pāda*), Patañjali, en el *sūtra* treinta, menciona los obstáculos que el *yogī* puede experimentar en su práctica meditativa. Hace falta estar muy atento a estos para poder encauzar la práctica adecuadamente. Patañjali afirma que estos obstáculos son dispersiones o distracciones de la mente, agitaciones que tienen efectos negativos en la práctica contemplativa.

El primer obstáculo es la enfermedad (*vyādhi*): es fácil darse cuenta de que, cuando nuestro cuerpo está enfermo, nuestra mente está más débil, más agitada o menos atenta para continuar con una práctica firme. El *yogī*, sin estar obsesionado por el cuerpo, cuida de este porque sabe que es el medio o el receptáculo en el cual se da el sagrado proceso yóguico. La primera pauta para una buena salud es comer adecuadamente. El *yogī* está atento a las cualidades de su comida, cuida de su dieta y come alimentos frescos, saludables y fáciles de digerir, que facilitarán su práctica. A la vez, evita los alimentos pesados, menos saludables y excitantes, que le conducirían a estados de menor atención o distracción, evitando así las carnes, los pescados, los huevos, los alimentos excesivamente fritos, recalentados, precocinados, excesivamente picantes o agrios. Debería dejar también un espacio de varias horas entre las comidas para que la digestión sea adecuada. Otras normas que ayudan a tener el cuerpo saludable pueden ser cenar temprano, comer menos por la noche, o tener en cuenta cuáles son los alimentos más adecuados para cada estación del año, entre otras.

El segundo obstáculo es la apatía o falta de interés (*styāna*): cuando una persona está afectada por la apatía, no tiene la energía ni la fortaleza necesarias para seguir una disciplina con determinación. A la persona apática le falta fuego interior y, por lo tanto, no podrá avanzar en el camino del *yoga*.

El tercer obstáculo es la duda o indecisión (*saṃśaya*): cuando nuestra mente es presa de la duda, ni avanzamos ni retrocedemos, dudamos. Cuando la mente duda, no sabemos si ir hacia el norte o hacia el sur. A veces hay personas que están instaladas en la duda. La duda paraliza, es un estado mental que congela al practicante. Podríamos dudar de si el *yoga* nos puede llevar a la liberación, de si los textos son ciertos, de si el *yoga* forma parte del hinduismo, o de si seremos capaces de seguir este camino. Deberíamos seguir una práctica con impulso y determinación, pero la duda paraliza esta acción. La duda no tiene límite.

La negligencia o desidia (*pramada*): es un gran obstáculo, la persona no es capaz de seguir una práctica plenamente, lo hace todo a medias, sin cuidado, con poco interés, sin ninguna excelencia. El *yoga* es establecerse en la excelencia.

El quinto obstáculo es la pereza (*ālasya*): el aspirante con tendencia a la pereza desearía practicar, pero siente que no puede hacerlo debido a una pesadez física o mental que le supera, y así, bajo esta influencia, deja de seguir la práctica adecuadamente.

El siguiente obstáculo es la falta de control, la sensualidad (*avirati*): bajo esta tendencia, el aspirante siente un intenso deseo de experiencias sensuales o placeres mundanos que le distraen de su práctica y obstaculizan su meditación.

La visión errónea o las nociones erróneas (*bhrānti-darśana*) es el siguiente obstáculo: a veces, a lo largo del camino, el aspirante puede adquirir ideas contrarias al proceso yóguico. Por ejemplo, he conocido a personas que afirmaban con rotundidad que ya no hacía falta hacer esfuerzo alguno en el camino espiritual porque toda la humanidad, todo el planeta Tierra, pasaría dentro de poco a otra dimensión en la que todos los seres, igualitariamente, entraríamos en otro estado de conciencia. Este tipo de ideas «maravillosas», y a veces muy extrañas, abundan en el movimiento denominado Nueva Era. Este movimiento se aparta de los cauces tradicionales de conocimiento y en él encontramos que cualquier persona, sin consideración a su estado mental o preparación interior, puede canalizar a alguna supuesta «entidad superior» de la que surge una nueva enseñanza, lo que ha producido un gran mercado de pseudoespiritualidad. Para evitar estas nociones erróneas, el *yogī* debe escuchar y meditar profundamente en la enseñanza de su *guru* y, a la vez, estudiar, contemplar y profundizar en los textos tradicionales que forman parte del camino del *yoga*. Así es como la mente se protege de las nociones o imaginaciones que puedan ser contraproducentes para su proceso interior. No podemos obviar que la cultura de masas actual y gran parte de los contenidos de los medios de comunicación podrían ser considerados un *bhrānti-darśana*, nociones erróneas externas. El *yogī* del siglo XXI vive en medio de una manipulación mediática como nunca en la historia había tenido lugar, por lo que debe estar atento a lo que lee, lo que mira y lo que escucha para poder vivir una vida en armonía con el *dharma*.

El siguiente obstáculo, según Patañjali, es la incapacidad para alcanzar un plano de conciencia superior (*alabdha-*

bhūmikatva): el *yogī*, en su proceso de autoconocimiento, pasa por distintos estadios de realidad (*bhūmis*). A medida que su mente se hace más sutil, va soltando ciertas formas de concebir el mundo y a sí mismo, ascendiendo a planos más y más sutiles. Patañjali habla del obstáculo del aspirante que, al estar aferrado a un estado inferior, no es capaz de soltar nociones ya caducas para establecerse en un plano superior más nítido y puro. Estos son obstáculos internos y muy sutiles.

El último obstáculo es la inestabilidad (*anavasthitatvāni*): la incapacidad de sostener o mantener un determinado estado contemplativo, la profunda introspección, o el estado de *samādhi* (absorción).

De estos diez obstáculos mencionados por Patañjali, el primero, la enfermedad (*vyādhi*), es el más grosero, y el último, la inestabilidad (*anavasthitatvāni*), es el más sutil. El *yogī* debe estar atento a todos ellos. Observemos que Patañjali habla de apatía, negligencia y pereza, y las diferencia claramente. Todas ellas conllevan un estado mental en que predomina *tamas* (la opacidad), por lo que el *yogī* debe de buscar siempre la pureza y la luminosidad interior (*sattva*), para avanzar en su camino.

El primer capítulo de los *Yoga Sūtras* se denomina *Samādhi pāda* (*Sobre la absorción*). Vyasa afirma en su comentario que su enseñanza es para aquellos que tienen una mente contemplativa y concentrada.

Veamos ahora el segundo capítulo denominado *Sādhanā pāda* (*Sobre la práctica*), en el que Patañjali expone las pautas para aquellos que tienen una mente extrovertida y deben seguir un proceso de purificación.

En el siguiente *sūtra*, Patañjali habla de las aflicciones mentales (*kleśas*) que son las causas del sufrimiento y que, a la vez, impiden al *yogī* entrar en los espacios de *samādhi*:

> *avidyāsmitā-rāga-dveṣābhiniveśāḥ pañca kleśāḥ*

> Las aflicciones son la ignorancia, el sentido de «yo», el apego, la aversión y el apego a la vida o temor a la muerte.[102]

Avidyā (la ignorancia) es el origen del que surgen estas cinco aflicciones (*kleśas*). Patañjali la describe literalmente como «el campo de cultivo de las demás» y la define del siguiente modo:

> La ignorancia (*avidyā*) es confundir lo transitorio, impuro, doloroso, el no ser, con lo permanente, puro, placentero, el Ser.[103]

La ignorancia es confundir este cuerpo formado por los cinco elementos –tierra, agua, fuego, aire y espacio– con la Conciencia (el *puruṣa*). Debido a esta ignorancia primordial, el resto de aflicciones (*kleśas*) pueden existir. La cesación de la ignorancia (*avidyā*) es la culminación del proceso yóguico, en el que el *yogī* avanzado se reconoce plenamente como la conciencia libre e independiente del cuerpo y de las modificaciones de la mente.

Asmitā es el sentido de «yo», la egoicidad, la ilusión de una individualidad independiente. Cuando la conciencia se asocia a los procesos mentales generando la ilusión del «yo», este

102. *Yoga Sūtras* II, 3.
103. *Yoga Sūtras* II, 5.

«yo» limitado no se siente pleno porque la plenitud, tal como afirman las *Upaniṣads*, existe solo en la infinitud, en la Conciencia.

Rāga es el apego, que está asociado con una experiencia placentera, y *dveṣa* la aversión, que está asociada con una experiencia dolorosa. El yo limitado busca recuperar su plenitud por medio de experiencias sensoriales agradables y, a la vez, evita las experiencias sensoriales que le producen dolor, de este modo va dando vueltas existencia tras existencia.

La última de las aflicciones es *abhiniveśa*, el apego por la vida, que Patañjali define así:

> El instinto de supervivencia (apego a la vida) surge de las propias impresiones latentes y afecta incluso a los eruditos.[104]

Vyasa en su comentario a este *sūtra* menciona que todos los seres tienen el deseo de seguir existiendo, de no dejar de ser, y que esta es la causa de la cual surge el miedo a la muerte.

En este mismo capítulo, Patañjali expone el conocido *yoga* de los ocho pasos (*aṣṭāṅga-yoga*):

> *yama-niyamāsana-prāṇāyāma-pratyāhāra-dhāraṇā-dhyāna-samādhayo'ṣṭāvaṅgāni*

> Las restricciones (*yama*), las observancias (*niyama*), la postura (*āsana*), el control de la respiración (*prāṇāyāma*), la interiorización de los sentidos (*pratyāhāra*), la concentración (*dhāraṇā*),

104. *Yoga Sūtras* II, 9.

> la meditación (*dhyāna*) y la absorción (*samādhi*) constituyen los ocho pasos del *yoga.*[105]

En los siguientes *sūtras*, Patañjali enseña las bases del camino del *rāja-yoga* y los distintos pasos para que tenga lugar la purificación mental del aspirante que le permitirá acceder a los estadios de concentración, meditación y, finalmente, a la absorción (*samādhi*).

Yama (restricciones) y *niyama* (observancias) son las bases de la vida yóguica, sin ellas el *yoga* no puede fructificar, son como el firme soporte sobre el cual se va a sostener todo el proceso del aspirante. Sin estas bases virtuosas, el *yogī* no podrá acceder a los estados de *samādhi*. Podemos imaginar un árbol en el que los *yamas* y *niyamas* son las raíces y el tronco, mientras la meditación y el *samādhi* son las flores y los frutos.

Veamos brevemente estos ocho pasos. Los cinco *yamas* o restricciones son:

> *ahiṁsā-satyāsteya-brahmacaryāparigrahā yamāḥ*

> Los *yamas* (restricciones) son la no violencia (*ahiṃsā*), la veracidad (*satya*), la abstención de robar (*asteya*), la continencia (*brahmacarya*) y el no acumular (*aparigraha*).[106]

Los *yamas*, como hemos dicho anteriormente, son las restricciones o abstenciones. El *yogī* evita ciertas actividades y

105. *Yoga Sūtras* II, 29.
106. *Yoga Sūtras* II, 30.

actitudes que dispersan su mente y malgastan su energía para así poder canalizar todo su poder en el proceso yóguico. Veámoslos uno a uno.

Ahiṃsā: la no violencia. Esta es la más importante de las restricciones del proceso yóguico. Se considera que todos los demás *yamas* (restricciones) dependen de *ahiṃsā* y ayudan a que el *yogī* se establezca con firmeza en la no violencia. *Ahiṃsā* implica no dañar física, verbal ni mentalmente a ningún ser. No dañar físicamente puede ser muy obvio, pero a veces podemos hacer mucho daño sin querer por medio de la palabra, al decir cosas que pueden causar un gran dolor a otra persona. Hemos de recordar que *agni*, el fuego, es la deidad de la palabra. Unas palabras dichas con maldad pueden marcar por mucho tiempo. A veces, unas palabras inadecuadas, en las que existe una cierta agresividad (*hiṃsā*), pueden ser la causa de que se pierda una amistad, o que ocurran cambios inesperados en nuestra vida. El *yogī* se establece en *ahiṃsā* cuando ya no lleva a cabo acciones violentas contra ningún ser, no usa palabras con una violencia inherente y ni siquiera tiene pensamientos que conlleven agresividad. Cuando reconocemos la importancia de *ahiṃsā*, necesariamente hemos de revisar lo que comemos, ya que a veces en el camino del *yoga* podemos encontrar a personas que afirman sentir un gran amor por los animales –cuidan gatos y alimentan palomas–, pero a la hora de comer podemos encontrar en su mesa pedazos de vaca, cerdo, conejo o merluza. En la actualidad, todos podemos adquirir productos saludables y nutritivos que no causen el sufrimiento ni la muerte a ningún ser. Como *yogīs* es necesario incorporar *ahiṃsā* en todos los aspectos de nuestra vida. *Sarve bhavantu sukhinaḥ*, «que todos los seres sean felices», esta frase védica resume la cosmovisión yóguica basada en la compasión y la fraternidad hacia todos los seres. Observemos que no dice «que los hombres y las mujeres sean felices», ni «que los creyentes o los fieles sean felices», sino que afirma «que todos los seres sean felices»: las aves, los peces, los insectos, los mamíferos; por supuesto, también los humanos y todos los planos de existencia. A medida que la mente del *yogī* se hace más sutil y pura va reconociendo la misma conciencia en todos los seres, que todos somos manifestaciones o aspectos de la Divinidad una, y que dañar a otro ser es dañarse a uno mismo. Todos podemos observar que, a medida que una persona está en mayor armonía con ella misma, es más sensible al sufrimiento y al dolor ajenos.

En los textos clásicos del hinduismo encontramos bellas imágenes de antiguos sabios (*ṛṣis*) meditando en sus *āśrams* de la jungla y en su cercanía un ciervo y un tigre, una serpiente y una mangosta, y otros animales que son enemigos por naturaleza, conviven en su proximidad y descansan el uno junto al otro libres de toda violencia. ¿Cómo es posible? Esto es debido a que el *ṛṣi*, en meditación, está emanando una poderosa vibración de *ahiṃsā* que afecta a los seres que están a su alrededor. Recuerdo una bella historia que leí cuando era joven sobre Sarada Devi y que me causó un fuerte impacto. Sarada Devi era la esposa de Sri Ramakrishna, el conocido *mahātmā* bengalí devoto de Kali y el *guru* de Swami Vivekananda. El libro relataba que, en una ocasión, cuando ella era una jovencita, su familia hizo un largo viaje a pie por una región muy despoblada en la que había bandoleros que vivían de robar a los viajeros que pasaban por aquella zona. Quizás alguno de vosotros haya leído acerca de los *thugs*, unas tribus de bandidos muy crueles del norte de la India devotos de Kali. Primero te mataban y luego miraban si tenías alguna posesión encima, no tenían muchos miramientos. Sarada, que era una niña pequeña, estaba cansada y tenía mucho sueño, se fue rezagando y distanciando del grupo con el que viajaba hasta quedarse sola en el camino. Era de noche y nadie se dio cuenta. De repente vio que estaba totalmente sola en aquella zona tan peligrosa y el grupo con sus familiares estaba ya lejos. Al poco tiempo aparecieron unos ladrones armados con cuchillos.

Entonces, la pobre niña se encontró rodeada por estos señores y, al ver a uno de estos bandidos de largo bigote e imponente figura, le dijo con toda su inocencia y amor: «¡Oh padre, has venido a buscarme! Gracias». La pequeña estaba perdida, en ella no había ninguna violencia, ni tan siquiera podía imaginar que alguien le pudiera hacer daño. Esta vibración de inocencia y amor transformó al feroz ladrón, que la protegió de los demás asaltantes y la condujo hasta el grupo de caminantes en el que se encontraban sus familiares.

Tal como afirma Patañjali:

ahiṁsā-pratiṣṭhāyāṁ tatsannidhau vaira-tyāgaḥ

Cuando (el *yogī*) se establece en la no violencia, los que están en su proximidad abandonan la hostilidad.[107]

107. *Yoga Sūtras* II, 35.

Ahiṃsā no es solamente no dañar, también implica que el *yogī* reconoce la conciencia una que existe en todos los seres. Tal como enseña Krishna en la *Bhagavad Gītā*:

> Con la mente concentrada por el *yoga*, el *yogī* ve el *ātman* en todos los seres y a todos los seres en el *ātman*.[108]

Para concluir esta breve exposición sobre *ahiṃsā*, hace falta observar que existe una violencia (*hiṃsā*) mínima y necesaria para sobrevivir. Aunque alguien no coma carne tendrá que arrancar vegetales o frutas, y en este proceso puede inadvertidamente también matar algún insecto: la existencia misma comporta un cierto grado de violencia inevitable que el *yogī* intenta minimizar.

El siguiente *yama* es *satya*, la verdad, la veracidad. El *yogī* debe ser veraz. *Satya* significa también vivir en un equilibrio interior: lo que el aspirante piensa corresponde armoniosamente con lo que siente, con lo que dice y con lo que hace, sin contradicción alguna. Este profundo equilibrio interior es una bella expresión de *satya*. ¿Por qué hay tanta gente enferma? En muchos casos porque la persona piensa una cosa, siente otra, dice otra y hace otra. ¿Cómo puede fluir armoniosamente la energía vital de esta persona? Si sentimos algo, pero hacemos lo contrario y a la vez afirmamos algo distinto, esto nos llevará a una profunda contradicción interior. *Satya* aporta una gran fortaleza y la ausencia de conflicto interno ayuda a que la mente esté más aquietada. Patañjali expone que, cuando el

108. *Bhagavad Gītā* VI, 29.

yogī se establece en *satya*, su palabra tiene un poder infalible y lo que afirma ocurre.

Asteya significa no apropiarnos de aquello que no nos pertenece, no robar, ser honestos. Este *yama* es fácil de comprender porque apropiarnos de aquello que no es nuestro no es ético ni moral ni correcto. Desgraciadamente, en nuestra sociedad actual a menudo podemos ver a políticos, banqueros, empresarios y alcaldes apropiarse de lo que no les pertenece. *Asteya* implica también no desear aquello que no es nuestro, ni tan solo mentalmente, y conlleva la ausencia de codicia y de envidia. Patañjali afirma literalmente: «cuando el *yogī* está establecido en *asteya* se le presentan todas las joyas», lo que implica que esta profunda honestidad es una gran virtud.

Brahmacarya significa continencia, castidad. Su significado real en el contexto yóguico es el control de los sentidos, en especial el control de la energía sexual. *Brahmacarya* significa pureza, estar libre de deseo en el pensamiento, en la palabra y en la acción; estar libre de la pulsión sexual y sublimar esta energía. A medida que el *yogī* –a través de la profunda meditación y contemplación– empieza a sentir la dicha en su interior, se siente menos inclinado a buscar experiencias sensoriales externas. En realidad, a medida que avanzamos en el camino yóguico, podemos observar que ocurre un cambio en nuestra vida sexual, esto es debido a que, al experimentar mayor paz y plenitud en nuestro interior, la dependencia de la satisfacción externa decrece. Con la sexualidad se puede perder mucha energía. El *yogī* conoce el poder de los fluidos sexuales masculino y femenino, *bindu* y *rājas*, y a lo largo del camino yóguico este transmuta y eleva la energía sexual y la convierte en energía creativa.

En realidad, *brahmacarya* va en contra de todo lo que los medios de comunicación nos dicen cada día. Parecería que hoy en día hasta las personas de más de ochenta años deben seguir teniendo una vida sexual activa. En el hinduismo se considera que la sexualidad es una energía que se puede transmutar y se convierte en lo que se denomina *ojas* –vitalidad, energía espiritual, lustre–, que a su vez se convierte en *tejas* –luz, esplendor, brillo, fuego–, lo que implica que el *yogī* adquiere un intelecto brillante, sutil, poderoso. En este sentido, en los círculos yóguicos tradicionales se considera que *brahmacarya* es el corazón del *yoga*, ya que si alguien desea realmente avanzar en el proceso meditativo, si sigue malgastando su energía a través de los sentidos, le será muy difícil poder llegar a estadios que requieren la totalidad de su energía. También es necesario tener en cuenta que *brahmacarya* no significa represión y que el *yogī* debe establecerse en este importante *yama* de forma natural, como resultado de su comprensión y de su práctica. A lo largo del camino, el deseo cambia y se hace más sutil hasta que se convierte en una experiencia de paz constante. El *yogī* establecido en *brahmacarya* posee una gran vitalidad, poder de voluntad, una poderosa presencia, una vasta memoria y una mirada intensa, así como una gran energía meditativa que le permite experimentar los espacios de quietud interior. Pero como hemos dicho, *brahmacarya* implica también el control de todos los sentidos y abarca la totalidad de la vida: el *yogī* no desperdicia su energía en interminables charlas ociosas, ni en lecturas que le apartan de su contemplación, no duerme en exceso, no come en demasía, evita que la mente esté pensando en objetos sensoriales, conserva toda su energía para el sagrado proceso yóguico y vive una vida enfocada en la práctica.

Tal como afirma Patañjali:

brahmacarya-pratiṣṭhāyāṁ vīrya-lābhaḥ

Cuando se establece en la continencia, (el *yogī*) obtiene energía (*vīrya*).[109]

Podemos leer, en varios de los comentarios de los *Yoga Sūtras*, que el vigor (*vīrya*) de la continencia (*brahmacarya*) es lo que hace posible que la palabra y la enseñanza del *guru* tengan un poder transformador en sus discípulos.

El siguiente *yama*, *aparigraha*, significa no acumular innecesariamente, o la no aceptación de regalos o cosas que no sean necesarias. Este *yama* también nos hace ver que la vida yóguica tiene muy poco en común con la forma de vida y valores de la sociedad actual en la que existe una economía basada en el consumo de infinitud de objetos innecesarios, creando deseos innecesarios y así acumulando infinitamente cosas innecesarias. La vida yóguica es una vida sencilla dentro de lo posible, el *yogī* no acumula lo que no necesita. Démonos cuenta de que algunas de las grandes figuras que los medios de comunicación adulan son personas cuyo único mérito es haber acumulado inmensas fortunas. Estas personas, aparte de perder su vida en un propósito tan vano, están creando pobreza, puesto que aquello que les sobra podría beneficiar a muchas otras personas.

109. *Yoga Sūtras* II, 38.

Aparigraha nos da paz, satisfacción y contentamiento. Patañjali menciona que cuando el *yogī* se estabiliza en *aparigraha*, comprende el porqué de su nacimiento, de la transmigración y puede incluso ver sus vidas pasadas y futuras. ¿Qué ocurriría si tuviésemos el recuerdo de nuestras vidas anteriores? Posiblemente comprenderíamos mejor nuestra personalidad y nuestras reacciones en esta vida.

Patañjali concluye su exposición acerca de los *yamas* enfatizando:

> *ete jāti-deśa-kāla-samayānavacchinnāḥ sārvabhaumā mahā-vratam*
>
> Estas abstenciones son universales y no están limitadas por la posición social, el lugar, el tiempo o las convenciones sociales, y constituyen un Gran Voto.[110]

Patañjali es muy claro al expresar que estas restricciones (*yamas*) son indispensables para todo aquel que quiera seguir el camino del *yoga*, enfatizando que son válidas en cualquier momento, en cualquier lugar y que se consideran como el gran voto (*mahā-vrata*). El *yoga* de los ocho pasos (*aṣṭāṅga-yoga*) tiene unas normas muy claras que facilitan un determinado proceso de crecimiento interior. Si el aspirante no es capaz de seguir ni siquiera los *yamas*, el primero de estos pasos, no podrá progresar en su camino por más que lo imagine.

110. *Yoga Sūtras* II, 31.

Veamos ahora los cinco *niyamas* (observancias) que complementan la base del camino yóguico:

śauca-santoṣa-tapaḥsvādhyāyeśvara-praṇidhānāni niyamāḥ

Las observancias (*niyamas*) son: la pureza, el contentamiento, la austeridad, el estudio y la entrega a la divinidad.[111]

Śauca significa pureza, limpieza. El *yogī* busca la pureza interna y a la vez la pureza y limpieza externas: en su cuerpo, en su ropa y en su casa; esta pureza incrementa *sattva-guṇa*. La pureza más sutil es la pureza de la mente, es muy importante mantener una mente pura y no recrearnos en pensamientos negativos. A veces nos podemos encontrar con personas que nos dicen «me siento muy mal, me siento muy mal» y una semana más tarde siguen diciendo «me siento muy mal, me siento muy mal». Es importante salir de los estados mentales negativos. Es necesario darle la vuelta a cualquier estado mental que no sea luminoso. Para estos casos, tenemos un gran medio: el *mantra*; repetir una palabra o frase sagrada cargada de poder espiritual para mantener la mente enfocada y apartarla de aquellos pensamientos que no nos ayudan en el camino.

Pero volvamos a *śauca*. Según Patañjali su fruto es:

śaucāt-svāṅga-jugupsā parairasaṁsargaḥ

111. *Yoga Sūtras* II, 32.

El efecto de *śauca*, (la pureza), es la aversión hacia el propio cuerpo y el contacto con otros (cuerpos).[112]

Este *sūtra* puede ser impactante para algunas personas. En la sociedad actual existe un fuerte apego hacia el cuerpo físico, por lo que cuando Patañjali habla de «aversión al cuerpo» puede producir una cierta reacción de desagrado. El *yogī* cuida de su cuerpo adecuadamente, pero no está obsesionado con él, ya que aspira a reconocerse como el *puruṣa* (la conciencia) y desea salir de la ilusión de considerarse una simple masa corporal constituida, según Vyasa, por «piel, sangre, carne, cartílago, hueso, médula y semen».[113]

Recientemente leí una antigua historia en la que un rey, después de un largo día de cacería, estaba muy sediento y se acercó a un *āśram* retirado en el bosque para pedir la deseada agua. Una joven muchacha de gran belleza, hija de una familia de *yogīs* que vivían retirados en aquel lugar, le dio la bienvenida; era una *yoginī* que había alcanzado el final del camino. El rey, sorprendido por la belleza de la joven, sintió un intenso deseo y le pidió que accediera a ser su esposa. Al darse cuenta del estado mental del rey, que en aquel momento tenía la mente embelesada por el deseo y la pasión corporal, la joven *yoginī* quiso ayudarle y enseñarle. Amablemente le respondió que regresara al cabo de un mes y en ese momento le permitiría gustar del néctar de su belleza. Durante este período, la joven empezó a tomar hierbas laxantes y purgantes, y empezó a recoger todos

112. *Yoga Sūtras* II, 40.
113. *Yoga Sūtra Bhāṣya* III, 29.

sus vómitos, orines, heces, flemas y otros fluidos corporales en vasijas de barro. Cuando el rey regresó después del período estipulado, la joven le dio la bienvenida, pero ahora su cuerpo era otro: estaba muy demacrada, delgada y pálida, no era ni la sombra de lo que había sido un mes antes. Cuando el rey le preguntó qué había sucedido con su belleza, ella le mostró una gran cantidad de vasijas de arcilla con contenidos malolientes y rancios, indicándole que allí estaban los jugos de su belleza. Así pues, la joven *yoginī*, como un *guru*, dio esta enseñanza al rey para que pudiera ver cuál es la realidad del cuerpo, la estupidez de la identificación corporal y la superficialidad de la atracción física.

Patañjali indica que cuando uno medita en la limpieza del cuerpo, reconoce su realidad y ve que solo podemos lograr una limpieza o belleza superficial y temporal, así pues, el *yogī* desarrolla un desapego del propio cuerpo y, en consecuencia, del contacto sensual con otros cuerpos. Después de esta contemplación, no es fácil ver el cuerpo como un objeto atrayente, aunque esté cuidadosamente decorado con maquillajes, ropas, perfumes y peinados.

Observemos la cantidad de energía que muchas personas gastan ocupándose de su cuerpo. Ahora, según la moda, las mujeres tienen que estar delgadas, lo que a veces las obliga a seguir curiosas y dificultosas dietas; los hombres tienen que estar tan fuertes como culturistas y se obligan a pasar muchas horas en el gimnasio. Existe una tremenda presión debido a la poderosa identificación con el cuerpo físico. Hasta hace poco se depilaban solo las mujeres, ahora muchos hombres también lo hacen. Para intentar estar en sintonía con el mundo de las modas absurdas que nos rodean hace falta perfilarse las cejas, sacarse las manchas de la cara, o dejarse insertar un implante cuando se nos cae un diente, por no hablar de la multitud de operaciones faciales, los curiosos *piercings* y tatuajes, los peinados cada vez más estrafalarios y otras modas exóticas. Multitud de nuevas clínicas satisfacen esta obsesión patológica hacia el cuerpo. Si mantenemos un cierto desapego hacia nuestro propio cuerpo y el cuerpo de los demás, podemos vivir mucho más tranquilos y con muchos menos pensamientos (*vṛttis*). Recordemos que el *yoga* es para ser más libres.

Patañjali concluye afirmando: «por medio de *śauca* se consigue un intelecto purificado, bienestar mental, concentración, el control de los sentidos y capacidad para reconocer al *puruṣa*».[114]

El siguiente *niyama* es *santoṣa*, el contentamiento. Implica tener un cierto grado de satisfacción interior en medio de las diferentes situaciones que nos toca vivir. *Santoṣa* es mantener una actitud de contentamiento incluso en medio de las dificultades. Mi maestro contaba una historia que muestra de forma simpática el significado de *santoṣa*. Quizás algunos de vosotros conocéis a un personaje llamado Nasrudín y habéis leído algunas de sus historias. En esta ocasión, Nasrudín estaba sentado tranquilamente en su casa, cenando con su esposa Fátima. Al llegar el momento del postre, Nasrudín le dijo a su esposa:

–Fátima, ¿qué podemos comer hoy de postre? Trae por favor el queso de la nevera, que es muy beneficioso para los dientes y la digestión.

Su esposa se levantó, abrió la nevera, miró y dijo:

114. *Yoga Sūtras* II, 41.

–¡Ay Nasrudín! ¡Ya no queda queso!

Nasrudín respondió:

–Me alegra que no quede queso, porque es muy perjudicial para el cabello y también para la piel.

Su esposa quedó muy sorprendida ante esta respuesta y exclamó:

–Nasrudín, ¿en qué quedamos? ¿En lo primero o en lo segundo?

A lo que Nasrudín respondió:

–Querida esposa, si tenemos queso, quedamos en lo primero y, si no lo tenemos, en lo segundo.

Santoṣa es vivir disfrutando de la belleza de cada ocasión. Muchas personas viven quejándose siempre de algo. De hecho, siempre nos podríamos quejar de algo. Ahora mismo, por ejemplo, podríamos decir: «¿por qué esta sala no es más grande?», o «¿por qué no tiene más alfombras?». Incluso podríamos decir: «¿por qué no tiene dos ventanas al fondo?». Siempre podríamos encontrar cosas que no nos satisfacen. En cambio, observemos ahora este cambio de actitud: «¡qué afortunados somos de estar en esta sala tan bonita, con luz natural, e ideal para el encuentro de hoy!». Esto produce un sentimiento de bienestar y alegría, lo cual no quiere decir que si necesitásemos una sala de mayor tamaño con otras cualidades no la buscásemos. No hemos de confundir el contentamiento con la apatía o con no hacer aquello que es necesario. Cambiar nuestra actitud es el primer paso para cambiar el mundo; todo cambio empieza por un cambio de actitud.

Patañjali concluye:

santoṣādanuttama-sukha-lābhaḥ

Por el contentamiento se alcanza una dicha incomparable.[115]

Vyasa, en su comentario a este *sūtra*, menciona el siguiente verso: «Cualquiera que sea la felicidad que se pueda disfrutar en este mundo o la felicidad suprema de los planos celestiales no llega ni a la dieciseisava parte de la felicidad que se alcanza con la cesación del deseo».

El tercer *niyama* es *tapas*, austeridad. Este es un término muy importante en la tradición yóguica. La palabra «*tapas*» viene de la raíz del verbo *tap*, «quemar». *Tapas* es aquello que da calor, aquella práctica que genera un fuego interior en nosotros. Cuando nos levantamos cada día a las cinco de la mañana para meditar, seguir una práctica de *yoga* o recitar un texto sagrado, esto es un ejemplo de *tapas*. Démonos cuenta de hasta qué punto algunos de nosotros estamos condicionados a hacer siempre lo más fácil, lo más confortable. *Tapas* es la austeridad necesaria que da fuerza a nuestra *sādhanā*. Ahora, por ejemplo, todos estáis sentados en el suelo haciendo un esfuerzo para estar atentos y concentrados; muchos de vosotros mantenéis la espalda recta y posiblemente algunos sentís algo de calor. Esto es *tapas*. Si no somos capaces de soportar un cierto grado de austeridad, nos empequeñecemos cada vez más. *Tapas* es el fuego que genera la práctica intensa. Este fuego es totalmente necesario para el *yogī*, es el fuego que le purifica y le eleva. Patañjali concluye:

115. *Yoga Sūtras* II, 42.

> *kāyendriya-siddhiraśuddhi-kṣayāt-tapasaḥ*
>
> Al practicar austeridades (*tapas*) se destruyen las impurezas y emerge la perfección en el cuerpo y en los órganos de los sentidos.[116]

El siguiente *niyama* es *svādhyāya*, el estudio de los textos sagrados. En un camino tradicional, el aspirante convive con su *guru* de quien recibe la enseñanza de forma oral, luego contempla los textos aprendidos hasta que la enseñanza se hace viva en su interior. *Svādhyāya*, además del estudio, es también la recitación de los textos sagrados, como pueden ser la *Bhagavad Gītā*, el *Devī Stotra*, el *Viṣṇu-sahasra-nāma*, la *Guru Gītā*, el *Lalitā-sahasra-nāma*, etcétera. Diariamente millones de hindúes recitan algunos capítulos de la *Bhagavad Gītā*. En el *āśram* de mi *guru*, cada mañana recitábamos la *Guru Gītā*, al mediodía el *Viṣṇu-sahasra-nāma* y al anochecer el *Śiva Mahimna Stotram*, esto era parte de la disciplina de la vida de *āśram*. ¿Qué ocurre por medio de la práctica de *svādhyāya*? Que los *mantras* y los versos de los textos que se recitan tienen un poderoso efecto y conducen a la mente a un estadio de quietud y pureza. *Svādhyāya* es la recitación y el estudio de los textos, pero también es el estudio de uno mismo. ¿Cómo nos estudiamos a nosotros mismos? Dándonos cuenta de que no somos los pensamientos ni las emociones, así como observando que, entre pensamiento y pensamiento, existe un espacio de silencio que es anterior a todo. En este «estudio»

116. *Yoga Sūtras* II, 43.

de uno mismo, no estudiamos los pensamientos o las emociones de nuestra mente, esto tiene muy poca importancia; lo que observamos es el espacio de silencio anterior al pensamiento. La repetición del *mantra* también es una forma muy efectiva de *svādhyāya*.

En realidad, el *yogī* debería estudiar cada día y de forma regular un texto sagrado como las *Upaniṣads*, la *Bhagavad Gītā* o los textos clásicos del *yoga* y del *vedānta* para que la contemplación de la enseñanza le acompañe durante todo el día. El *yogī* debe estudiar con devoción y reflexionar sobre el profundo significado de las enseñanzas de su *guru*, de los sabios y de los *mahātmās*.

Patañjali concluye:

svādhyāyādiṣṭadevatā-samprayogaḥ

Por medio de *svādhyāya* (se establece) la cercanía constante con la divinidad elegida.[117]

Vyasa en su comentario a este *sūtra* afirma que, por el fruto de *svādhyāya*, no solo se pueden manifestar y hacer visibles las divinidades o los seres celestiales, sino también los *ṛṣis*, los sabios y los *siddhas*, seres liberados que pueden bendecir y guiar al *yogī* en su camino.

El último *niyama* (observancia) es *īśvara-praṇidhāna*, la entrega a la divinidad o la contemplación constante en la divinidad. Esto implica comprender el orden del cosmos del

117. *Yoga Sūtras* II, 44.

que formamos parte, darnos cuenta de que todo lo que ocurre tiene un sentido y forma parte de un gran orden. Si nos ha ocurrido algo es porque lo teníamos que vivir, y deberíamos aceptarlo como una bendición. Hay personas que creen que en este universo todo es perfecto menos su propia vida. *Īśvara-praṇidhāna* es la actitud de sentirnos en manos del Todo, de la divinidad (Ishvara).

La comprensión de Ishvara a veces puede resultar difícil para los occidentales que han recibido una educación moderna, ya que vivimos en un universo desacralizado muy distinto del que vivían nuestros antepasados griegos, cuando el sabio griego Tales de Mileto afirmaba: «El mundo está lleno de dioses». Comprender a Ishvara es recuperar esta sacralidad. En la tradición del *yoga* clásico, Ishvara se considera un *puruṣa* muy especial, ya que no está afectado por los *guṇas* ni por la causa y el efecto, y además es poseedor de todo el conocimiento. Patañjali considera que Ishvara es el *guru* primordial. En el primer capítulo de los *Yoga Sūtras* expone:

īśvara-praṇidhānādvā

(El estado de *samādhi* se puede alcanzar) por medio de la contemplación constante en la divinidad (Ishvara).

tatra niratiśayaṁ sarvajña-vījam

En Él (Ishvara) se encuentra la semilla de la omnisciencia en su máximo grado.

Y continúa:

sa pūrveṣām-api guruḥ kālenānavacchedāt

Él (Ishvara) es el maestro de los maestros más antiguos, puesto que para Él no hay limitación en el tiempo. [118]

Podemos concluir con este precioso *sūtra* que nos lleva a comprender la importancia de *oṃ* (el *praṇava mantra*) en la tradición hindú y que aporta un gran soporte al devoto para poder meditar en la divinidad inefable y trascendente:

tasya vācakaḥ praṇavaḥ

La sagrada palabra que lo designa es el *praṇava* (la sílaba *oṃ*). [119]

Esta repetición, ya sea silenciosa, susurrada, o en voz alta, es una práctica muy poderosa que purifica la mente liberándola de su opacidad y dispersión. Cabe mencionar que en la tradición hindú no hay diferencia entre el objeto y la palabra que lo designa. Fundirse en la repetición de *oṃ* es fundirse en la divinidad.

Patañjali reitera:

samādhi-siddhirīśvara-praṇidhānāt

118. *Yoga Sūtras* I, 23 y 25-26.
119. *Yoga Sūtras* I, 27.

Por medio de *īśvara-praṇidhāna* (la contemplación constante en la divinidad) se logra la plenitud del *samādhi.*[120]

Estos tres últimos *niyamas –tapas*, *svādhyāya* e *īśvara-praṇidhāna–* conforman los tres elementos del «*yoga* de la acción» (*kriyā-yoga*) descrito por Patañjali al inicio del segundo capítulo. Por medio de ellos, el *yogī* lleva a cabo una triple purificación. A través de *tapas* (austeridad) purifica el cuerpo, por medio de *svādhyāya* (el estudio y la recitación) purifica la palabra y a través de *īśvara-praṇidhāna* (la entrega o la contemplación constante en la Divinidad) purifica la mente.

Hasta aquí hemos visto las bases que sostienen al *yogī* en su proceso. *Yamas* (restricciones) y *niyamas* (observancias) son las dos fuertes columnas que permitirán al *yogī* avanzar en su proceso.

Sigamos ahora con el tercer paso (*aṅga*) del *rāja-yoga*: *āsana*, la postura.

Los *Yoga Sūtras* no describen ninguna postura en particular, simplemente describen cómo debe ser la postura adecuada para facilitar el proceso meditativo:

sthira-sukham-āsanam

La postura debe ser firme y confortable.[121]

120. *Yoga Sūtras* II, 45.
121. *Yoga Sūtras* II, 46.

Lo más importante del *āsana* es que esta sea cómoda para poder permanecer en ella durante largos períodos de meditación. En una postura de meditación adecuada, «firme y estable», las caderas están bien ancladas en el suelo y el peso del cuerpo bien repartido, la columna debe permanecer recta y alineada con la cabeza, con la espalda relajada para que el *prāṇa* (energía vital) fluya adecuadamente. La importancia de que el *āsana* sea firme (*sthira*) es para evitar que el *yogī* entre en estados de somnolencia cuando disminuyen los pensamientos de su mente, y poder quedar absorto en un profundo silencio interior.

Vyasa, en su comentario a los *Yoga Sūtras*, menciona las siguientes posturas: *padmāsana* (postura del loto), *vīrāsana* (postura del héroe), *bhadrāsana* (postura benéfica), *svastikāsana* (postura auspiciosa), *daṇḍāsana* (postura del bastón), *sopāśraya* (postura con soporte), *paryaṅka* (postura de la cama), *krauñca-niṣadana* (postura de la grulla o garza sentada), *hasti-niṣadana* (postura del elefante sentado), *uṣṭra-niṣadana* (postura del camello sentado) y *sama-saṃsthāna* (postura equilibrada). Y señala que cuando estas posturas pueden sostenerse cómodamente se las denomina *āsanas*.

Que Patañjali no mencione diversos *āsanas* no significa que no tuviese el conocimiento de las prácticas corporales que ya existían en su tiempo, simplemente no desarrolla este aspecto ya que los *Yoga Sūtras* están centrados en el funcionamiento y control de la mente. Patañjali menciona el fruto del dominio del *āsana* en los siguientes dos *sūtras*:

prayatna-śaithilyānanta-samāpattibhyām

(La postura se perfecciona) por la relajación del esfuerzo y la meditación en lo infinito.[122]

tato dvandvānabhighātaḥ

De ello surge la inmunidad a los pares de opuestos (*dvandvas*).[123]

En este último *sūtra*, Patañjali describe cómo el *yogī*, por medio de un *āsana* estable, se pierde en los espacios interiores sin ser molestado por los pares de opuestos como el frío y el calor, la humedad y la sequedad, el hambre y la sed, etcétera, que podrían condicionar al cuerpo y distraer su meditación. Todos podemos observar que, cuando logramos sostener una postura firme durante un espacio de tiempo prolongado y el cuerpo se mantiene totalmente quieto, esta inmovilidad corporal genera una gran estabilidad que tiene un poderoso efecto en la mente. Si queremos entrar en espacios meditativos profundos, es importante practicar con regularidad hasta conseguir una postura estable. A medida que vamos perfeccionando el *āsana* y podemos sentarnos con la columna recta confortablemente y permanecer media hora, una hora o dos horas inamovibles, esto nos abre las puertas hacia una profunda experiencia interior. Es necesario hacer un esfuerzo constante hasta poder permanecer en el *āsana* de meditación durante un tiempo cada vez más prolongado.

Si una persona no puede sentarse en ninguno de los *āsanas* tradicionales que describe el *haṭha-yoga* para la meditación

122. *Yoga Sūtras* II, 47.
123. *Yoga Sūtras* II, 48.

–quizás debido a algún problema de espalda, de las piernas, por la edad o por la falta de costumbre–, deberá encontrar una postura adecuada para poder olvidarse de su cuerpo durante el período de meditación. Una opción es sentarse en una silla con la espalda recta, a ser posible sin apoyarla, con los pies en el suelo, las manos en las rodillas y buscando la inmovilidad.

El cuarto paso o miembro (*aṅga*) del *rāja-yoga* es *prāṇāyāma*. Patañjali lo introduce con el siguiente *sūtra*:

> *tasmin-sati śvāsa-praśvāsayor-gati-vicchedaḥ prāṇāyāmaḥ*

> Cuando esto se produce (el perfeccionamiento del *āsana*), es posible el *prāṇāyāma*, la regulación del movimiento de la inspiración y la espiración.[124]

Veamos el proceso que vive el *yogī*. Cuando este está sentado en una postura estable, inamovible e interiorizado, y su mente va entrando en los espacios de silencio, se producen cambios en su proceso respiratorio. La respiración puede aquietarse o incluso cesar durante un corto período de tiempo, lo que se denomina *kumbhaka*. Todos podemos observar la relación que existe entre el estado de nuestra mente y nuestra respiración: si estamos calmados y relajados, la respiración es lenta; si por alguna razón estamos agitados o enfadados, la respiración se acelera. Cuando en meditación entramos en espacios sin contenido mental, en este silencio se producen cambios en la respiración. Primero se hace muy sutil y puede dar la impresión de que

124. *Yoga Sūtras* II, 49.

solo respiramos por la parte superior de los pulmones o incluso en la garganta. A veces, en estados profundos de meditación, la respiración cesa totalmente y podemos permanecer durante un período de tiempo sin ningún movimiento respiratorio. Hay personas que en meditación tienen estas experiencias y pueden extrañarse al observar que casi no están respirando. Más de una vez he hablado con personas que estaban confusas debido a que la respiración cesaba durante ciertos momentos de su práctica meditativa, llegando incluso a dudar de si esta práctica era apropiada para ellos. Si algunos de vosotros experimentáis que vuestra respiración, de forma natural, se aquieta o cesa momentáneamente durante la meditación, es una muestra de que habéis entrado en estados de silencio interior. La cesación espontánea de la respiración se denomina *sahaja kumbhaka*, la retención de la respiración que ocurre de manera espontánea y de forma natural. Existen varios textos del *haṭha-yoga* que mencionan este *kumbhaka* con gran respeto.

Patañjali tampoco expone diferentes tipos de *prāṇāyāma*, únicamente habla de la cesación de la respiración (*kumbhaka*) y afirma que esta puede ser externa (*bāhya*) o interna (*abhyantara*). En el primer caso, el aire ha sido expulsado del cuerpo y se produce la retención o *kumbhaka* sin aire en los pulmones. En el segundo caso, los pulmones están llenos de aire y entonces se produce la retención.

Cuando los textos clásicos del *haṭha-yoga* hablan de *prāṇāyāma*, mencionan las tres fases de la respiración: inspiración (*pūraka*), espiración (*recaka*) y retención (*kumbhaka*). Los distintos *prāṇāyāmas*, practicados adecuadamente, son muy poderosos ya que tienen un efecto directo e instantáneo en el estado de la mente. Patañjali concluye su exposición sobre *prāṇāyāma* afirmando que este es un medio para destruir el velo de las impresiones latentes que nos llevan a la identificación con una individualidad limitada. Y concluye diciendo que por medio de la práctica adecuada del *prāṇāyāma*:

> *dhāraṇāsu ca yogyatā manasaḥ*
>
> La mente adquiere la aptitud para la concentración (*dhāraṇā*).[125]

El siguiente paso del *rāja-yoga* es *pratyāhāra*, retirar los sentidos de sus objetos. *Pratyāhāra* significa literalmente «recogerse en uno mismo», implica introspección, interiorización, y se da cuando los cinco sentidos –olfato, gusto, vista, tacto y oído– se retraen, se apartan de los objetos y su energía se recoge en el interior. Patañjali describe *pratyāhāra* de la siguiente forma:

> *sva-viṣayāsamprayoge cittasya svarūpānukāra ivendriyāṇāṁ pratyāhāraḥ*
>
> *Pratyāhāra* se da cuando los sentidos no entran en contacto con sus respectivos objetos y parece como si tuvieran la misma naturaleza que la mente.[126]

En realidad, todas nuestras experiencias son únicamente la expansión de la mente junto a los cinco sentidos, este es

125. *Yoga Sūtras* II, 53.
126. *Yoga Sūtras* II, 54.

nuestro universo. Recapitulemos: ahora el *yogī* tiene una postura (*āsana*) estable, su respiración es armoniosa y cada vez más sutil, y sus sentidos se recogen hacia el interior. En alguna ocasión, podemos haber practicado la meditación en una habitación muy ruidosa y, de repente, a partir de cierto momento de la práctica, dejar de oír el ruido y entrar en un gran silencio, para unos momentos más tarde volver a oír el ruido del lugar. Esto es debido a unos momentos de introspección de los sentidos. La energía de los sentidos siempre se dirige hacia el exterior buscando objetos de experiencia. Cuando el *yogī* permanece en *pratyāhāra* siente un gran poder, debido a que la energía (*śakti*) de los cinco sentidos, que siempre está en relación con el universo, se recoge en su interior. *Pratyāhāra* no se puede provocar, no podemos pedirle al sentido del oído que deje de oír y que se interiorice. Cuando hay un ruido, el sentido del oído corre a captarlo. Solo podemos intentar aquietar la mente y concentrarla hasta que este *pratyāhāra* se produzca. Patañjali concluye exponiendo el fruto de *pratyāhāra*:

> *tataḥ paramā vaśyatendriyāṇām*

> Entonces, (por medio de *pratyāhāra*) se produce el control absoluto de los sentidos.[127]

Hasta aquí hemos visto los cinco primeros pasos del *aṣṭāṅga-yoga* o *rāja-yoga*, estos se consideran externos (*bahiraṅga*).

127. *Yoga Sūtras* II, 55.

Los tres pasos siguientes que concluyen el proceso se consideran internos (*antaraṅga*).

El sexto paso del *aṣṭāṅga-yoga* es *dhāraṇā*, la concentración. Así la describe Patañjali:

deśa-bandhaścittasya dhāraṇā

La concentración (*dhāraṇā*) es la fijación de la mente en un punto.[128]

La palabra «*dhāraṇā*» deriva de la raíz *dhṛ*, que significa mantener, sostener. Tal como expone Patañjali, *dhāraṇā* es mantener la mente en un solo lugar o punto. Todos podemos observar que establecer la mente en un estado de concentración no es fácil, ya que esta tiene una fuerte tendencia hacia la dispersión. Para la concentración, una gran ayuda es que la mente cuente con un objeto en el que focalizarse. Este puede ser un *mantra*, un aspecto de la divinidad, visualizar la forma de *oṃ* o un *yantra*, todas ellas son formas tradicionales y poderosas para concentrar la mente. En la práctica de *dhāraṇā*, la concentración va y viene: el *yogī* puede estar concentrado durante un período más o menos largo, pero la concentración se pierde debido a las fluctuaciones de la mente. Cuando esta concentración se hace estable y se puede sostener durante largos períodos, entramos en el siguiente estadio del *rāja-yoga*: *dhyāna*, la meditación. Patañjali la describe así:

tatra pratyayaikatānatā dhyānam

128. *Yoga Sūtras* III, 1.

> La meditación (*dhyāna*) es el fluir ininterrumpido de concentración hacia el mismo punto.[129]

Aquí la concentración se ha convertido en meditación. Los comentarios tradicionales describen la meditación (*dhyāna*) como un fluir continuo de concentración sin ninguna quiebra, y se compara al flujo ininterrumpido del aceite cuando este cae de un recipiente a otro.

En la meditación (*dhyāna*), el objeto de contemplación ocupa la totalidad del espacio de la mente, ya no hay distracción alguna, los sentidos están interiorizados y la mente permanece completamente absorta.

El último y octavo paso en el proceso del *aṣṭāṅga-yoga* es el *samādhi*, la absorción. Patañjali lo describe así:

> *tad-evārtha-mātra-nirbhāsaṁ svarūpa-śūnyam-iva samādhiḥ*

> Cuando solo el objeto de meditación resplandece (en la mente), como desprovisto incluso del sujeto (que medita), esto es *samādhi* (absorción).[130]

Según los textos del *yoga*, el estado de *samādhi* (absorción) está más allá de toda descripción, no es fácil hablar de él ya que transciende el lenguaje dual y, para comprenderlo plenamente, sería necesario tener la experiencia directa. La meditación se convierte en absorción (*samādhi*) cuando la mente se vacía por

129. *Yoga Sūtras* III, 2.
130. *Yoga Sūtras* III, 3.

completo y solo el objeto de meditación brilla en el interior. El estado de *samādhi* se puede clasificar como *sabīja* (con semilla) y *nirbīja* (sin semilla), o *savikalpa* (con contenido) y *nirvikalpa* (libre de todo contenido). En el *samādhi sabīja*, el *yogī* sostiene un cierto contenido sutil en su mente; en *nirbīja* la mente del *yogī* está totalmente libre del sujeto y el objeto.

Los *Yoga Sūtras* mencionan diferentes tipos de *samādhi* que pueden agruparse en *saṃprajñāta samādhi* (con conocimiento de un objeto) y *asaṃprajñāta samādhi* (sin conocimiento de ningún objeto), la total identificación con el *puruṣa* más allá de todo contenido mental. Dentro del *saṃprajñāta samādhi* existen varias divisiones según el objeto de contemplación del *yogī*:

En *savitarka samādhi*, el *yogī* está absorto en un objeto (una imagen sagrada, un *yantra*, etc.).

En *savicāra samādhi*, la absorción tiene lugar por medio de algo sutil, como podría ser la contemplación en una frase de conocimiento como *śivo'ham* (yo soy Shiva, yo soy Conciencia). Por ejemplo: cuando un *yogī* está totalmente concentrado meditando en el *praṇava mantra oṃ*, entra en un estado de *samādhi* y pierde la conciencia de sí mismo, lo único que permanece en su mente es la conciencia del objeto de meditación, *oṃ*.

En *sānanda samādhi*, el objeto de contemplación del *yogī* es su propia dicha interior (la luminosidad de *sattva-guṇa*), en este caso no utiliza ningún objeto ni frase contemplativa. El meditador ha desaparecido, solo queda *ānanda* (dicha).

En *sasmita samādhi*, el *yogī* no experimenta ningún objeto, ninguna construcción mental y ha ido más allá de la dicha; la única experiencia es *aham*, la experiencia del yo profundo y puro.

Algunos podrían pensar que este es el fin del camino, pero ya hemos visto que Patañjali menciona el *asaṃprajñāta samādhi*. En este, tanto el objeto de meditación como el meditador, así como todo el conocimiento limitado, desaparecen y solo permanece la conciencia pura, el *puruṣa*. No hemos de pensar que cuando el *yogī* empieza a entrar en los sutiles estados de *samādhi*, puede permanecer allí, sino que debido a sus méritos se mantendrá en este estado durante cierto tiempo, hasta que debido a la fuerza de sus impresiones pasadas (*vāsanās*) regrese de nuevo a la conciencia dual.

El *yogī*, después de experimentar repetidos y prolongados estados de *samādhi*, al regresar a la consciencia relativa, siente una profunda plenitud interior, la sensación de que no le falta nada. Por medio de la práctica continuada, llegará un momento en el que la impresión de plenitud e infinitud será más fuerte que la anterior impresión mental de limitación. Cuando esto suceda, el *yogī* quedará establecido en la Conciencia. Los textos del *vedānta* y del *tantra* mencionan el estado de *sahaja samādhi*, el *samādhi* natural. En este estado, el *yogī* ya no tiene que permanecer en meditación con los ojos cerrados, o estar absorto con los sentidos recogidos hacia el interior, sino que el estado de *samādhi* es continuo durante todas sus actividades: mientras habla, mientras medita, o mientras come. Mientras exista el cuerpo existirá la mente, pero el *yogī* no se identifica ni con la mente ni con el cuerpo ni con los *guṇas* ni con los *vṛttis*. En este estado vive establecido en la conciencia de lo que Es, más allá de toda identificación. Esta es la culminación del proceso del *yoga*.

Según Patañjali, el estado de absorción (*samādhi*) destruye las impresiones (*saṃskāras*) latentes de la mente del *yogī* y va alcanzando un estado no afectado por los *guṇas* (cualidades de *prakṛti*). Esto le lleva a la culminación del proceso, llegando al denominado *dharma-megha-samādhi*, literalmente «la nube o lluvia de la virtud». Leamos la descripción del comentario de Vyasa:

> Cuando el *yogī* de discernimiento no está interesado ni tan siquiera por la omnisciencia (*prasaṅkhyāna*) ni desea nada más de allí, alcanza la iluminación del discernimiento perpetuo. Así, en virtud de la destrucción de las semillas de las impresiones latentes, no surge ninguna otra cognición en su mente. En este momento alcanza el *dharma-megha-samādhi* (la nube que derrama virtud).[131]

Patañjali continúa:

> *tataḥ kleśa-karma-nivṛttiḥ*
>
> Entonces, la cesación de las aflicciones (*kleśas*) y del *karma*.[132]
>
> *tadā sarvāvaraṇa-malāpetasya jñānasyānantyājjñeyam-alpam*

131. *Yoga Sūtra Bhāṣya* IV, 29.
132. *Yoga Sūtras* IV, 30.

> Entonces, al alcanzar la infinitud del conocimiento, se apartan todos los velos e impurezas y lo cognoscible parece como trivial.[133]

En este estadio, todas las aflicciones y los efectos *kármicos* quedan destruidos, el velo de la ilusión desaparece y el conocimiento del *yogī* es ilimitado. En este estado, el *yogī* no tiene nada más que lograr y permanece absorto en la absoluta plenitud de su propia esencia, el estado de *kaivalya*.

Tal como expresa Sri Krishna en la *Bhagavad Gītā*:

> Una dicha suprema llega a este *yogī* de mente calma, que ha aquietado su pasión, se ha convertido en *brahman* y está libre de toda falta.[134]

Según el comentario de Vyasa, este es el estado del *jīvanmukta*, el liberado en vida. El *yogī* se establece «en la infinitud de un conocimiento libre de toda impureza y desprovisto de todo velo».

Podríamos seguir comentando los *Yoga Sūtras* durante meses y seguir profundizando en su contenido. En esta introducción hemos visto brevemente su columna vertebral, los importantes ocho pasos (*aṣṭāṅga*) del *rāja-yoga*.

Para terminar, es importante comprender que el *yoga* sucede siempre. Constantemente tenemos la oportunidad de hacer lo que es adecuado y está en consonancia con el *dharma*, o lo

133. *Yoga Sūtras* IV, 31.
134. *Bhagavad Gītā* VI, 27.

que es más cómodo y fácil para nosotros. *Yoga* es cuando una y otra vez hacemos lo que es más armónico, lo correcto, sin tener en cuenta lo que la mente, bajo la influencia de los *guṇas*, nos pueda pedir en ese momento. Así se genera el autocontrol y vamos creciendo más allá de nuestras limitaciones. El *yogī* vive a contracorriente, porque constantemente los medios de comunicación nos repiten: «haz lo más fácil, haz lo más placentero». Parece que todo esté preparado para producir personas mediocres, limitadas y totalmente atrapadas por su estado mental.

Podemos vivir en *roga* (el error), o podemos vivir en *bhoga* (buscando el disfrute sensorial), pero el *yogī*, por medio de su práctica, utiliza el cuerpo, la mente y los sentidos para elevarse hacia los espacios de plenitud interior. El laboratorio del *yogī* es uno mismo. El *yogī* se da cuenta de que todas las experiencias del mundo cambian según el estado de su mente y que el proceso yóguico depende únicamente de sí mismo, de su actitud, de su fuego, de su intensidad, de su atención, de su perseverancia y de su práctica continuada (*abhyāsa*).

Hay algo que debemos recordar siempre: la Conciencia, el *puruṣa*, es eternamente libre, sea cual sea el estado de nuestra mente. Mi maestro siempre decía: «Lo sepas o no, lo conozcas o no, la divinidad existe siempre en tu corazón. Eso es lo que eres». El *yogī* quiere llegar al pleno reconocimiento de su divinidad y establecerse en un estado exaltado. Si nos asociamos con la limitación, siempre sentiremos que nos falta algo. Para terminar con la patología existencial de que «siempre nos falta algo», el *yoga* es un poderoso remedio que nos lleva a reconocer nuestra propia esencia, lo que ya somos, la absoluta plenitud, la Conciencia. El *yoga* nos ofrece poder ser personas libres y no limitadas por nuestra mente. El *yoga* es ir hacia la luz, convertirnos en luz, porque lo que somos es luz. La luz de la Conciencia. Esto es lo que los grandes *yogīs* y maestros desde la antigüedad han enseñado y enseñan.

PARTE V
Las raíces del *haṭha-yoga* y su expansión en Occidente

Del *yoga* surge el conocimiento; por medio
del conocimiento se perfecciona el *yoga*.
Shiva bendice al que se entrega al *yoga*
y al conocimiento.[135]

Saṃsāra **(el ciclo del nacimiento y la muerte) y el valor del cuerpo humano**

Desde la antigüedad, la tradición del *yoga* considera que el ser individual (*jīva*) al morir transmigra y toma otro cuerpo en un ciclo interminable de nacimientos y muertes denominado *saṃsāra.* El auténtico propósito y el verdadero logro del *yoga* es la liberación (*kaivalya*, *mokṣa*) de este ciclo inagotable. Así lo exponen los textos clásicos del *yoga*:

El sabio Gheranda dijo:

> El cuerpo de las criaturas se origina (debido a) sus buenas o malas acciones. A la vez, el cuerpo produce un *karma*; así es como gira la noria de la existencia.
>
> Igual que una noria da vueltas impulsada por la fuerza de los bueyes, el individuo gira a través de la vida y la muerte impulsado por la fuerza del *karma.*

135. *Īśvara Gītā* II, 3.

> El cuerpo siempre se va desgastando, como un recipiente de barro sin cocer sumergido en el agua. Fortalece y purifica el cuerpo templándolo con el fuego del *yoga*.[136]

El hinduismo considera que la causa del nacimiento humano es el *karma* acumulado en existencias anteriores. La suma de los resultados de las acciones meritorias y dignas, que están en armonía con el cosmos, más la suma de los resultados de las acciones innobles y viles que producen resultados negativos, conducen al ser individual (*jīva*) inexorablemente a un nuevo nacimiento en una nueva matriz, cuerpo y situación determinados según estos *karmas*. Si indagáramos en la teoría del *karma*, con todas sus interesantes implicaciones, podríamos finalmente llegar a preguntarnos: ¿cómo se origina el *karma*? ¿De dónde surge el primer *karma*? A lo que muchos maestros responden que la causa y origen del *karma* es la ignorancia primordial (*avidyā*) y que el deber más importante del *yogī* es terminar con esta ilusión y darse cuenta de que en su esencia (*ātman*) el *karma* no existe, liberándose así para siempre de la interminable rueda del *saṃsāra* y dejando atrás toda especulación acerca de su origen y resultados.

En realidad, para acercarnos a la concepción yóguica del mundo del devenir o «ciclo del *saṃsāra*», que conlleva la esclavitud del ser individual (*jīva*) y su liberación, es necesario comprender que es la misma Divinidad la que juega tomando el disfraz del ser encarnado y limitado. La Divinidad, en su juego cósmico (*līlā*), toma la forma de la ignorancia (*avidyā*)

136. *Gheraṇḍa Saṃhitā* I, 6-8.

en aquellos que están apegados al mundo sensorial, la forma de la aspiración yóguica en el buscador que ha despertado y que desea liberarse (*yogī*), y también la forma de la liberación (*kaivalya*) en aquel que ya ha alcanzado el conocimiento y vive en la plenitud. Todo es un extraordinario y majestuoso baile en el que existe un Único actor con múltiples e infinitos disfraces.

Leamos una de las *Upaniṣads* del *yoga*, la *Triśikhi-brāhmaṇa Upaniṣad* para acercarnos a esta visión:

> Un brahmán llamado Trishikhi acudió a Aditya-loka (el plano solar) y acercándose al Sol le preguntó: «Oh Señor, ¿qué es el cuerpo?, ¿qué es el *prāṇa*?, ¿cuál es la causa primordial?, ¿qué es el *ātman?*».
>
> (La deidad solar respondió:) Debes saber que todo esto es únicamente Shiva, eterno, puro, sin mancha, todo penetrante y dicha indivisible. Shiva, el Absoluto, crea todo esto por su propio esplendor y aparece como separado. Como una masa de hierro fundido, el Ser uno (tomando distintas formas, aparece) como dividido. Se podría preguntar: ¿cuál es la causa de esta experiencia? La respuesta sería: «*brahman*, al estar tocado por la ignorancia de los atributos, aparece como diferenciado».
>
> Cuando Sadashiva cae en la trampa del ego (*ahaṃkāra*) se convierte en un ser individual (*jīva*). (El *jīva*,) debido a la falta de discernimiento (*aviveka*) y envuelto en la materia (*prakṛti*), permanece en la ilusión.[137]

137. *Triśikhi-brāhmaṇa Upaniṣad* I, 1-2 y II, 15.

En esta imagen, Shiva, la deidad suprema, en su baile cósmico, por su propia voluntad se contrae y queda aparentemente atrapado en la limitación del mundo sensorial, cayendo en el olvido de su esencia divina y trascendente. Continúa el texto:

> Pasando por centenares de matrices (nacimientos) debido a la fuerza de sus impresiones (*vāsanās*), el ser individual (*jīva*) queda atrapado y alejado de la liberación como un pez está atrapado entre las dos orillas (de un río).
>
> Más adelante, con el paso del tiempo y de forma gradual, (el ser individual) se dirige a los planos superiores pasando por distintos estadios como resultado del discernimiento y el autoconocimiento.
>
> Practicando el *yoga* con dedicación, manteniendo el *prāṇa* en la coronilla y alcanzando la estabilidad, por medio de este *yoga* alcanza el conocimiento (*jñāna*).
>
> Al lograr el conocimiento por medio del *yoga*, el *yogī* deja de sufrir. Este (*yogī*) ve a Shiva en todos los cambios, pero no percibe ningún cambio en Shiva.
>
> Así pues, el *yogī*, por medio de la práctica, debe controlar su mente y su *prāṇa* para cortar (la red de la ignorancia) con el afilado cuchillo de la sabiduría yóguica.[138]

En esta bella descripción de la *Upaniṣad* podemos ver que la causa de la transmigración se debe a que la Conciencia siempre libre (la divinidad) juega a asociarse a un cuerpo, a una mente y a un intelecto, creándose así la apariencia del ser individual

138. *Triśikhi-brāhmaṇa Upaniṣad* II, 16-19 y 21.

(*jīva*). Muchos textos mencionan que una de las contemplaciones más importantes para el *yogī* es aquella que le lleva a romper con la noción de que es un cuerpo, para así poder establecerse en la plenitud de la Conciencia. El apego del *jīva* tiene unas raíces que se alimentan de la convicción de ser un ente limitado que ha nacido en un momento determinado y que morirá poco después, tras un corto período de tiempo llamado vida, en el que genera unas relaciones de familia, amistad o enemistad, tiene unas posesiones y experimenta un mundo lleno de apegos, aversiones, emociones e ideas. Una de las *Upaniṣads* del *yoga*, la *Tejobindu Upaniṣad*, habla con fuerza de cómo el *yogī*, en su camino hacia la liberación, debe romper todas las cadenas que lo asocian a lo finito y lo limitado. La primera asociación y una de las más fuertes es con el propio cuerpo:

> La noción de «yo soy el cuerpo» se denomina la gran ilusión del mundo.
> La noción de «yo soy el cuerpo» se conoce como la esclavitud.
> La noción de «yo soy el cuerpo» se dice que es la miseria.
> La noción de «yo soy el cuerpo» se dice que es el infierno.
> La noción de «yo soy el cuerpo» se dice que es la totalidad del universo.
> La noción de «yo soy el cuerpo» se describe como el nudo del corazón.
> La idea de «yo soy el cuerpo» se conoce como la ignorancia.
> La idea de «yo soy el cuerpo» es solo aquello que no existe.
> El concepto de «yo soy el cuerpo» es lo que se conoce como la ilusión.

> La noción de «yo soy el cuerpo» es la única causa del ser individual (*jīva*).[139]

El *yogī*, por medio de un intenso proceso de introspección y meditación, accede a planos más sutiles de la existencia, hasta reconocer finalmente que su esencia (el *ātman*) no está, no ha estado y nunca estará limitada por el cuerpo. Este es un reconocimiento altamente liberador. A la vez, en la tradición hindú se da una gran importancia al nacimiento humano, ya que solo por medio de este nacimiento la liberación (*mokṣa*) es posible. Los *asuras* (seres oscuros y opacos), en sus diversos planos de existencia, no pueden acceder a la liberación, así como tampoco los *devas* (seres luminosos y divinos) pueden alcanzarla desde sus planos sutiles y dichosos. En los textos podemos leer que únicamente en el plano humano (*mānuṣya-loka*), también denominado el plano de la acción (*karma bhūmi*), se dan las circunstancias apropiadas para que el *yogī*, siguiendo una enseñanza y una práctica bajo la guía de un *guru*, pueda aquietar e interiorizar su mente para así trascender el velo de la ignorancia (*avidyā*) y, finalmente, llegar al reconocimiento del Ser (*ātman*).

En el hinduismo, el nacimiento humano es algo muy sagrado. Se considera que en la vida existen cuatro etapas (*āśramas*) en las que el ser encarnado (*jīva*) aprende, crece, se fortalece y experimenta, para finalmente sentir la aspiración interior que le conducirá al conocimiento y a la liberación de la atadura del cuerpo y de la mente. El primero de los cuatro estadios de la

139. *Tejobindu Upaniṣad* V, 89-95.

vida es la del joven estudiante y se denomina *brahmacarya*. Tradicionalmente, el joven, hacia los ocho años, acudía a la casa del *guru* y vivía con su familia (*gurukula*). Allí aprendía los valores del *dharma*, vivía de forma austera, estudiaba los textos, se ejercitaba en los distintos rituales y se impregnaba de una cosmovisión sagrada que sería su soporte durante toda la vida. Hacia los veintiún años regresaba a la casa familiar y, después de los ritos correspondientes, ingresaba en el segundo estadio, el de la vida de familia, denominado *gṛhastha*, literalmente «el que sostiene una casa o un hogar». El padre y la madre de familia son el soporte de la sociedad hindú tradicional, por medio de su trabajo y dedicación crean riqueza y abundancia y sostienen a las personas que están en los demás estadios de la vida. La persona casada considera que tener hijos es un deber para honrar a los antepasados que le dieron vida. Este es un período de gran dedicación a los hijos, a la familia y a la sociedad. Cuando los hijos ya tienen una cierta edad, son responsables y pueden sostener el trabajo y responsabilidades de la familia, y los padres observan que empiezan a tener cabellos blancos en su cabeza; según los textos del *dharma* ha llegado el momento de entrar en el siguiente estadio. El tercer estadio conlleva una vida más retirada y se denomina *vānaprastha*, literalmente «el que vive en el bosque». Dejando atrás muchos de los lazos que les ataban, la pareja se aparta de las responsabilidades y cambios constantes de la sociedad, se retira y se instala en un lugar apropiado para vivir de forma sencilla, contemplando los textos, haciendo rituales, repitiendo *mantras* y meditando en la enseñanza de su *guru*. El cuarto estadio es el de la renuncia total y se denomina *saṃnyāsa*. No todas las personas ingresan en este cuarto estadio. Los *saṃnyāsīs* viven apartados de su familia e inmersos en la contemplación, abandonan por completo la vida ritual y dedican su vida a la meditación hasta el momento de su muerte. Estos cuatro estadios se consideran como un aprendizaje, una escalera para que el ser individual (*jīva*) adquiera sucesivamente, en cada uno de sus peldaños, primero la fortaleza y la austeridad suficientes, luego las experiencias y la madurez necesarias, más adelante el espíritu de contemplación y de contentamiento y, finalmente, el autoconocimiento y la liberación de la rueda del *saṃsāra*.

En el *Bhagavata Purāṇa* podemos leer cómo el joven sabio y devoto Prahlada habla acerca de la brevedad de la vida y de que esta debe ser vivida con gran cuidado y atención. Desde la antigüedad, los *mahātmās* nos advierten de que, sin una práctica yóguica, la rueda de nacimientos y muertes seguirá girando interminablemente.

El sabio Prahlada dijo:

> El nacimiento humano es difícil de obtener aquí en la Tierra; pero a pesar de su brevedad, la vida humana está llena de significado.
>
> Todas las criaturas que tienen un cuerpo experimentan de forma natural un cierto grado de sufrimiento y felicidad según su destino. El *karma*, que es la causa de su cuerpo, les conduce a ambos tipos de experiencia sin ningún esfuerzo por su parte.
>
> Una persona llena de deseos nunca podrá alcanzar el estado de dicha que pueda alcanzar aquel que sirve a la divinidad.
>
> Por lo tanto, una persona inmersa en el mundo del *saṃsāra*, si es realmente inteligente, debe esforzarse por todos los medios

> para alcanzar la divinidad antes de que su cuerpo humano empiece a declinar.
>
> La duración de la vida humana es de cien años. Una persona sin ningún tipo de autodominio malgasta la mitad de ella, ya que duerme sumida en el sopor, en la oscuridad de la noche.
>
> De la otra mitad, los primeros veinte años se pierden en la ignorancia de la niñez y la jocosidad de la juventud. Otros veinte años se pierden en la decrepitud de la vejez, que reduce al ser humano a una penosa condición de incapacidad.
>
> Atado a la vida doméstica y sin ser consciente del propósito real de la existencia, el resto de la vida también se pierde buscando el placer sensorial bajo el dominio de la pasión y el deseo.[140]

Inmerso en la rueda del *saṃsāra* y en un cuerpo limitado, el aspirante se acoge a la sagrada enseñanza de la tradición yóguica, y, así, el mismo cuerpo que podía ser la causa de grandes sufrimientos se convierte en la causa de grandes logros espirituales. Los textos inciden en que aprovechemos la oportunidad de tener un cuerpo humano para elevar nuestro estado de conciencia.

Esta es la enseñanza de Shiva en el *Kulārṇava Tantra*:

> Después de obtener un cuerpo humano, tan difícil de conseguir, y que es el vehículo hacia la liberación, ¿quién podría superar la falta de aquel que no quiere alcanzar el *ātman*?
>
> Así pues, después de obtener la forma de vida más sublime, aquel que no busca su propio bien es como si se matara a sí mismo.

140. *Bhagavata Purāṇa* VII, 6, 1 - 8.

> Aquel que empieza a cavar un pozo cuando su casa ya está ardiendo es un necio. Así pues, mientras exista este cuerpo debes dedicarte sinceramente a la búsqueda de la verdad suprema.[141]

Muchos grandes *yogīs* afirman que el cuerpo es el templo en el que reside la divinidad. El *yogī* sacraliza su vida y sacraliza su cuerpo. En la *Vasiṣṭha Saṃhitā*, un importante texto yóguico, podemos leer al gran sabio Vasishtha hablando sobre la bendición que supone tener un cuerpo para llevar a cabo el proceso yóguico que conduce a la liberación:

> Para el ignorante, este cuerpo es una fuente de interminable sufrimiento, pero para el sabio es una fuente de infinito gozo.
>
> Para el sabio, su desaparición no representa pérdida alguna, pero, mientras perdura, constituye un completo manantial de gozo.
>
> El sabio utiliza el cuerpo a modo de vehículo capaz de transportarle con toda rapidez a través de este mundo; se le conoce como el carro para alcanzar la liberación y el infinito deleite.[142]

En estos versos, Vasishtha nos muestra un componente muy importante de la enseñanza del *haṭha-yoga*. Así como el que sigue el camino del *jñāna-yoga* usa su afinado intelecto, el que sigue el camino del *karma-yoga* usa la acción y la no expectación de los frutos, el seguidor del *bhakti-yoga* utiliza la emoción y el sentimiento devocional puro, y el que sigue el camino del *rāja-yoga* utiliza la meditación para entrar en el gran vacío

141. *Kulārṇava Tantra* I, 16-17 y 25.
142. *Yoga Vasiṣṭha* IV, 23, 18 - 19 y 22.

de su mente, el que sigue el camino del *haṭha-yoga* utiliza su cuerpo como medio para experimentar el Absoluto. El *haṭha-yogī* intenta divinizar su cuerpo, reconocer que Shiva y Shakti, todas las deidades y todos los lugares sagrados existen en él. Este es un cambio de conciencia muy importante para avanzar en el camino hacia la liberación.

Estos preciosos versos de la *Śiva Saṃhitā* lo ilustran:

> En el interior de este cuerpo se hallan el monte Meru junto con siete islas. (También) existen ríos, océanos, montañas, llanuras y las deidades que los presiden.
>
> (En este cuerpo) también moran los *ṛṣis*, los sabios, todos los planetas y estrellas, los centros de peregrinaje, los templos sagrados y las deidades de esos centros.
>
> La luna y el sol –causa de la creación y la destrucción (del universo)– se mueven dentro del cuerpo. Allí se encuentran también el espacio, el aire, el fuego, el agua y la tierra.
>
> Aquel que conoce esto, sin duda alguna, es un *yogī*.[143]

Sin tener esta comprensión ni participar de esta cosmovisión, aunque una persona realizara con gran excelencia diferentes prácticas de *haṭha-yoga* durante largo tiempo y tuviera toda la maestría en *āsana* y *prāṇāyāma*, no se la podría considerar un *yogī*. Es decir, si alguien se esfuerza para que su cuerpo sea flexible, será experto en flexibilidad, pero no será un *yogī*. Al *yogī* se le reconoce por su intenso deseo de alcanzar la liberación (*kaivalya*) en esta vida y por canalizar (*yug*) todas

143. *Śiva Saṃhitā* II, 1-5.

sus energías físicas, sutiles y mentales para avanzar en este sagrado proceso.

Al *haṭha-yoga* a veces se le denomina también «*yoga* de la fuerza», ya que utiliza el cuerpo y el *prāṇa* (energía vital) como medios para acceder al *rāja-yoga* (el *yoga* de la concentración y la meditación). Todos los tratados de *yoga* insisten en que el único propósito de las prácticas de *haṭha-yoga* es el de eliminar los obstáculos físicos y sutiles para entrar en el *rāja-yoga* o Camino Real. Este *rāja-yoga* no es algo separado o ajeno al *haṭha-yoga*, sino que en realidad es su meta y su fin. Los textos tradicionales de *haṭha-yoga* son muy claros y nada ambiguos al respecto.

La *Haṭha-yoga Pradīpikā* de Svatmarama, uno de los textos clásicos más estudiados del *haṭha-yoga*, dice en sus dos primeros versos:

> Me inclino ante Sri Adinatha, quien enseñó el conocimiento del *haṭha-yoga*, que se considera una escalera para aquellos que desean alcanzar el nivel más alto del *rāja-yoga*.
>
> Después de expresar sus respetos a Sri Guru, el *yogī* Svatmarama expone el *haṭha-yoga* solo como un medio para alcanzar el *rāja-yoga*.[144]

Svatmarama concluye:

> Haya liberación o no, aquí hay una bienaventuranza perfecta. La dicha que surge del estado de absorción total (*laya*) se obtiene únicamente por el *rāja-yoga*.

144. *Haṭha-yoga Pradīpikā* I, 1-2.

> Considero que aquellos que practican únicamente *haṭha-yoga* sin conocer el *rāja-yoga* no recogerán el fruto de sus esfuerzos.[145]

Las divisiones entre los *yogas*, muy comunes en los estudios contemporáneos del hinduismo, nos pueden llevar a entender –a veces de una forma algo simplista– que existen caminos independientes como pueden ser el *karma*, el *bhakti*, el *rāja* o el *jñāna-yoga*, entre otros. Estas clasificaciones son útiles para comprender los distintos aspectos y las disciplinas particulares que conducen a la experiencia de la divinidad, pero, en muchos casos, esta clara diferenciación en el camino de un *yogī* solo existe en los libros. Cuando leemos, por ejemplo, acerca de la práctica (*sādhanā*) de un *karma-yogī* –aquel que siempre ofrece su acción a la divinidad– vemos que esta, posiblemente, incluye también importantes aspectos devocionales (*bhakti-yoga*), espacios de concentración y meditación (*rāja-yoga*) y de profundo discernimiento y conocimiento (*jñāna-yoga*). Lo mismo sucede si leemos la vida de un *jñāna-yogī* como puede ser Sri Ramana Maharshi; en este caso, su enseñanza principal es la autoindagación (*ātmā-vicāra*) basada en los antiguos textos del *advaita-vedānta* y su experiencia personal, pero podemos ver en él una inmensa devoción (*bhakti*) hacia la forma de Shiva manifestada en la sagrada montaña de Arunachala; vemos también un constante ofrecimiento de su cuerpo y de sus acciones a los devotos que le visitaban (*karma-yoga*), así como una mente plenamente establecida en *samādhi* (*rāja-*

145. *Haṭha-yoga Pradīpikā* IV, 78-79.

yoga). Aunque el *yogī* siga una práctica en la que predomine un determinado aspecto del *yoga*, los demás aspectos estarán también siempre presentes en mayor o menor grado.

Los orígenes del *haṭha-yoga*. La tradición de los *nātha-yogīs*

En los primeros versos de la *Haṭha-yoga Pradīpikā*, el *yogī* Svatmarama menciona:

> *Yogīs* como Matsyendra, Goraksha y otros conocían la esencia del *haṭha*, y fue por su gracia que el *yogī* Svatmarama recibió este conocimiento.[146]

Si bien el *yoga*, en su esencia, está presente en los textos más antiguos del hinduismo, fue al inicio del Medievo, entre los siglos V y XII, cuando se dieron en la India unas extraordinarias circunstancias en las que confluyeron la riqueza de las enseñanzas del *tantra* –que fue abarcando casi todos los aspectos del hinduismo–, el conocimiento de diferentes escuelas de ascetas shivaítas, como los *pāśupata*, los *kāpālika* y los *kālāmukha*, ciertas influencias de la antigua tradición *siddha* del sur de la India e incluso del budismo *vajrayāna*, que propiciaron una gran expansión de la enseñanza yóguica. Aquí es necesario hablar del linaje de los *nāthas* (*nātha saṃpradāya*) –a veces también denominado *siddha saṃpradāya*– ya que por

146. *Haṭha-yoga Pradīpikā* I, 4.

medio de este el *haṭha-yoga* se expandió, se estableció de forma firme como camino y se enriqueció con una gran variedad de técnicas y procesos, muchos de ellos secretos hasta aquel momento.

En la mitología de los *nāthas* encontramos una historia que habla del origen de la enseñanza del *haṭha-yoga*. Según la narración, Shiva y Parvati se encontraban en el monte Kailas. La Devi (diosa) se acercó a Mahadeva (Shiva) y le pidió que le revelara la doctrina del *yoga* que conduce al practicante a la inmortalidad. Shiva le respondió que esta enseñanza era un gran secreto (*rahasya*) y que aquel no era el lugar adecuado para poder darle esta instrucción, por lo que era más apropiado trasladarse a un espacio en el que nadie pudiera escuchar su conversación. Shiva, por medio de su visión, encontró fácilmente un lugar propicio y, de inmediato, ambos se trasladaron a un pequeño islote de arena alejado en medio del océano y sin ninguna criatura visible alrededor. Allí, Shiva empezó a instruir a Parvati acerca de todos los secretos del camino del *yoga*. La enseñanza se prolongó durante un largo tiempo y Parvati, algo cansada, se quedó dormida durante unos breves instantes. Fue justo entonces cuando Shiva le preguntó a la Devi si estaba comprendiendo la enseñanza. Grande fue su sorpresa al ver que su consorte estaba dormida y, al mismo tiempo, oír una voz que salía del mar diciendo: «Sí, he comprendido todo».

¿Quién estaba en el océano escuchando esta enseñanza?, ¿quién había respondido a Shiva? La historia sigue y nos lleva hasta Matsyendra. Ahora entramos en un mundo mágico en el que la mitología y la historia se funden.

En una ocasión, un pescador se acercó respetuosamente a un

grupo de ascetas shivaítas mientras estos llevaban a cabo sus prácticas de adoración y de contemplación. Los *sādhus*, al ver a este desconocido, le pidieron que no revelara nada de lo que allí viese o escuchase. El joven pescador, con gran respeto, dijo que no lo revelaría y, al ver su honradez, los *sādhus* le dejaron permanecer allí un tiempo. Con el paso de los días, debido a la devoción y sinceridad del pescador, los ascetas le iniciaron y le indicaron que si seguía aquella enseñanza podría alcanzar la plenitud interior. Esto supuso un gran cambio en la vida del pescador, que, tras un corto período de tiempo, abandonó su profesión para dedicarse plenamente a la meditación y a la contemplación de la enseñanza que le habían transmitido los *sādhus*. Así transcurrió un tiempo hasta que alcanzó el estado de plenitud de un *yogī*. Un día, después de su meditación, se dispuso a tomar un baño ritual en el mar y, de repente, un enorme pez se lo tragó, por lo que el pescador vivió durante un tiempo llevando a cabo sus prácticas yóguicas en el interior del pez.

Volvamos ahora al islote apartado en el que se encontraban Shiva y Parvati. El pescador, dentro del estómago del pez, tuvo la gran bendición de oír la totalidad de la enseñanza secreta. Oír esta enseñanza directamente de Shiva conduce sin duda al estado final. Fue entonces cuando Shiva se dio cuenta de que la Devi se había dormido y a la vez reconoció que alguien había escuchado la enseñanza y que esta no había sido expuesta en vano. En ese momento, el pescador salió de la boca del pez y, con las manos juntas, se acercó ante Shiva y le ofreció sus respetos. Shiva se sintió feliz de ver un devoto con tal luminosidad.

El joven le pidió a Shiva que siguiera instruyéndolo en las doctrinas secretas del *yoga*. Shiva no solamente lo hizo, sino que además le dio el nombre de Matsyendranath (*matsya* significa «pez») –ya que surgió del vientre de un gran pez– y le pidió que expandiera estas enseñanzas por el mundo. Se considera también que Matsyendranath era un gran conocedor de las doctrinas tántricas de la escuela Kaula, incluso se le atribuye el texto *Kaulajñānanirṇaya*.

Los *nātha-yogīs* consideran que su linaje procede de la misma divinidad. Para ellos su *guru* supremo (*paramaguru*) es Adinatha (el primer *nātha* o Señor, el *nātha* primordial, el maestro de los orígenes). Brahmananda, en su comentario a la *Haṭha-yoga Pradīpikā*, afirma que Adinatha fue el primero de los *nāthas* y que de él originó el *saṃpradāya.* El nombre de Adinatha se asocia a Shiva, ya que los *nātha-yogīs* son principalmente shivaítas. Recordemos que a Shiva se le conoce también como Yogeshvara, el señor del *yoga*, y representa el ideal ascético, ya que es el señor del desapego y de la austeridad. Ciertos *nāthas* consideran también que su linaje origina en Dattatreya, deidad que contiene en sí las cualidades de Brahma, Vishnu y Shiva, y que, en esta era de *kali-yuga*, es el *avadhūta* y *guru* por excelencia.

Matsyendranath y su discípulo Gorakshanath son los primeros *gurus* y maestros perfectos (*siddhas*) de este linaje. Gorakshanath, considerado como una encarnación del mismo Shiva, fue el *guru* más importante de esta tradición y de él provienen muchos de los textos más antiguos del *haṭha-yoga.* Gorakshanath creó la orden de los *nāthas* en el siglo IX o X y difundió el *haṭha-yoga*, como también hicieron sus múltiples discípulos. A la vez se considera que purificó la enseñanza de su *guru* Matsyendranath y elevó ciertos contenidos tántricos mostrando que la auténtica unión entre Shiva y Shakti se daba en el propio cuerpo del *yogī* mediante el ascenso de *kuṇḍalinī.*

El nacimiento de Gorakhnath es misterioso, tradicionalmente se le considera *«ayonija»*, que significa literalmente «no nacido de una matriz» o «sin intervención humana». Según una de las historias tradicionales, Matsyendranath, después de recibir la enseñanza secreta y la bendición de Shiva, viajó por muchos lugares dando a conocer la ciencia del *yoga.* Shiva, satisfecho por la excelsa labor de su discípulo, le ofreció un don divino, ante lo cual Matsyendra le pidió a Shiva que Él mismo le ayudase en la labor de difundir la enseñanza del *yoga.* Shiva le prometió encarnarse en el momento adecuado. Pasado un tiempo, Matsyendranath, en uno de sus peregrinajes, llegó a la casa de una pareja de devotos de Shiva deseosos de tener un hijo que no llegaba. Ante la puerta de la casa, el *nātha-yogī* entonó «Alak, Alak» (invisible, imperceptible) –el saludo tradicional de los *nath yogīs* que designa el aspecto trascendental de la divinidad–. La mujer salió a su encuentro para ofrecerle comida, Matsyendranath la aceptó y, al ver una profunda tristeza en su rostro, le preguntó cuál era la razón de su dolor. Ella le respondió que estaba muy afligida por no poder tener hijos, y continuó: «Si por medio de tus bendiciones y poderes pudieras ayudarme a tener un hijo, te estaría inmensamente agradecida». El compasivo Matsyendranath sacó un puñado de cenizas de su bolsa –las cenizas (*vibhūti* o *bhasma*) son muy sagradas para los ascetas shivaítas– y se las entregó a la mujer mientras le decía: «Mañana, después de tus abluciones, cómete estas cenizas mezclándolas con arroz y leche. Si lo haces, tu deseo será concedido». Y continuó: «Recuerda esto, dentro de doce años regresaré y te visitaré para ver a tu hijo». Tras pronunciar estas palabras, Matsyendranath continuó su peregrinaje. La mujer, muy ilusionada, ya imaginaba cómo el próximo día comería aquellas cenizas que contenían la bendición del *sādhu.*

Por la tarde, cuando la mujer estaba en la fuente de la aldea llenando unas vasijas de agua, se encontró con sus amigas y les comentó lo sucedido. Estas, que no sentían simpatía alguna por los *sādhus*, le dijeron que vigilara, que no las comiera, que no sabía qué tipo de poder podría ejercer el *sādhu* sobre ella si comía aquellas cenizas y que quizás no le harían ningún bien. «Vigila con los *yogīs*, a veces hacen cosas terribles», dijo una de ellas. La otra continuó: «a veces son gente loca y peligrosa. Mejor que no comas las cenizas». La pobre mujer no sabía qué hacer, no podía negar que, cuando había estado ante el majestuoso Matsyendranath, había visto literalmente un resplandor en su rostro que solo puede emanar de un gran ser (*mahātmā*), pero ¿y si sus amigas tuvieran razón? Después de unas horas de confusión, finalmente decidió deshacerse de las cenizas y las arrojó en un hueco a las afueras de la aldea, en un lugar en el que la gente del pueblo solía depositar estiércol y otros desperdicios.

Fueron pasando los años y la mujer no podía librarse de la duda de que quizás, si hubiese consumido aquellas cenizas que le había ofrecido el *sādhu*, ya sería madre. Grande fue su sorpresa cuando, pasados doce años, se encontró ante su puerta a Matsyendranath, quien al verla le preguntó: «Oh madre, ¿dónde está tu hijo? He venido a conocerlo, ¿ya tiene doce años verdad?». La mujer, silenciosa y asustada, evitaba la mirada del *sādhu* y le ofreció unas limosnas para que se fuera. Matsyendranath continuó: «Madre, he venido de muy lejos para conocer a tu hijo. Ya debe de haber crecido. Muéstramelo». Finalmente, ante esta situación tan delicada y temiendo que el *sādhu* la maldijera, no tuvo más remedio que contarle lo que realmente había sucedido y le confesó que debido a los consejos de sus amigas había tirado las cenizas. Matsyendranath le preguntó dónde las había tirado y le pidió que le guiara hasta el lugar. Ella respondió que en el lugar donde había tirado las cenizas, ahora había un montículo de estiércol. Una vez allí, Matsyendranath, con una invocación, le pidió al chico que saliera de debajo del montículo, puesto que estaba seguro de que había nacido. De repente, se escuchó una voz que decía que no podía salir por sí solo porque encima de él tenía un gran peso. Matsyendranath le ayudó a salir y, al ver al niño, le dijo: «Puesto que has surgido de entre la heces de vaca te llamarás Gorak. Eres hijo del Sol y, por tanto, tu gloria será semejante a la gloria del Sol». Mirando a la mujer, que estaba atenta y asombrada, le dijo: «Este es un niño de naturaleza divina y está destinado al camino espiritual» y, tras darle unas enseñanzas acerca de las ataduras del mundo, Matsyendranath y Gorakhnath siguieron su camino.[147]

La vida de Gorakhnath, o Gorakshanath, está llena de historias extraordinarias, indudablemente su *guru* Matsyendranath le impartió todo el conocimiento que había recibido del mismo Shiva. Ciertas historias cuentan que se retiró durante años en Badrinath, un lugar sagrado en los Himalayas en el que existe un antiguo templo y en cuyo valle muchos *sādhus* se retiran para practicar sus austeridades (*tapasyā*) apartados

147. Para un interesante estudio –posiblemente el único en español– acerca de las leyendas de los *nāthas*: Adrián Muñoz. *La piel de tigre y la serpiente. La identidad de los nath-yoguis a través de sus leyendas* (2010).

del mundo. Se cuenta que, durante doce años, Gorakshanath estuvo viviendo solo de aire, que adquirió poderes extraordinarios, o que, en una ocasión, al orinar convirtió una roca en oro. En una Kumbhamela –una de las celebraciones más importantes del hinduismo que tiene lugar en Prayag, lugar de confluencia de los ríos Ganges, Yamuna y Saraswati, y al que millones de devotos acuden a tomar un baño sagrado–, por su poder yóguico, manifestó comida en tal abundancia que pudo alimentar a todos los *sādhus* y peregrinos que se contaban por muchos cientos de miles. Otras historias mencionan que podía caminar por el espacio, o que una vez, por su propio fuego interior, ardió, su cuerpo se convirtió en ceniza y al poco tiempo recuperó su forma original. Existen pocos estudios exhaustivos acerca de su extraordinaria vida, pero su nombre se encuentra mencionado en muchos textos medievales como una de las figuras espirituales más importantes de esta época, especialmente en el centro y norte de la India, así como en Nepal. En el noroeste de la India, su influencia también fue notable, especialmente cerca de la montaña de Girnar, lugar sagrado en el que, según la tradición, el inmortal Dattatreya descansa cada noche. En Maharashtra hay muchos lugares relacionados con Gorakshanath, entre ellos la cueva en la que se dice que vivió y meditó, en la montaña de Brahmagiri, cerca de la cual se encuentra el templo de Trymbakeshvar. Hay historias que consideran que viajó a la China con el *siddha* Bhogar[148] y que residió allí durante cientos de años. Existen varios

148. Gran *yogī* y *siddha* del sur de la India del linaje de Tirumular; experto en alquimia y medicina *siddha*. Se considera que creó e instaló la imagen de Murugan –que posee

samādhis (lugares donde se dice que dejó su cuerpo), pero también encontramos muchas historias en las que Gorakhnath deja su cuerpo y reaparece en otro lugar, por lo que hay tradiciones que lo consideran un ser inmortal (*cirañjīvi*). Se considera que Gorakshanath creó esta orden de *yogīs* ascetas entre los siglos IX y X, pero cabe también mencionar que a lo largo de los siglos este se ha aparecido ante *yogīs*, tanto en su forma física como en sueños o en visiones, y les ha otorgado su enseñanza y su iniciación, por lo que el linaje de los *nāthas* sigue muy vivo incluso hoy en día; uno de los ejemplos más conocidos en Occidente es el linaje de Sri Siddharameshwar Maharaj y Sri Nisargadatta Maharaj.

La tradición considera que Gorakhnath es el autor de varios tratados de un valor inestimable para los aspirantes que siguen la disciplina de la vida yóguica. Algunos de estos son: *Gorakṣa Śatakam*, *Gorakṣa Saṃhitā*, *Siddhānta-paddhati*, *Yoga-siddhānta-paddhati*, *Siddha-Siddhānta-paddhati*, *Haṭha-yoga* o *Jñānāmṛta*, entre muchos otros. Existen también numerosos tratados de *haṭha-yoga* posteriores basados en las enseñanzas de Gorakhnath, por no mencionar las copiosas obras en maratí, bengalí, hindi y otras lenguas locales. Se considera también que los textos posteriores y más elaborados, como la *Haṭha-yoga Pradīpikā*, la *Śiva Saṃhitā* o la *Gheraṇḍa Saṃhitā*, fueron escritos por *yogīs* que pertenecían al linaje de los *nāthas*. En estos tres últimos textos encontramos ya una expresión del

poderes curativos– en el templo de Palani. Por medio de un proceso llamado *kāya-kalpa*, su cuerpo se hizo inmortal y según los textos irradiaba una luz dorada; vivió así durante miles de años.

haṭha-yoga mucho más elaborada, tanto en el aspecto de los *āsanas* como de los *prāṇāyāmas*, *mudrās*, *bandhas* y los métodos de concentración y meditación.

Como hemos mencionado, a los seguidores de Matsyendranath y Gorakshanath se les denomina *nātha-yogīs*, *nātha-siddhas* o simplemente *nāthas*. El título *nātha* significa «maestro, señor, protector», y después de la iniciación este término se adhiere al nombre de aquellos que pasan a pertenecer a este linaje. En el norte de la India se les conoce también como *gorakhnāthīs*, ya que se considera que Gorakhnath fue el fundador de esta orden. A menudo se les denomina también *kamphata* o *kamphata-yogīs*, que significa literalmente «orejas agujereadas», haciendo referencia a la costumbre de agujerear el cartílago de las orejas e insertar unos grandes pendientes llamados «*kuṇḍala*». Muchos *nāthas* usan el *mantra* «*śiva-gorak*» ya que, como hemos dicho, consideran que Gorakshanath es una encarnación de Shiva; en el noreste de la India, algunos *nāthas* se consideran devotos de la Devi (*śaktas*), y otros en Nepal se consideran budistas.

Los *nātha-yogīs* pueden ser reconocidos entre los *sādhus* por una serie de marcas que los distinguen. Estos suelen vestir, al igual que otros ascetas shivaítas, con las ropas color azafrán (*gerua*), algunos van medio desnudos o cubiertos de cenizas de sus fuegos sagrados. Muchos de ellos llevan el cabello enmarañado (*jaṭās*) y otros se muestran con el cráneo rasurado. Otro de los signos distintivos de los *nāthas* es el agujero en el cartílago de las orejas y los grandes pendientes que ya hemos mencionado. Los *nāthas* pasan por varios estadios de iniciación, en uno de ellos el *guru* agujerea el centro de ambas orejas del discípulo, y una vez las heridas se han curado se insertan dos grandes pendientes. Esta dolorosa forma de iniciación puede haber sido a lo largo de los años una rigurosa prueba para ver la seriedad del discípulo. Los pendientes que lleva el *yogī* tienen varios nombres y se conocen como *mudrā*, *darśan* o *kuṇḍal* y son un símbolo de la absoluta entrega del discípulo a su *guru*, muchas veces denominado *avadhūta.* Otra de las marcas que distinguen a los *nātha-yogīs* es el *janeu* o *upavīta*, un largo cordón de lana negra considerado sagrado que llevan alrededor del cuello, en el que se inserta un anillo de metal, hueso o madera que se denomina *pavitri*, un pequeño silbato llamado *nāda* o *simgi* y una semilla de *rudrakṣa.* El silbato o *simgi*, que a veces el *yogī* hace sonar suavemente, simboliza el sonido primordial, el *mantra oṃ* (*praṇava mantra*), la manifestación sonora de la realidad absoluta. El cordón o *janeu* se entrega al adepto al ingresar en la orden y recibir la iniciación del *mantra* de su *guru*, junto con el nuevo nombre que termina con *nātha.* Después de esto el *yogī* se conoce como *aughar*. Los *nāthas* que han recibido la iniciación completa tienen los pendientes insertados en sus orejas y estos son mucho más respetados dentro de la orden, mientras que los primeros son considerados como novicios en espera de la iniciación completa. La semilla de *rudrakṣa* (ojos o lágrimas de Rudra o Shiva) simboliza la visión de la Realidad o la experiencia directa de *brahman*. Los *nāthas* mantienen el celibato y practican la concentración en los sonidos interiores (*anāhata nāda*), así como la repetición del *mantra oṃ* en cada respiración; para ellos estos son poderosos medios para alcanzar la liberación. Ciertos textos sobre los *nāthas* afirman que el cordón o *janeu* simboliza el sistema nervioso del *yogī* que debe armonizarse y estabilizarse por medio de la práctica del *nāda-yoga.* Podemos ver que todas las formas externas adoptadas por estos *yogīs* son un constante recuerdo de la verdad que ellos aspiran experimentar y del ideal que quieren alcanzar por medio de sus disciplinas. Cabe también mencionar que muchos *nāthas* tienen un gran conocimiento de la alquimia (*rasāyana*) y son expertos en solidificar y usar el mercurio para la práctica meditativa.

La adoración de los *siddhas* (maestros perfectos) y *avadhūtas* (seres iluminados que debido a su absorción están más allá de las convenciones sociales) es común entre los *nāthas*, ya que estos representan la manifestación viva de la iluminación perfecta que busca el *yogī* en su vida. Se considera que la adoración y meditación en estos seres divinizados tiene el poder de purificar e inspirar la mente del practicante (*sādhaka*). La adoración al *guru*, el servicio y el espíritu de entrega forman parte de la concepción *nātha* de la vida. En sus sistemas de adoración no hay diferencia entre Shiva, Vishnu o Kali. Entre los que pertenecen a este linaje (*saṃpradāya*) no existen tampoco las diferencias de casta (*varṇa*), el énfasis se hace en la pureza de la conducta, así como en la estricta observancia de las normas éticas y yóguicas. El *nātha saṃpradāya* no es solo una orden de ascetas renunciantes ya que también hay personas casadas que pertenecen al linaje. Según estudios recientes, se considera que en la India actual viven entre ocho y diez mil ascetas de la orden *nātha* y existen unos quinientos monasterios, especialmente en el norte y en el noreste. Hoy en día, pocos de estos *nāthas* practican el *haṭha-yoga* y bastantes de ellos llevan un *cilum* en el que fuman cannabis. En medio de otros ascetas shivaítas, los *nāthas* pueden ser reconocidos, entre otras cosas, porque cuando se saludan entre ellos repiten *ādeś*, *ādeś*, que significa «por favor dame tu orden».

Algunos de los *nāthas* más importantes después de Matsyendranatah y Gorakshanath son Jalandharnath, Kanhifnath, Bhartriharinath, Revananath, Naganath, Charpatinath o Gahininath. Otros textos incluyen también a Chauranginath, Gopichandnath, Nivrittinath, Ratannath, Udaynath y Dharamnath. Dentro de la tradición *nātha* existen también ochenta y cuatro *siddhas* conocidos desde antes del siglo XII, cuyos nombres van desde Kavishananda Siddha hasta Nigraha Siddha. Debido a su relevancia, algunos de estos nombres los encontramos también junto a los *siddhas* de diferentes tradiciones. Sus vidas son extraordinarias y muestran sus grandes poderes fruto de su riguroso ascetismo.

Veamos brevemente la vida de Bhartrihari, quien a lo largo de los siglos ha sido un ejemplo de renuncia. Existen diferentes narraciones acerca del momento en que Bhartrihari renunció a su reino, esta es una de las más conocidas:

Bhartrihari era el rey de Avantika, la actual Ujjain (Madhya Pradesh), una ciudad muy importante de la India antigua. Como era costumbre entre los gobernantes (*kṣatriyas*) de aquella época, en una ocasión fue a cazar con varios de sus generales y otros soldados. En medio del bosque se encontró con un precioso venado al que disparó con destreza y este cayó muerto al instante. El rey estaba satisfecho con su trofeo, pero de repente se vio rodeado por varias ciervas que se acercaban mostrando un extremo dolor ante la muerte de su compañero. Fue en este instante cuando Bhartrihari se percató de que justo a su lado,

Sri Dattatreya y los *nava-nāthas*

sentado al pie de un árbol, se encontraba un majestuoso *yogī* inmerso en meditación. En ese mismo momento el *yogī* abrió los ojos y, tras ver al ciervo muerto, miró fijamente al rey y le dijo: «¿Eres tú quien ha matado a este ciervo y causado tanto sufrimiento a estos seres? ¿Puedes devolverle la vida? Si no puedes devolverle la vida, no tienes derecho a matar a un animal indefenso». El rey estaba aturdido ante tales palabras. El *yogī* continuó: «Este ciervo es mi discípulo que ha tomado esta forma y tú le has matado». El majestuoso *yogī*, que era Gorakhnath, se levantó y, cogiendo unas cenizas, se acercó al ciervo y las frotó en su cabeza. El venado recuperó la vida y al instante se fue saltando junto a las ciervas que le siguieron felices. El rey, ante el fuerte impacto producido por lo que había visto y la poderosa presencia de este *yogī*, le rogó a Gorakshanath que lo aceptara como su discípulo. Gorakhnath le respondió que lo aceptaría, pero que tendría que vivir allí como un asceta y, debido a que estaba casado, primero tendría que pedir la bendición de su esposa para poder aceptarle plenamente.

El rey Bhartrihari, muy afectado por lo que había vivido y plenamente dispuesto a renunciar a su reino, se fue ante su joven y bella esposa Píngala, de quien aún estaba muy enamorado, y le pidió su bendición para renunciar al reino. La joven reina inmediatamente le respondió que aquello era imposible, ¿cómo iba él a vivir en el bosque abandonándola, como si fuera una viuda, mientras ella se encontraba en su plena juventud? Durante los siguientes días, el rey se acercó a Píngala en distintas ocasiones rogándole su bendición para abandonar el reino, pero la reina le negaba el permiso repetidamente. Así pasó un tiempo, el rey se sentía atrapado y no sabía qué hacer. La instrucción del *yogī* era: «Te aceptaré solo cuando tengas el permiso y la bendición de tu esposa», y él se dio cuenta de que esta era una prueba por la que tenía que pasar antes de poder ser discípulo de Gorakhnath. Desesperado porque pasaban los meses y nada cambiaba en la actitud de la reina, Bhartrihari decidió ir de nuevo al bosque a cazar. Después de matar a una presa, cogió parte de su ropa, la manchó con la sangre del animal muerto y se la entregó a los soldados que le acompañaban con la siguiente instrucción: «Regresad al reino, id ante Píngala y decidle que el rey ha muerto en el bosque, que un tigre le ha atacado. Yo me quedaré aquí y regresaré unos días más tarde». Bhartrihari quería asegurarse de que el amor de la reina era realmente auténtico. Pasaron unos días y, un atardecer, el rey se acercó a Avantika; vio que en la ciudad casi no había movimiento, ni música ni bailes ni diversiones y quedó muy extrañado. Al entrar en palacio le informaron de que la reina, al recibir la ropa ensangrentada y la noticia de su muerte, lanzó unos gritos de desesperación y que, al día siguiente, ella misma preparó su pira funeraria en la que colocó las ropas del rey y se incineró. El rey, asombrado y atónito ante lo ocurrido, se dirigió rápidamente al lugar de la cremación de Píngala. Sumido en la aflicción y agarrando las cenizas del cuerpo de la reina, quedó en un estado de semienajenación mientras gritaba «¡Píngala, Píngala!». El rey pasó varios años en este estado –algunas de las historias afirman que doce– renunciando a todo y viviendo en el lugar de la cremación de su esposa.

Gorakhnath, por medio de sus poderes yóguicos, pudo ver la triste condición en que se encontraba el rey y se desplazó allí para ayudarlo (algunas versiones afirman que se dirigió al lugar por instrucción de Sri Dattatreya). El majestuoso *yogī* se acercó al lugar en que Píngala se había inmolado, se sentó frente a Bhartrihari y con fuerza dejó caer al suelo una vasija de arcilla que llevaba con él, y esta se rompió. De repente empezó a gritar: «¡Ay mi vasija! ¡Ay mi vasija! ¡Mi vasija se ha roto! ¡Mi vasija se ha roto!», así sucesivamente y durante largo tiempo. Ante esta extraña situación, Bhartrihari se acercó a Gorakhnath y le dijo: «Oh *yogijī*, no es digno de alguien como tú quejarse de tal manera porque se haya roto una vasija. Si lo deseas puedo conseguirte otra vasija aún mejor». A lo que Gorakhnath replicó que tampoco era digno de un rey como él haber pasado tanto tiempo lamentándose por la muerte de su reina. Bhartrihari, con cierto enfado, le dijo al *yogī* que cómo podía comparar una vasija de barro con su amada reina Píngala; ante lo cual, Gorakhnath, sacando unas cenizas de su ropa y lanzándolas al aire, manifestó centenares de Píngalas a su alrededor. El rey, atónito y sorprendido, vio que todas esas formas, con la misma dulce voz de su reina, le decían a la vez: «Oh rey, libérate de la ilusión, sal de esta penosa condición. Date cuenta de lo afortunado que eres de estar ante Gorakshanath, abandona tu apego a este cuerpo femenino, aprovecha esta ocasión, entrégate a tu *guru* y tu vida tendrá realmente sentido». Unos instantes después, todas las formas de la reina desaparecieron y con ellas la confusión de la mente del rey, quien, con las manos juntas delante de su *guru* Gorakshanath, le pidió que lo iniciara en el camino del *nātha-yoga.*

Bhartrihari dejó el reino en manos de su hermano Vikramaditya, se retiró, recibió la iniciación de Gorakshanath y vivió una vida ascética hasta el final de sus días. Cerca de Ujjain, aún se puede visitar la impresionante cueva en la que vivió e hizo austeridades durante largo tiempo. Bhartrihari se convirtió en un gran *yogī* y *guru*, tuvo muchos discípulos y es una de las figuras reconocidas entre los *nāthas* por su gran renuncia. Bhartrihari es conocido también por una trilogía de escritos denominada *Śataka-traya.* De estas tres obras, el *Vairāgya-śatakam* (*Cien versos sobre la renuncia*) se ha convertido en un texto muy preciado por los *sādhus* y renunciantes de la India. Leamos algunos de estos preciosos versos:

> Existe una única dicha y solo una, perdurable, inmutable y suprema, la cual una vez saboreada hace que las más grandes posesio-

nes, como pueden ser la soberanía de los tres mundos o llegar a la posición de Brahma, Indra o los demás *devas*, sean insignificantes y parezcan trozos de hierba seca. Oh *sādhu*, no pongas tu corazón en ninguna dicha efímera, ponla solo en la (única dicha).

Cuando existe la devoción por Shiva, junto al miedo al nacimiento y la muerte en el corazón, el desapego por la familia, y no existe la agitación de la pasión sexual; cuando existe la renuncia, y se reside en las profundidades solitarias del bosque que no están manchadas por la compañía (de personas mundanas), ¿hay algo mejor que se pueda desear?

La tierra es su elevada cama, los brazos su amplia almohada, el cielo es su dosel, la dulce brisa su abanico y la luna de otoño es su lámpara, disfrutando de la compañía de la renuncia como su esposa, el sabio descansa feliz y en paz como un monarca en su infinita gloria.

¿Cuándo vendrán aquellos días en las orillas del Ganges, sentado en la postura del loto, sobre una piedra del Himalaya, entrando en el estado de *samādhi* como resultado de la práctica regular de la contemplación en *brahman* y con los cervatillos que sin ningún temor rozaban sus miembros contra mi cuerpo?

¡Oh tierra, mi madre! ¡Oh viento, mi padre! ¡Oh fuego, mi amigo! ¡Oh agua, mi amiga cercana! ¡Oh cielo, mi hermano! Aquí os ofrezco mis últimas salutaciones con mis manos juntas. Tras apartar el deseo con su extraordinario poder, por medio de la grandeza del resplandeciente conocimiento puro y con los méritos adquiridos debido a mi asociación con todos vosotros, ahora me fundo en el *brahman* supremo.[149]

149. *Vairāgya-śatakam* 40, 68, 94, 98, 100 (versión Swami Madhavananda).

La enseñanza tradicional del *haṭha-yoga*

Veamos ahora, aunque brevemente, algunos de los aspectos más importantes del *haṭha-yoga* según la enseñanza de los antiguos maestros, basándonos en las *Upaniṣads* del *yoga* y en los textos originales de la tradición de los *nāthas*:

> Aquellos que desean el éxito en el *yoga* deben mantener el conocimiento del *haṭha-yoga* estrictamente secreto. Cuando se mantiene en secreto se hace poderoso. Cuando se divulga pierde su fuerza.[150]

En el contexto tradicional, el *guru* impartía la enseñanza adecuada a cada discípulo según su preparación y sus cualificaciones (*adhikāra*). En su comentario a la *Haṭha-yoga Pradīpikā*, Brahmananda afirma:

> Este conocimiento debe otorgarse solo a aquel aspirante que ha controlado sus sentidos, cuya mente está en paz, que aspira a la liberación, que es desapegado y está libre de todo defecto.

Continúa diciendo:

> Esto es lo que dice Yajñavalkya: la persona que está absorta en la práctica, libre de todo deseo, que sigue las abstenciones (*yamas*) y las observancias (*niyamas*), que está libre de malas compañías, que permanece concentrado en el servicio al *guru*, (...) que es

150. *Haṭha-yoga Pradīpikā* I, 11.

> virtuoso y que ha sido educado por el *guru*, este es el recipiente adecuado para el *yoga* (…). Suresvaracharya también dijo: Solo aquella persona que está desapegada, tanto de este mundo como de los planos superiores, y que está deseosa de ir más allá de este mundo fenoménico, puede considerarse como el recipiente adecuado para el conocimiento del *yoga* (*yogavidyā*).

Y concluye:

> Si este (conocimiento) se imparte a una persona que no está preparada para recibirlo, entonces la diosa del habla, Sarasvati, destruye este conocimiento.[151]

El *yoga*, según la tradición, no era para ser expuesto o enseñado a todo el mundo, sino que requería de una preparación. El *yoga* otorga poder, y el acceso a este poder solo se daba a aquel que era digno y suficientemente puro.

Svatmarama en la *Haṭha-yoga Pradīpikā* indica cuáles son los obstáculos clásicos en el camino del *yogī*:

> El *yoga* se interrumpe debido a estos seis obstáculos: comer en exceso, esfuerzos desmesurados, hablar demasiado, austeridades demasiado severas, excesivo contacto con la gente y la inestabilidad de la mente.

151. Swami Maheshananda y Dr. B.R. Sharma. *A critical Edition of Jyotsna.* (*Brahmananda's Commentary on Hatha Pradipika*) (2012), p. 65.

Y sigue mostrando cuáles son aquellos factores que ayudan al *yogī* en su proceso:

> El éxito en el *yoga* se logra por medio de seis factores: entusiasmo, coraje, perseverancia, conocimiento de la realidad última, determinación o confianza en la enseñanza del *guru* y abandono del contacto público.[152]

Svatmarama continúa definiendo las cualificaciones del practicante y afirma que si este sigue con fidelidad todos los preceptos expuestos en esta enseñanza, puede lograr un gran resultado en un período relativamente breve:

> (El *yogī*) que practica la continencia (*brahmacārī*), que es moderado en la dieta (*mitāhārī*), que renuncia al apego (*tyāgī*) y que está totalmente dedicado al *yoga*, después de un año o algo más, tendrá grandes logros. No debe haber ninguna duda acerca de esto.[153]

Uno de los aspectos más importantes del *haṭha-yoga* es la concepción que el *yogī* tiene de su propio cuerpo. Como ya hemos mencionado, el cuerpo se convierte en la morada de la divinidad; a la vez, el proceso de purificación y transformación de este es el medio que le ayudará a alcanzar los espacios de plenitud absoluta:

152. *Haṭha-yoga Pradīpikā* I, 15-16.
153. *Haṭha-yoga Pradīpikā* I, 57.

> ¿Cómo pueden tener éxito aquellos *yogīs* que no conocen el hogar que tiene una única columna, nueve puertas, cinco divinidades y que está presente en su propio cuerpo?[154]

Ahora penetramos en los espacios del lenguaje velado y altamente simbólico del *yoga*. Según el *Yoga Taraṃgiṇī*, un comentario del *Gorakṣa Śatakam*, el hogar al que hace referencia este verso es el cuerpo del *yogī*. La columna que hace posible que la casa sea habitable es la mente, ya que allí residen los deseos e inclinaciones que son resultado de sus acciones anteriores. Las nueve puertas que cita el texto son las siete puertas superiores del cuerpo –la boca, los dos ojos, las orejas y los agujeros de la nariz– y las dos puertas inferiores –el ano y la uretra–. Las cinco divinidades son Brahma, Vishnu, Rudra, Ishvara y Sadashiva. Tal como menciona la *Yogasāra Upaniṣad*, Brahma es la deidad de la tierra y su símbolo es el cuadrado, Vishnu es la deidad del agua y su símbolo es la media luna, Rudra es la deidad del fuego y su símbolo es el triángulo, Ishvara es la deidad del aire y su símbolo es el hexágono y Sadashiva es la deidad del espacio y su símbolo es un círculo.

Gorakshanath, en los siguientes versos, describe los distintos *cakras* o centros energéticos que existen en el cuerpo sutil y muestra la forma en que deben ser contemplados:

> El *mūlādhāra cakra* (debe visualizarse como) un loto de cuatro pétalos, el *svādhiṣṭhāna cakra* como un loto de seis pétalos,

154. *Gorakṣa Śatakam* I, 14.

el centro del ombligo (*maṇipūra cakra*) con diez pétalos y el del corazón (*anāhata cakra*) con doce pétalos.

En la garganta está situado el loto de dieciséis pétalos (*viśuddha cakra*) y en el entrecejo un loto con dos pétalos (*ājñā cakra*). En la coronilla de la cabeza (*brahmarandhra*) está situado el loto de mil pétalos denominado *sahasra-dala*.[155]

El despertar de *kuṇḍalinī*

Uno de los aspectos más importantes del *haṭha-yoga* es el despertar de *kuṇḍalinī*. Los textos de *haṭha-yoga* describen que el cuerpo sutil contiene 72.000 *nāḍīs* (diminutos canales sutiles) por los que fluye el *prāṇa* (energía vital). De estos, cien son importantes y entre ellos veinte se consideran de gran relevancia, entre estos, diez lo son aún más, y finalmente tres canales, *iḍā*, *piṅgalā* y *suṣumṇā*, son los más importantes.

El *prāṇa* fluye por las *nāḍīs iḍā* y *piṅgalā*. La *iḍā nāḍī* está situada en la parte izquierda del cuerpo sutil y su deidad es Soma, la luna. La *piṅgalā nāḍī* está situada en la parte derecha y su deidad es Surya, el sol. Por la noche, el *prāṇa* fluye por la *nāḍī* lunar y disminuye la temperatura del cuerpo; durante el día, el *prāṇa* fluye por la *nāḍī* solar y la temperatura corporal es más elevada. La deidad de la *suṣumṇā nāḍī* es Agni, el fuego.

En la *Dhyānabindu Upaniṣad* leemos:

155. *Gorakṣa Śatakam* I, 15-16.

> *Iḍā* está (situada) en el lado izquierdo y *piṅgalā* en el lado derecho, mientras que *śuṣumnā* está en el centro. Se sabe que estas tres son los senderos del *prāṇa*.[156]

El *yogī* purifica su cuerpo sutil para que el *prāṇa* ascienda por el canal central (*suṣumṇā*). Tal como afirma la *Brahmavidyā Upaniṣad:*

> Esta llama trascendente (*suṣumṇā*) es tan sutil como la fibra del tallo de un loto. Esta *nāḍī* trascendente, parecida al sol, se expande y estalla como el sol penetrando las 72.000 *nāḍīs*, y penetrándolo todo se establece en la cabeza otorgando bendiciones a todos los seres.[157]

En este proceso, el *yogī* se esfuerza para despertar la energía *kuṇḍalinī*, la energía cósmica en estado latente que existe en el ser humano. Los textos representan a *kuṇḍalinī* como una serpiente enroscada que se encuentra en el cuerpo sutil, situada en la base de la columna vertebral (*mūlādhāra cakra*). Cuando *kuṇḍalinī* despierta tiene lugar un proceso yóguico interno de purificación, expansión y, finalmente, de reconocimiento de la propia divinidad. Es un retorno a la esencia. *Kuṇḍalinī*, en su ascenso a través del cuerpo sutil, pasa por los seis *cakras* y rompe los distintos *granthis* (nudos) llegando hasta el *sahasrāra cakra*, en lo alto de la coronilla de la cabeza, donde se une con Shiva, la Conciencia Suprema, y el *yogī* queda absorto en su esencia inmortal.

156. *Dhyānabindu Upaniṣad* 55-56.
157. *Brahmavidyā Upaniṣad* 10-11.

Así lo describe Gorakshanath:

> Cuando la auspiciosa *kuṇḍalinī* es despertada por medio del contacto con el fuego (la deidad de la *suṣumṇā nāḍī*) toma la forma de una serpiente alzada, entonces, apareciendo como el filamento de un loto, asciende por medio de la *suṣumṇā*.
>
> Del mismo modo que una (persona) debe usar la fuerza para abrir una puerta con una llave, de la misma manera el *yogī* debe penetrar la puerta de la liberación por medio de *kuṇḍalinī*.[158]

El *Yoga Taraṃgiṇī*, al comentar estos versos, afirma que una persona sin una llave nunca podrá abrir una puerta y que el *yogī* debe abrir la puerta de la liberación mediante el ascenso de *kuṇḍalinī*. Enfatizando: «sin la *kuṇḍalinī* esto nunca será posible». En los siguientes versos del *Gorakṣa Śatakam*, Gorakshanath expone ciertas fases del proceso del *haṭha-yoga* que hasta este momento no habían sido descritas en detalle. Si bien es cierto que estos textos enseñan ciertas técnicas para propiciar el despertar de *kuṇḍalinī*, para su práctica adecuada siempre es necesaria la ayuda de un maestro cualificado, lo cual se da por sobreentendido. Gorakshanath describe al *yogī*, inmerso en su práctica, tomando la postura del loto (*padmāsana*), cerrando firmemente las dos manos y presionando la barbilla contra el pecho (*jālaṃdhara bandha*), y menciona que entonces la energía *kuṇḍalinī* se encuentra como encerrada. En ese momento, el *yogī* debe expulsar el aire una y otra vez después de llenar sus pulmones, y termina afirmando que por medio de esta ex-

158. *Gorakṣa Śatakam* 50-51.

pulsión del *prāṇa* –que da lugar al despertar de *kuṇḍalinī*–, el *yogī* puede alcanzar un conocimiento inigualable. Continúa describiendo que el *yogī* debe frotar sus miembros con el sudor que resulta de este esfuerzo y le recomienda que beba leche y que se abstenga de la comida amarga, ácida y salada.

La *Haṭha-yoga Pradīpikā* hace referencia a dicho proceso:

> Cuando *kuṇḍalinī* despierta por la gracia del *guru*, entonces todos los lotos y nudos se abren, el sendero queda despejado.
>
> *Suṣumṇā* se convierte en el camino real del *prāṇa*; la mente se encuentra sin objeto (*nirodhaḥ*) y se puede burlar a la misma muerte.[159]

¿Por qué el texto menciona que el *yogī* burla a la misma muerte? Debido a que reconoce que su esencia es inmortal. Aunque existen *yogīs* que conocen técnicas secretas para prolongar la vida del cuerpo, el verdadero néctar es reconocer que nuestra esencia (*ātman*) es inmortal. El cuerpo morirá, pero lo que somos en realidad nunca nace ni muere.

La *Haṭha-yoga Pradīpikā* describe de forma muy bella la sublime conclusión del proceso yóguico:

> Salutaciones a la *suṣumṇā*, a *kuṇḍalinī*, a la ambrosía que fluye de la luna, al estado *unmanī* de la mente y a la energía suprema, la absoluta Conciencia.[160]

159. *Haṭha-yoga Pradīpikā* III, 2-3.
160. *Haṭha-yoga Pradīpikā* IV, 64.

«La ambrosía que fluye de la luna» hace referencia al néctar que fluye del entrecejo del *yogī* (*ājñā cakra*). El estado de *unmanī* es el estado de *turīya*, en el que el *yogī* permanece establecido en su propia esencia inmutable. Brahmananda, en su comentario a este texto, ofrece también sus salutaciones a todos aquellos que han alcanzado la meta del *yoga* mediante el ascenso de la *kuṇḍalinī* por la *suṣumṇā nāḍī*.

Mudrās y *bandhas*

Veamos ahora algunas de las poderosas técnicas, en forma de *bandhas* y *mudrās* (cierres energéticos), que los *nātha-yogīs* usan para controlar el *prāṇa*, canalizándolo para que este ascienda por la *suṣumṇā nāḍī* y propiciar así el despertar de *kuṇḍalinī*. Estas enseñanzas, tradicionalmente transmitidas en secreto de *guru* a discípulo, pasaron a formar parte de los textos clásicos del *haṭha-yoga*.

Bandha literalmente significa cadena, lazo o atadura; en lenguaje yóguico significa cierre o constricción. Los *bandhas* sellan el fluir del *prāṇa* en una zona particular del cuerpo. Muchos de estos *bandhas* se combinan con la práctica de *āsanas* y *prāṇāyāmas*. Las *mudrās* son consideradas más sutiles que los *āsanas* y muchas de ellas se practican junto a una suspensión de la respiración (*kumbhaka*). Una profunda y bella definición de la palabra *mudrā* la encontramos en el *Siddha-siddhānta-paddhati* de Gorakshanath:

> La raíz *mud* significa «deleitar», la raíz *ra* significa «que otorga». La experiencia de la unión de ambos, el ser individual (*jīvātmā*) y el ser supremo (*paramātmā*), se denomina *mudrā*.
>
> Aquello que deleita a la multitud de los dioses, que (también) es la causa de que las hordas de los *asuras* (seres malvados) huyan y otorga siempre de forma inmediata toda la prosperidad, se denomina *mudrā*.[161]

Según el *Yoga Kośa*, un texto de referencia de términos yóguicos, las *mudrās* son mucho más importantes para el *yogī* que los *āsanas*. Según Swami Digambarji de Kaivalyadhama, «*Mudrā* es la actitud del cuerpo y la mente que un *yogī* avanzado adopta cuando está al borde de una experiencia espiritual única».

La *Gheraṇḍa Saṃhitā* menciona veinticinco *mudrās* y *bandhas*:

> La práctica de estas veinticinco *mudrās* otorga el éxito (*siddhi*) a los *yogīs*.
>
> *Mahāmudrā*, *nabhomudrā*, *uḍḍīyana*, *jālaṃdhara*, *mūlabandha*, *mahābandha*, *mahāvedha* y *khecari; viparīta-karaṇī*, *yoni*, *vajrolī*, *śakti-cālana*, *taḍāgī*, *maṇḍūkī mudrā*, *śāmbhavī* y las cinco *dhāraṇās: aśvinī*, *pāśinī*, *kākī*, *mātaṅgī* y *bhujaṅginī*.
>
> Mahadeva, dirigiéndose a Parvati Devi, le expuso los beneficios de las *mudrās* con estas palabras: «Oh Devi, te he descrito todas las *mudrās*, su conocimiento conduce, a quien las practica, a ser aceptado como un adepto. Este conocimiento debe mante-

161. *Siddha-siddhānta-paddhati* VI, 29-30.

> nerse en secreto y no debe enseñarse indiscriminadamente. Estas *mudrās* llenan de felicidad a los *yogīs* y son difíciles de lograr incluso para los *devas* del aire (*maruts*).[162]

En la *Śiva Saṃhitā*, Shiva le enseña a la Devi:

> Cuando la *kuṇḍalinī* dormida se despierta por medio de la gracia del *guru*, todos los *cakras* y los nudos son perforados.
>
> Así pues, para despertar a la diosa (*kuṇḍalinī*) dormida en la apertura de la puerta de Brahma (*suṣumṇā nāḍī*), el *yogī* debe practicar estas *mudrās* adecuadamente y con todo su esfuerzo.

Shiva continúa:

> Entre las grandes *mudrās*, este grupo es el superior: *mahāmudrā*, *mahābandha*, *mahāvedha*, *khecari*, *jālaṃdhara*, *mūlabandha*, *viparīta-karaṇī*, *uḍḍīyana*, *vajrolī*, y la décima, *śakti-cālana*.[163]

Veamos brevemente la descripción de estas diez *mudrās* por medio de los textos clásicos del *haṭha-yoga*.

Mahāmudrā (la gran *mudrā*). El sabio Gheranda la describe de la siguiente forma:

> Presiona el ano firmemente con el talón izquierdo; extiende la pierna derecha y sujeta el dedo gordo del pie con las manos.

162. *Gheraṇḍa Saṃhitā* III, 1-5.
163. *Śiva Saṃhitā* IV, 21-24.

> Contrae la garganta, aquieta la respiración y fija la mirada en el entrecejo. Esto se conoce como *mahāmudrā*.[164]

La *Śiva Saṃhitā* continúa:

> Después de haber practicado con la parte izquierda del cuerpo, el *yogī*, con la mente aquietada, debe armonizar su *prāṇāyāma* (respiración) y practicar con la parte derecha.
>
> Después de recibir esta gloriosa *mudrā* de la boca del *guru*, incluso un *yogī* desafortunado puede tener éxito con esta técnica.
>
> (Por medio de esta *mudrā*) tiene lugar el fluir adecuado en todas las *nāḍīs* (canales sutiles), el *bindu* (fluido sexual) se estabiliza, las impurezas se queman, se destruyen las faltas, *kuṇḍalinī* se calienta, *vāyu* (el *prāṇa*) fluye hasta el *brahmarandhra* (coronilla), se curan todas las enfermedades, el fuego gástrico se incrementa, el cuerpo adquiere un lustre impoluto, se destruyen la vejez y la muerte, se alcanzan los resultados deseados, el bienestar y el control de los sentidos: por medio de la práctica, todo lo mencionado llega al *yogī* que sigue el camino del *yoga*. No hay ninguna duda acerca de ello.
>
> Al lograr la perfección en esta *mudrā*, los *yogīs* cruzan el océano de la existencia mundana. Esta debe guardarse con gran cuidado.[165]

Mahābandha (el gran cierre). Tal como lo describe el sabio Gheranda, este tiene lugar al presionar el ano con el talón del

164. *Gheraṇḍa Saṃhitā* III, 6-7.
165. *Śiva Saṃhitā* IV, 29-35.

pie izquierdo y colocar el pie derecho sobre el muslo izquierdo. Entonces el *yogī* debe mover los músculos del recto lentamente contrayendo el perineo y retener la respiración por medio de *jālaṃdhara bandha.*

> *Mahābandha* es un gran *bandha* que destruye la decrepitud y la muerte. Por medio de este *bandha*, el *yogī* alcanza todo lo que desea.[166]

Mahāvedha (la gran perforación o penetración). Este es un *bandha* para aquellos *yogīs* ya avanzados en su práctica y que tienen un dominio sobre los demás *bandhas*. Su efecto es perforar el *brahma granthi*, el primero de los nudos, situado cerca del *mūlādhāra cakra* para que el *prāṇa* pueda ascender por la *suṣumṇā.* El sabio Gheranda la describe de la siguiente forma:

> Asumiendo *mahābandha*, retener la respiración por medio de *uḍḍīyana bandha.* Esto se denomina *mahāvedha* y otorga éxito a los *yogīs.*
>
> El *yogī* que practica cada día *mahābandha* y *mūlabandha* combinado con *mahāvedha* se convierte en el mejor entre los conocedores del *yoga.*
>
> No tiene miedo a la muerte y no experimenta la decrepitud. Este *mahāvedha* debe mantenerse secreto por aquellos que lo practican.[167]

166. *Gheraṇḍa Saṃhitā* III, 16.
167. *Gheraṇḍa Saṃhitā* III, 22-24.

Khecari mudrā (la *mudrā* que lleva al *yogī* a moverse por el espacio). Según los textos clásicos, la práctica de *khecari mudrā* tiene varios estadios. En el primero, el *yogī* gira su lengua hacia el fondo de la boca para apoyarla en la parte interior del paladar. En una segunda fase, la lengua, sin tocar el paladar queda suspendida en el espacio de la boca y entra profundamente en la garganta. La lengua se alarga y el frenillo se va haciendo más flexible, en muchas ocasiones incluso se va cortando cuidadosamente. La meta de *khecari* es retener el néctar que fluye de la luna (*ājñā cakra*, situado en el entrecejo). La *Śiva Saṃhitā* la describe de la siguiente forma:

> El sabio practicante debe sentarse en *vajrāsana* (postura del diamante) y libre de toda distracción debe fijar su mirada en el entrecejo.
>
> El *yogī* inteligente debe girar su lengua e insertarla cuidadosamente en el pozo del néctar, en el agujero situado encima de la úvula.
>
> He enseñado esta *khecari mudrā* debido al afecto hacia mis devotos. Contiene en sí todas las perfecciones (*siddhis*) y es más querida para Mí que mi propia vida.
>
> Por medio de su práctica regular, el *yogī* bebe el néctar cada día, y, como resultado, el cuerpo se hace tan fuerte que se levanta como un león contra el elefante de la muerte.

Shiva continúa:

> Esta *mudrā* que es adorada por los dioses debe guardarse con gran cuidado.[168]

168. *Śiva Saṃhitā* IV 51-54 y 59.

En la *Haṭha-yoga Pradīpikā*, Svatmarama la describe así:

> Gira la lengua hacia atrás e insértala en la cavidad del cráneo. Dirige la mirada hacia el entrecejo, esta es *khecari mudrā*.
>
> Alarga la lengua gradualmente, cortándola, sacudiéndola y tirándola hasta tocar el entrecejo. Entonces se obtiene el éxito en *khecari*.
>
> El *yogī* que mantiene la lengua girada hacia arriba, incluso durante medio segundo, no está afectado por el veneno, la enfermedad, la vejez ni la muerte prematura.

Y concluye:

> Los *yogīs* denominan *khecari* a esta *mudrā*, ya que la mente entra en el vacío y la lengua permanece en la cavidad nasofaríngea.[169]

Jālaṃdhara bandha (el cierre de la garganta o del cuello). Tiene lugar al presionar la barbilla sobre el pecho. La palabra *jāla* se refiere al cerebro y los nervios que pasan a través del cuello, y la palabra *dhara* denota presión ascendente. Este *bandha* ejerce una presión ascendente sobre la columna y a través de esta influye en el cerebro.

Así lo define la *Gheraṇḍa Saṃhitā*:

> Contrayendo el cuello coloca la barbilla en el pecho. Cuando se practica *jālaṃdhara bandha*, los dieciséis *ādhāras* quedan bajo control. Esta gran *jālaṃdhara mudrā* conquista la muerte.[170]

169. *Haṭha-yoga Pradīpikā* III 31-32, 37 y 40.
170. *Gheraṇḍa Saṃhitā* III, 10.

Los *ādhāras* son dieciséis centros vitales que existen en el cuerpo y que corresponden a las siguientes partes: los dedos gordos de los pies, los tobillos, las rodillas, los muslos, el perineo, los genitales, el ombligo, el corazón, el cuello, la garganta, la lengua, la nariz, el entrecejo, la frente, la cabeza, y el *brahmarandhra* (coronilla).

Según la *Śiva Saṃhitā*:

> Contrayendo la red de nervios del cuello y reposando la barbilla sobre el corazón, este *bandha*, que es difícilmente accesible incluso para los dioses, se conoce como *jālaṃdhara.*
>
> En todos los seres humanos, el fuego situado en la zona del ombligo bebe el abundante néctar que fluye del loto de los mil pétalos (*sahasrāra*). Entonces, para pararlo, se practica este *bandha.* Al aplicar este *bandha*, el sabio *yogī* bebe el néctar, deviene inmortal y goza en los tres mundos.[171]

Por medio de estos *bandhas*, el *yogī* propicia el despertar de *kuṇḍalinī.* A la vez, intenta parar el descenso del néctar que fluye de los centros superiores como el entrecejo y el *brahmarandhra*, que son consumidos por el fuego gástrico. Cuando el *yogī* consigue retener estos elixires interiores, rejuvenece y diviniza su cuerpo.

Mūlabandha (llave raíz o llave del perineo). Este conocido *bandha* se produce al contraer el esfínter o músculo anal y el periné, al cerrarlo con fuerza con el propósito de que el *apāna* (aire vital descendiente) ascienda. Muchos *yogīs*

171. *Śiva Saṃhitā* IV, 60-62.

practican y sostienen *mūlabandha* a lo largo del día y de sus actividades. Al principio, el practicante debe contraer el esfínter anal una y otra vez, ya que este se relaja, pero con la costumbre la práctica se hace natural y estable. *Mūlabhanda* es una práctica fundamental para cualquier persona que desee avanzar en el camino del *haṭha-yoga*, ya que se considera que la energía descendente del *apāna* lleva al individuo hacia la dispersión y el apego al mundo. Según la *Haṭha-yoga Pradīpikā:*

> Cuando el *apāna* que se dirige hacia abajo, se hace ascender por medio de una fuerte contracción (de los músculos del ano), los *yogīs* lo denominan *mūlabandha.*
>
> Debido a la unión del *prāṇa* y el *apāna*, la orina y los excrementos disminuyen e incluso el anciano rejuvenece. Todo por la práctica regular de *mūlabandha.*[172]

Viparīta-karaṇī (el cierre invertido). Esta *mudrā* también es conocida como la postura sobre los hombros o sobre la cabeza y es muy parecida a *sarvāṅgāsana* (postura de la vela). Por medio de esta *mudrā*, el néctar (*amṛt*) no se dirige hacia el fuego del ombligo y aporta grandes beneficios al *yogī.* Según la *Gheraṇḍa Saṃhitā*:

> Coloca la cabeza cuidadosamente junto a ambas manos en el suelo. Levanta las piernas y permanece estable. Esto se denomina *viparīta-karaṇī.*

172. *Haṭha-yoga Pradīpikā* III, 62 y 65.

> Sitúa el sol (Surya) arriba y lleva la luna (Chandra) abajo. Esta *viparīta-karaṇī mudrā* se guarda como un secreto en todos los *tantras*.[173]

Los textos yóguicos consideran que el sol reside en la zona del ombligo y la luna, en la raíz del paladar. El sol consume el néctar de la inmortalidad, y esta es la causa del envejecimiento, la decrepitud y la muerte de los seres humanos. Los textos yóguicos enfatizan que el que practica regularmente esta *mudrā* no perecerá ni tan solo cuando tenga lugar la gran disolución (*pralaya*).

Uḍḍīyana bandha (el cierre ascendente). A este *bandha* se le otorga una gran importancia y suele practicarse junto a *mūlabandha*. Regula la actividad del *maṇipūra cakra* (*cakra* del ombligo) y estimula el *samāna vāyu* (energía vital que distribuye oxígeno y alimento a todo el cuerpo). El *yogī* puede llevar a cabo esta práctica en todas las posturas. Tras la espiración se lleva el vientre contra la columna vertebral y a continuación:

> Contrae el abdomen hacia atrás y hacia arriba, hacia el ombligo, para que el gran pájaro (*prāṇa*) fluya incesantemente hacia arriba. Este es *uḍḍīyana bandha*, que es como un león ante el elefante de la muerte.
>
> Entre todos los *bandhas*, *uḍḍīyana* es el superior. Si se practica adecuadamente conduce de forma natural a la liberación.[174]

173. *Gheraṇḍa Saṃhitā* III, 31, 30.
174. *Gheraṇḍa Saṃhitā* III, 8-9.

En este *bandha*, el diafragma asciende y se mantiene elevado en la cavidad torácica. Tradicionalmente se practica con la retención del aire (*kumbhaka*) después de la espiración.

Vajrolī mudrā (la *mudrā* del rayo o relámpago). Los textos aportan diferentes versiones de esta *mudrā*. La *Gheraṇḍa Saṃhitā* la describe de esta forma:

> Apoyando las palmas de ambas manos en el suelo, levanta la cabeza y las piernas en el aire. Los sabios afirman que esta *vajrolī mudrā* conduce al despertar de la *śakti* (*kuṇḍalinī*) y (otorga) una larga vida.[175]

Vajra significa rayo. Del mismo modo que el rayo es la energía más pura y poderosa de la naturaleza, el *bindu* o semen –dador de vida, otorgador de salud física, brillo intelectual y goce sexual– lo es a su vez en el cuerpo humano. El *yogī* desea conservar esta poderosa fuerza en su cuerpo. La segunda descripción de *vajrolī* conlleva un delicado proceso en el que el *yogī* o la *yoginī* pasan por distintas fases. En un primer estadio, el *yogī* introduce un diminuto tubo en su órgano sexual y se prepara hasta poder aspirar distintos líquidos, consiguiendo finalmente poder elevar sus propias secreciones por medio de contracciones en los órganos internos situados en esta región. Según la *Haṭha-yoga Pradīpikā*:

> La práctica de contraer hacia arriba la región de la pelvis debe llevarse a cabo de forma lenta y firme; al hacer esto, tanto el hombre como la mujer alcanzan el éxito en *vajrolī*.

175. *Gheraṇḍa Saṃhitā* III, 39.

> Por medio de la práctica de *vajrolī* se logra la perfección del cuerpo (*deha siddhi*), este *yoga* otorga un gran mérito y la liberación. Incluso aunque se disfrute del placer.[176]

Los textos mencionan que *vajrolī* es una práctica que otorga grandes poderes, incluso al *yogī* atraído por los placeres. La *Śiva Saṃhitā* menciona como el *yogī* o la *yoginī* son capaces de absorber los fluidos femenino y masculino (*rājas* y *retas*) en caso de eyaculación durante la unión sexual.

Śakti-cālana (la *mudrā* que estimula o remueve la *śakti*). La *Gheraṇḍa Saṃhitā* la describe de la siguiente manera:

> Frota la totalidad del cuerpo con ceniza (*bhasma*) y colócate en *siddhāsana* (la postura perfecta). Entonces inspirando el *prāṇa* por la nariz, únelo con fuerza con el *apāna* por medio de *aśvinī mudrā* (*mudrā* en la que se contraen y relajan los músculos del ano alternativamente) hasta que el *prāṇa* penetre y ascienda por la *suṣumṇā*.[177]

Según la *Śiva Saṃhitā*:

> Aquel que practica *śakti-cālana mudrā* diariamente se libera de todas sus enfermedades e incrementa la duración de su vida.
>
> (Como resultado de esta práctica,) ciertamente *kuṇḍalinī* se eleva dejando atrás su sueño. Así pues, los *yogīs* que desean el éxito deben practicarla.[178]

176. *Haṭha-yoga Pradīpikā* III, 85 y 103.
177. *Gheraṇḍa Saṃhitā* III, 54-55.
178. *Śiva Saṃhitā* IV, 106-107.

Según los textos, cuando el *prāṇa* asciende hasta la cabeza, el *yogī* inmediatamente experimenta una intensa sensación de luminosidad interior. Con *śakti-cālana* concluyen las diez *mudrās* consideradas como superiores en la *Śiva Saṃhitā*.

Otra *mudrā* de gran relevancia es *śāmbhavī mudrā* (el cierre de Shambhu, Shiva), mencionada también en los textos clásicos del *haṭha-yoga*. Esta es una técnica muy poderosa en la que el *yogī* mantiene sus ojos en el espacio del entrecejo mientras internamente contempla al *ātman* trascendente. Los textos describen que el *yogī* tiene los ojos abiertos o medio cerrados, con una mirada vacía y sin parpadear, fijando la mente en la conciencia (*ātman*). La *Haṭha-yoga Pradīpikā* la describe así:

> Lo observado está en el interior, la mirada sin pestañear se dirige hacia el exterior. Esta es *śāmbhavī mudrā*, guardada en los *Vedas* y en los *śāstras*.
>
> Cuando el *yogī* permanece con la mente y la respiración disueltas en el objeto interno, mirando hacia el exterior y hacia abajo, con las pupilas inamovibles e incluso así no viendo, esta es *śāmbhavī mudrā*. Si se obtiene por la gracia del *guru*, entonces la Realidad, que no es vacío ni no vacío y que pertenece a Shambhu, Shiva, se manifiesta.
>
> *Śrī śāmbhavī* y *khecari mudrā*, a pesar de las diferencias de posición y de lugar, crean el vacío de la dicha de la cesación de la mente, cuya forma es conciencia y felicidad.[179]

La *Gheraṇḍa Saṃhitā* la describe de la siguiente forma:

179. *Haṭha-yoga Pradīpikā* III, 36-38.

> Fija la mirada entre los ojos y observa el deleite del *ātman*. Esta es *śāmbhavī mudrā*, considerada como el secreto de los *tantras*.
>
> Aquel que conoce *śāmbhavī mudrā* no es diferente de Adinatha, es el mismo Narayana, es el Brahma creador.
>
> Mahadeva ha afirmado: «Ciertamente, ciertamente, y de nuevo ciertamente, aquel que conoce *śāmbhavī mudrā* es *brahman* y nadie más».[180]

Los textos yóguicos exaltan repetidamente *śāmbhavī mudrā*. La *Advaya-tāraka Upaniṣad* afirma que el lugar donde residen aquellos *yogīs* que han logrado esta *mudrā* es sagrado, que por su mirada todos los mundos se santifican y que cualquiera que tenga la oportunidad de adorar a estos grandes *yogīs* también alcanza la liberación.

La iniciación y el *guru* en el linaje de los *nāthas*

La tradición de los *nāthas* otorga una gran importancia a la función del *guru* debido a que, por su gracia y poderosa transmisión (*śaktipāta*), el *yogī* puede seguir de forma apropiada el camino del *haṭha-yoga* y llegar hasta la plenitud (*mokṣa*). Los textos clásicos del *haṭha-yoga*, así como los antiguos sabios que siguieron este camino, han enseñado a lo largo de los siglos que la esencia del *yoga* solo puede ser transmitida adecuadamente y con todo su poder por medio de un *guru* cualificado.

180. *Gheraṇḍa Saṃhitā* III, 53, 55-56.

Tal como afirma la *Taittirīya Upaniṣad*:

> El maestro es la primera letra del alfabeto, el discípulo es la última, el conocimiento es el lugar de encuentro, la instrucción es el vínculo entre los dos.[181]

En la *Yogasāra Upaniṣad* leemos:

> Aprende el *yoga* por medio de la guía de un *guru*.[182]

En el *Amanaska Yoga*, un importante tratado de la tradición *nātha*, Shiva imparte su enseñanza al sabio Vamadeva y menciona las cualidades del *guru* que está plenamente establecido en la Conciencia.

> Solo aquel cuya mirada está fija incluso sin enfocarse en nada, cuya respiración está aquietada sin esfuerzo, y cuya mente permanece inalterable sin ningún soporte, es un *yogī*, es un *guru* y es digno de ser servido.[183]

Shiva continúa exponiendo a Vamadeva que el *guru* es aquel que hace que sus discípulos abandonen la búsqueda incansable de la satisfacción de los deseos y que les ayuda a encontrar el camino que conduce al estado de no mente (*amanaska*). Shiva afirma que este *guru* es digno de adoración y que el discípulo,

181. *Taittirīya Upaniṣad* I, 3, 3.
182. *Yogasāra Upaniṣad* 4.
183. *Amanaska Yoga* II, 46.

una vez ha tenido la experiencia del Absoluto por medio de su gracia, debe permanecer inmerso en este estado hasta reconocer que está plenamente liberado. Shiva continúa:

> Tal como por medio de un proceso alquímico el cobre se convierte en oro por el simple contacto, del mismo modo el discípulo se libera al escuchar y practicar la enseñanza de su *guru*.[184]

Mi maestro a veces enseñaba que la función del *guru* es incluso superior a la de la piedra filosofal. La piedra filosofal puede convertir el metal en oro, pero el *guru* otorga al discípulo su propio estado, lo convierte en *guru* y este, a su vez, iniciará a otros discípulos. Así se han mantenido los linajes de *yogīs* a lo largo de los milenios.

Estamos entrando ahora en el corazón de la tradición *nātha*. Ninguna palabra puede describir la magnitud de la relación *guru*-discípulo y lo que ocurre de forma invisible por medio de esta. Tradicionalmente, en el camino de los *nātha-yogīs*, así como en otros senderos shivaítas y tántricos, el *guru* inicia al discípulo por medio de lo que se denomina *śaktipāta*. *Śakti* significa «energía» y *pāta* «descenso». El *guru* establecido en la conciencia es una fuente de bendiciones que proceden de la sucesión de *gurus* de su linaje que se origina en la divinidad. Cuando el *guru* bendice a su discípulo con *śaktipāta* (transmisión de energía), en realidad está compartiendo su propio estado y ofreciendo al discípulo la capacidad potencial de alcanzarlo. Esta iniciación, tan natural como secreta, puede tener

184. *Amanaska Yoga* II, 49.

lugar por medio del toque o contacto físico (*sparśa-dikṣā*), por medio de la mirada (*dṛk-dīkṣā*), por medio de la palabra o *mantra* (*mantra-dīkṣā*), o por medio del pensamiento y la voluntad (*manasa-dīkṣā*). Como dice el *Kulārṇava Tantra*:

> No puede haber liberación sin iniciación y no puede haber iniciación sin el linaje de un maestro.[185]

La iniciación puede tener lugar por medio de un elaborado ritual, buscando un momento astrológico auspicioso predeterminado, o puede ocurrir de forma natural simplemente por la proximidad con el *guru* y el discípulo. Una vez este *śaktipāta* ha sucedido, es como si el *guru* hubiera plantado en el corazón del discípulo una semilla que contiene no solo su propio poder, sino la totalidad del poder del linaje. Este es un hecho muy sagrado, podríamos decir que es un suceso cósmico. El discípulo que ha recibido esta bendición debe cuidar esta semilla con toda la atención posible siguiendo plenamente la enseñanza y las instrucciones de su *guru*, regándola con una práctica intensa y continuada, protegiéndola por medio de la devoción y la entrega, y resguardándola de las inclemencias con una actitud pura y determinada. El fruto de la iniciación en *śaktipāta* es el despertar de *kuṇḍalinī śakti*, la energía interna del discípulo que estaba adormecida. Tal como expresa la *Gheraṇḍa Saṃhitā:*

> *Kuṇḍalinī śakti*, la energía espiritual, duerme en el *mūlādhāra* en la forma de una serpiente enroscada con tres vueltas y media.

185. *Kulārṇava Tantra* XIV, 1, 3.

> Mientras ella está dormida dentro del cuerpo, el *jīva* es como una bestia; incluso si el *yogī* practica diez millones de *mudrās* yóguicas, este no alcanzará el auténtico conocimiento si *kuṇḍalinī* no despierta.[186]

A partir del momento en el que el discípulo recibe esta transmisión, de forma natural empieza un proceso yóguico interno, los detalles del cual han sido guardados en secreto durante milenios. El *yogī* espontáneamente va pasando por las distintas fases de un intenso proceso de purificación de su cuerpo, mente e intelecto. A medida que su desapego por el mundo del nombre y la forma se incrementa, va penetrando en estados de absorción cada vez más luminosos e infinitos.

En el *Atharva Veda* encontramos unos *mantras* con un significado muy profundo que mencionan que, por medio de la iniciación, el *guru* atrae al discípulo hacia sí y, como una madre, lo contiene en su matriz. Esta imagen muestra cómo, después de la iniciación, el *guru* protege al discípulo por medio de su propio campo energético, donde se da un proceso de fusión y de transmisión de conocimiento. Es como si el *guru* llevase al discípulo en su propio cuerpo. El *Atharva Veda* continúa exponiendo que, tres días después de la iniciación, el discípulo renace transformado y con la potencialidad –si persevera en la práctica y sigue la enseñanza– de llegar al conocimiento y a la meta del *yoga*.

Svatmarama –mostrando el respeto que los *nāthas* tienen por los *ṛṣis*, por los grandes maestros, los *avadhūtas*, los *sid-*

186. *Gheraṇḍa Saṃhitā* III, 49-50.

dhas y los grandes *yogīs*– en la *Haṭha-yoga Pradīpikā* menciona y honra a muchos de los grandes seres iluminados cercanos a su linaje:

> Adinatha, Matsyendra, Sharada, Anandabhairava, Chaurangi, Mina, Goraksha, Virupaksha, Bileshaya, Manthana-bhairava, Siddha-budhi, Kanthadi, Kaurantaka, Surananda, Siddha-pada, Charpatti, Kaneri, Purvapada, Nityanatha, Niranjana, Kapali, Bindunatha, Kakachandisvara, Alama-prabhudeva, Ghoracholi, Tintini, Vasuki, Nagabodha, Khanda, Kapalika, etcétera, son los *mahāsiddhas* (grandes seres perfectos) que por medio del poder del *haṭha-yoga* han conquistado la muerte y se mueven libremente por el universo.[187]

Es importante comprender lo que es un linaje (*saṃpradāya*) en el contexto del *yoga*. Pongamos un sencillo ejemplo. Un linaje es como un cable eléctrico en el que no importa por dónde lo toquemos, siempre sentiremos la corriente; aquel que no entre en contacto con el cable nunca podrá recibir este impacto. Uno de los secretos del *yoga* es que el aspirante necesita el impacto de la gracia de un *guru* que forme parte de su linaje para que el proceso sea efectivo y poderoso.

Hay una bella historia de la vida de Jñanadeva que muestra el poder del linaje de los *nāthas*. En el siglo XIII, en el centro de la India (en el actual estado de Maharashtra), Vitthalpant, el padre de Jñanadeva, salió de peregrinaje junto con sus cuatro hijos hacia Trymbakeshvar para visitar el templo de Shiva.

187. *Haṭha-yoga Pradīpikā* I, 5-9.

Este importante templo, considerado un *jyotir-liṅgam* (*liṅgam* de luz), está situado cerca de Nasik, al lado de una montaña llamada Brahmagiri. En esta montaña nace el sagrado río Godavari y en ella existen numerosas cuevas y lugares recónditos en los que, durante cientos de años, *yogīs* de la tradición *nātha* han llevado a cabo sus prácticas y austeridades. El padre y sus cuatro hijos viajaban a pie y, cuando estaban rodeando la montaña Brahmagiri, escucharon muy cerca los rugidos de un tigre, hecho común en aquella época y lugar. Todos salieron corriendo para salvar sus vidas. Vitthalpant se escondió junto a Jñanadeva, Sopandev y Muktabai, pero faltaba Nivritti, el hijo mayor. Lo buscaron por todas partes y no encontraron rastro del joven. Pasaron varios días buscando y finalmente tuvieron que regresar a Alandi, su lugar de residencia, sin saber cuál había sido la suerte de su hijo. Así pasó un tiempo hasta que un día Nivritti apareció delante de su casa, radiante, transformado y vestido con las ropas ocre de un renunciante. Ahora se llamaba Nivrittinath. Este les contó que cuando huía del tigre se adentró en una cueva para esconderse y allí se encontró con un imponente asceta que estaba meditando, era Gahininath, que pertenecía al linaje de Gorakshanath. Este le dio su protección y, al ver la pureza del joven, lo puso a prueba durante algún tiempo y le instruyó en el *nātha-yoga*, otorgándole la iniciación y dándole su nuevo nombre. Nivrittinath inició a su hermano Jñanadeva y continuó su peregrinaje. Jñanadeva, transformado por el poder de la iniciación recibida de su hermano, a su vez, inició a sus dos hermanos menores, Sopandev y la pequeña Muktabai. Debido al estado de gran pureza de estos jóvenes, en poco tiempo los cuatro eran seres liberados (*jīvanmuktas*), tuvieron discípulos y expandieron el conocimiento del linaje.

Más tarde, Nivrittinath dio la instrucción a Jñanadeva de escribir un comentario sobre la *Bhagavad Gītā* en lengua maratí. Tradicionalmente, los textos sagrados se comentaban siempre en sánscrito, pero Nivrittinath consideró que era importante el uso de las lenguas vernáculas para que esta enseñanza sagrada pudiera llegar a mucha más gente. Fruto de esta instrucción surgió el *Jñāneśvarī*, uno de los comentarios más bellos y profundos de la *Bhagavad Gītā*. Un tiempo después, Nivrittinath, satisfecho al ver la grandeza de Jñanadeva, le dio la instrucción de escribir un texto basado en su propia experiencia interior. Esto dio lugar al *Amṛtānubhava* (*El néctar de la experiencia de la unidad*). Jñanadeva dedica el segundo capítulo de este texto a su *guru*:

> Ofrezco mis salutaciones ante mi *guru* Nivrittinath, quien al matar al elefante de la ilusión (*māyā*) otorga el delicioso plato de perlas de la liberación.
>
> Por su simple mirada, la esclavitud se convierte en liberación y el conocedor se convierte en lo conocido.
>
> Su gracia es como el plenilunio de la realización espiritual, en la cual culminan las distintas fases de la *sādhanā*.
>
> Cuando el discípulo encuentra a su maestro, cesan todos sus esfuerzos. Él es el océano en el cual el río de la actividad deja de ser.
>
> Su gracia, como el Sol, disipa la oscuridad de la ignorancia y la convierte en la luz del conocimiento del Ser.[188]

188. *Amṛtānubhava* II, 3-4, 7-8 y 10.

A los veintiún años, Sri Jñanadeva pidió ser enterrado en una fosa mientras permanecía absorto en el más elevado estado yóguico (*jīva samādhi*). Enterrado en este sagrado lugar, en la pequeña aldea de Alandi, la energía espiritual de Jñanadeva ha bendecido y guiado a miles y miles de devotos a lo largo de los siglos y lo sigue haciendo en la actualidad.

El linaje *nātha* de Sri Jñanadeva sigue vivo. Uno de los *mahātmās* contemporáneos más respetados de este linaje fue Swami Swaroopananda, más conocido como el Paramahamsa de Pawas, discípulo de Baba Maharaj Ganesh Nath. Swamiji dedicó su vida a la *sādhanā* yógica y también a reescribir los textos de Jñanadeva en maratí contemporáneo para que pudieran llegar a una mayor audiencia. Swamiji inició a sus muchos discípulos en la práctica del *mantra so'ham*. En estos versos podemos ver la esencia de su enseñanza:

> Permanece siempre interiorizado y atento a tu *sādhanā* (práctica). Nunca te desanimes en los momentos de dificultad. Recuerda *so'ham* y profundiza en la luz del corazón.
>
> Sé introvertido. Vive siendo el testigo (*sākṣī*). Observa en tu interior de dónde surgen los varios pensamientos.
>
> Entrega tu egoicidad, mente, intelecto y todos los órganos de los sentidos al servicio del *ātman* y experimenta la quietud interior, la dicha y la calma de tu propio ser.
>
> Fúndete en *so'ham* para que el conocedor y lo conocido se identifiquen plenamente el uno con el otro. Entonces aparecerá la auténtica felicidad que surge del *ātman* que está más allá de los sentidos.
>
> Luego vendrá el sonido interior (*nāda*) y la luz interna (*prakāśa*).

Indaga en quién es el que oye este sonido o ve esta luz. Reconoce «Aquello», el *ātman*, y permanece en unión.

La unión con el Ser es la única devoción (*bhakti*) y el conocimiento absoluto. Eso nos libera de la esclavitud del *karma* y nos conduce al supremo contentamiento.

Que puedas llevar una vida llena de paz, libre de sufrimiento. Recuerda *so'ham* en tu última respiración. Que sientas siempre una intensa pasión por el camino espiritual.

¡Mis bendiciones están con todos vosotros![189]

Swami Swaroopananda dejó su cuerpo el 15 de agosto (día de la independencia de la India) en el año 1974.

Veamos otra bella historia que muestra la presencia de la tradición *nātha* en la India contemporánea:

El pequeño Gajanan Murlidhar Gupte nació en Yeotmal (Maharashtra) en 1892. Cuando tenía tres años sufrió un intenso ataque de viruela, por lo que su mano derecha quedó permanentemente tullida. Sus padres le querían mucho y le cuidaron, pero ambos perecieron con pocos días de diferencia cuando él todavía era muy pequeño. Una tía cercana, Balubai, que era viuda, le cuidó a partir de ese momento. En una ocasión, el hermano mayor de Gajanan y un grupo de devotos organizaron un peregrinaje a Ran Antri (una pequeña localidad situada en el centro de Maharashtra) para visitar a Sri Narayan Saraswati, que vivía junto al antiguo *samādhi* (lugar donde está enterrado el cuerpo) de un gran *yogī*. Los peregrinos llegaron al atardecer. Balubai se acercó a Sri Narayan Saraswati y, con el niño en

189. Swami Vidyananda, *The Paramahansa of Pawas*, p. 197-198.

los brazos, le pidió sus bendiciones, ya que sus padres habían muerto y él había quedado tullido: «Sus padres me pidieron que llevara al pequeño a un *mahātmā* para que recibiera sus bendiciones. Este momento ha llegado». Narayan Saraswati le respondió: «Madre, tu hermana, la madre del niño había practicado *yoga* en sus vidas pasadas. Este niño, Gajanan, es un *yogī* desde sus vidas anteriores, dentro de unos años será muy conocido y guiará a muchos aspirantes en el camino espiritual. Mirando sus pupilas puedo ver que es un *yogī* que pertenece al linaje de los *nāthas* (*nāth pantha*). Madre, no te preocupes, está en tu destino ver cómo su nombre será cada vez más conocido». Temprano por la mañana, a las cuatro, todos acudieron a la ceremonia del *kākāḍ āratī* (la primera ofrenda de luces de la mañana). La buena mujer que cuidaba de Gajanan, viendo el cansancio del pequeño, lo tapó para que siguiera durmiendo mientras ellos recitaban los himnos en el templo. El pequeño Gajanan se quedó solo, descansando cerca del *samādhi* del *yogī*. Cuando regresaron del templo encontraron al pequeño sentado en un extraño estado. Le preguntaron qué le ocurría y les explicó que acababa de tener una visión: «Todo estaba oscuro, caminaba en esa oscuridad, había alguna estrella en el cielo. De repente empezó a caer una fuerte lluvia con resplandecientes relámpagos. Todo estaba lleno de serpientes blancas y negras, algunas de gran grosor. Las serpientes empezaron a enroscarse en mi cuerpo hasta llegar al cuello y a la cabeza. Yo seguía caminando y sentía que mi cuerpo cada vez era más fuerte. Tenía una extraña sensación de miedo y felicidad. Entonces, mi cuerpo se hizo muy ligero y una intensa luz lo cubría todo. Fue en esta luz en la que vi un *samādhi* adornado con flores que emitían una intensa fragancia. Sentí la curiosidad de saber de quién era este *samādhi* y me acerqué. De repente, la piedra que cubría el *samādhi* se partió en dos y apareció un personaje inmenso y luminoso, a la vez que oía el sonido: "*ādeś oṃ haṃsaḥ so'ham brahma*". Parecía que este sonido emanaba de mi propio cuerpo. El personaje que había aparecido tenía una larga barba, vestía ropas color ocre (*gerua*), llevaba varios collares de *rudrakṣas* alrededor del cuello, tenía el cabello enmarañado y atado en la parte superior de la cabeza. De repente sentía que el sonido "*haṃsaḥ so'ham*" surgía de mi propia boca, así como de la boca del *yogī.* Entonces, la forma se hizo más dulce, oí el sonido "Matsyendra *ādeśa*" y la visión desapareció». Tras ello y completamente despierto se sentó; sus ropas estaban mojadas y una fragancia emanaba de su cuerpo. Se sentía asustado. Después de escuchar la visión del chico, su tía Balubai lo llevó a Narayan Saraswati, quien le dijo: «Oh madre, ¿te das cuenta de que el chico es un gran *yogī*?», y le pidió al niño que repitiera el *mantra* que había oído. Gajanan repitió «*so'ham, so'ham*». Narayan Swami continuó: «A una edad tan temprana has tenido la visión (*darśan*) de Matsyendranath. Oh, serás famoso y muchos aspirantes llegarán a ti y recibirán tu ayuda».

Sri Gajanan Maharaj Gupte fue un *guru* de la tradición *nāth* que bendijo a miles de personas por medio de *śaktipāta*, iniciándolas con el *mantra* «*so'ham*». Dejó su cuerpo en 1946. Su *samādhi*, junto al de otros maestros del linaje *nāth*, se encuentra en Nasik, a la orilla del río Godavari. Hace años, su *samādhi* consistía en una pequeña estructura de piedra cercana al río sagrado, hoy se ha convertido en un bello templo al que muchos devotos acuden para meditar y beneficiarse de su bendición. Algunos de sus discípulos, que a su vez fueron conocidos *gurus* de este linaje, son: Dada Maharaj Ambedkar, Dada Maharaj Chitnis, Nana Maharaj Pathak y Sri Bainath Maharaj, entre otros. Este es solo un pequeño ejemplo entre las miles de historias que tienen lugar cada día por el poder de Adinatha y este extraordinario linaje.

Tal como afirma la *Śiva Saṃhitā:*

> Ahora te enseñaré cómo progresar rápidamente en el *yoga*. Los *yogīs* que conocen esto no fracasan en su práctica.
>
> Si la enseñanza es recibida directamente de la boca del *guru*, esta es poderosa. Si no es así, es estéril e impotente y puede llevar a un gran sufrimiento.
>
> Aquel que con fervor complace a su *guru* y rápidamente practica sus enseñanzas obtiene un gran beneficio de estas.[190]

En el *yoga*, la relación maestro-discípulo es clave, abre muchas puertas invisibles que uno por sí solo no podría atravesar, debido a que existe un ego o individualidad limitada que no quiere trascenderse. El ego puede incluso jugar a creerse muy sabio y avanzado en el camino del *yoga*, pero no puede trascenderse a sí mismo. El *guru* es el espejo que nos hace ver dónde estamos, nos da la llave para ir más allá de nuestras limitaciones y nos guía hasta llegar a la absoluta plenitud.

190. *Śiva Saṃhitā* III, 10-12.

Los ocho miembros (*aṅgas*) o pasos del *haṭha-yoga*

Gorakshanath en el *Yoga Bīja*, un texto escrito en forma de diálogo entre Shiva y la Devi, expone que hay dos tipos de personas, los crudos (inmaduros) y los cocidos (maduros). Y continúa:

> El conocimiento no fructifica sin *yoga*. Los seres (*jīvas*) inmaduros no practican el *yoga*; los que lo practican han madurado por medio del *yoga*. Al arder en el fuego del *yoga*, el ser individual (*jīva*) se libera del sufrimiento y llega al pleno conocimiento. Los seres inmaduros están aletargados, atados a la materia y al sufrimiento, y son también causa de sufrimiento para los demás.[191]

En realidad, el *yogī* es aquel que consigue que toda su constitución –su cuerpo, energía vital, mente e intelecto– arda en el fuego purificador de la ascesis yóguica.

Gorakshanath en algunas de sus enseñanzas cita el *yoga* de los seis pasos (*ṣadāṅga-yoga*) y nombra únicamente *āsana* (postura), *prāṇāyāma* (control de la respiración), *pratyāhāra* (interiorización de los sentidos), *dhāraṇā* (concentración), *dhyāna* (meditación) y *samādhi* (absorción). Esto no implica que no conceda la importancia necesaria a la disciplina de las abstenciones (*yamas*) y las observancias (*niyamas*), que son la base del camino yóguico. Hemos de recordar que tradicionalmente los aspirantes convivían con su *guru* de forma orgánica y eran probados y observados muy de cerca, la instrucción

191. *Yoga Bīja* 34-35.

era oral y solo recibían la enseñanza aquellos discípulos que llevaban una vida totalmente ajustada a las pautas yóguicas de virtud y pureza.

En otros textos, el proceso yóguico se describe por medio de ocho pasos (*aṣṭāṅga-yoga*). En la *Śāṇḍilya Upaniṣad*, una de las *Upaniṣads* del *yoga* que forma parte del *Atharva Veda*, el sabio Shandilya le pide a Atharvan –ambos *ṛṣis* védicos– que le imparta el conocimiento de los ocho pasos del *yoga* como medio para llegar a la liberación. También en la *Yoga Darśana Upaniṣad*, que forma parte del *Sāma Veda*, el sabio Samkriti le pide al gran Sri Dattatreya que le instruya en el *yoga* de los ocho pasos (*aṣṭāṅga-yoga*) para alcanzar la liberación. Por medio de estos dos textos expondremos los *yamas* y *niyamas* del *haṭha-yoga.*

Yamas (las restricciones). Estos son el primer paso en el camino. Dattatreya y Atharvan mencionan diez *yamas* que el *haṭha-yogī* debe seguir. Estos son *ahiṃsā* (la no violencia), *satya* (la veracidad), *asteya* (la honestidad), *brahmacarya* (la continencia), *dayā* (la compasión), *ārjava* (la rectitud), *kṣamā* (la paciencia), *dhṛti* (la firmeza), *mitāhāra* (la moderación en la comida) y *śauca* (la pureza).

Ahiṃsā (la no violencia). Este *yama* implica no causar sufrimiento a ningún ser vivo por medio del cuerpo, del habla o de la mente. Tal como enseña la *Śāṇḍilya Upaniṣad*:

> El no causar dolor a ningún ser por medio de las acciones de la mente, el habla o el cuerpo se denomina *ahiṃsā* (no violencia).[192]

192. *Śāṇḍilya Upaniṣad* I, 1.

Sri Dattatreya concluye:

> Oh sabio, según aquellos que están versados en el *vedānta*, la forma superior de *ahiṃsā* es la firme certeza de que el *ātman* es todo penetrante, indivisible y no puede ser objeto de conocimiento.[193]

Satya (la veracidad). Los textos consideran que una persona está establecida en la verdad cuando su habla se corresponde con acciones, tiene buena intención y sus palabras son agradables. Según el sabio Vasishtha, cuando el habla es benéfica, justa y agradable, se considera *satya*. Según Sri Dattatreya:

> Todo lo que existe es el supremo *brahman* y nada más. Esta firme convicción se considera la mejor forma de *satya* (veracidad) según aquellos que están absortos en la sabiduría del *vedānta*.[194]

Asteya (la honestidad). Según los textos clásicos del *yoga*, *asteya* implica no apropiarse de aquello que no nos pertenece –por medio del pensamiento, la palabra o la acción–. El simple deseo de poseer algo ajeno podría considerarse una ausencia de *asteya*. Según la enseñanza de la *Yoga Darśana Upaniṣad*:

> Los sabios consideran que *asteya* es cuando la mente queda libre de pensamientos acerca de lo que pertenece a los demás, sea hierba, oro o perlas.

193. *Yoga Darśana Upaniṣad* I, 8.
194. *Yoga Darśana Upaniṣad* I, 10.

Y continúa:

> Oh gran sabio, aquellos que conocen el *ātman* afirman que permanecer en el *ātman* y evitar las acciones que surgen del ego se considera *asteya*.[195]

Brahmacarya (la continencia). Tradicionalmente, la renuncia a la actividad sexual en todos sus aspectos se denomina *brahmacarya*. Según la visión del hinduismo, esta abstinencia es necesaria para aquellos que están en el primer estadio de la vida (estudiantes o *brahmacārīs*), para aquellos que son monjes renunciantes (*sādhus*, *saṃnyāsīs*) y para aquellos que han tomado el voto de *brahmacarya*. Para los que siguen la vida de familia (*gṛhastha āśrama*), tener relaciones sexuales con su esposa o esposo en el momento adecuado según las normas de las escrituras también se considera *brahmacarya*. Retener los fluidos sexuales en el cuerpo se considera una gran ayuda para el practicante de *haṭha-yoga*. Tal como afirma Gorakshanath en el *Gorakṣa Śatakam*:

> El *bindu* (semen) es la causa (raíz) del cuerpo. De él surgen todos los canales (*nāḍīs*) que lo constituyen desde la cabeza hasta los pies.[196]

Tal como afirma la *Śiva Saṃhitā*:

195. *Yoga Darśana Upaniṣad* I, 11-12.
196. *Gorakṣa Śatakam* 68.

> La pérdida del *bindu* (fluido sexual) es la muerte, la retención del *bindu* es la vida. Así pues, con gran esfuerzo, uno debe retener el *bindu.* [197]

Brahmacarya, en realidad, comporta toda una serie de disciplinas como austeridad (*tapas*), pureza (*śauca*), estudio de los textos (*svādhyāya*) y dedicación a la práctica yóguica, entre otras.

En la *Yoga Darśana Upaniṣad*, el sabio Dattatreya continúa:

> Cuando la mente permanece en el estado de *brahman*, oh sabio de grandes austeridades, esto se considera *brahmacarya.*[198]

Estos cuatro *yamas* mencionados los encontramos también en los *Yoga Sūtras* de Patañjali. Los siguientes, excepto el décimo, forman parte de los diez *yamas* tradicionales del *haṭha-yoga* y están mencionados en diversos textos del hinduismo.

Dayā (la compasión). Este *yama* consiste en tratar con empatía y adecuadamente a todos los seres. Según la *Yoga Darśana Upaniṣad*:

> La amabilidad que se muestra por medio del cuerpo, la mente y el habla hacia todos los seres como si fueran nuestro propio ser se denomina *dayā* según los conocedores del *vedānta.*[199]

197. *Śiva Saṃhitā* IV, 88.
198. *Yoga Darśana Upaniṣad* I, 14.
199. *Yoga Darśana Upaniṣad* I, 14-15.

Ārjava (la rectitud o ausencia de doblez). *Ārjava* comporta una actitud ética. Implica también llevar a cabo solo las acciones prescritas por las escrituras y apartarse de aquellas que no son adecuadas. A la vez, también significa mantener la coherencia entre la mente, el habla y la acción. La *Yoga Darśana Upaniṣad* enfatiza:

> La conducta uniforme (recta) hacia el propio hijo, amigo, esposa y enemigo, así como hacia nosotros mismos bajo cualquier circunstancia, oh sabio, se considera *ārjava*, rectitud.[200]

Kṣamā (la paciencia). Por medio de este *yama*, el *yogī* puede soportar situaciones desagradables, experimentando con desapego lo que le toque vivir. La paciencia es fuente de fortaleza. El *yogī* se mantiene libre de toda emoción, incluso en el caso de ser dañado por un enemigo. También implica la ecuanimidad hacia amigos y enemigos. Según Sri Dattatreya:

> Cuando alguien es atormentado por sus enemigos a través del cuerpo, el pensamiento o el habla, y está libre de cualquier agitación en la mente, esto es *kṣamā*, oh sabio.[201]

Dhṛti (la firmeza o perseverancia). Implica la superación de la indecisión y el ser capaz de llevar a cabo un esfuerzo sostenido. Tal como afirma la *Yoga Darśana Upaniṣad*:

200. *Yoga Darśana Upaniṣad* I, 15-16.
201. *Yoga Darśana Upaniṣad* I, 16-17.

> Se considera que la liberación total del ciclo del nacimiento y la muerte es posible siguiendo la enseñanza de los *Veda*s y no de otra forma. Esto es considerado como *dhṛti* (firmeza) por aquellos que están versados en los *Vedas* y tienen la firme convicción de «Yo soy el *ātman* y nada más».[202]

Mitāhāra (moderación en la comida). El sabio Atharvan describe *mitāhāra* como la dieta equilibrada. Para el *yogī*, esto implica comer alimentos que sean naturales, aceitosos y dulces; a la vez tener en cuenta la cantidad, el tipo y la hora de las comidas para poseer una buena salud. Ciertos textos yóguicos mencionan que el *yogī* debería llenar dos partes de su estómago con comida sólida, una parte con líquido y dejar siempre una cuarta parte vacía para que el *prāṇa* pueda fluir y digerir adecuadamente la comida. Es común entre los *yogīs* de la India escuchar: «Al comer quédate siempre con un poco de hambre».

Los que habéis estado en la India habréis observado que, durante los *ekādaśī* (el undécimo día lunar del calendario hindú), muchas personas no comen cereales ni legumbres, se alimentan únicamente de frutas, y dicen: «Hoy estoy siguiendo *mitāhāra*». El *yogī* debe ser moderado en su forma de vivir y no excederse porque todo exceso lleva a un cambio o movimiento en el *prāṇa*, que conlleva un cambio en la mente que, a su vez, afecta a su introspección y a su meditación. El *yogī* aprende a vivir de forma sencilla y saludable, intentando que el cuerpo se mantenga libre de enfermedades.

Śauca (la pureza o limpieza). Este es el décimo de los *yamas*,

202. *Yoga Darśana Upaniṣad* I, 17-18.

también mencionado por Patañjali en los *Yoga Sūtras*. Implica la limpieza del cuerpo y la pureza de la mente. Según Atharvan, la limpieza externa se consigue lavando el cuerpo con agua, pero la pureza interna de la mente se obtiene por medio del conocimiento del *ātman*. La *Yoga Darśana Upaniṣad* enseña:

> Oh gran sabio, limpiar las impurezas de nuestro cuerpo con arcilla y agua es lo que se conoce como limpieza externa. La pureza mental, tal como dicen los sabios, es la reflexión y el conocimiento de «yo soy puro».
>
> El cuerpo es extremadamente impuro, el ser encarnado (*ātman*) es extremadamente puro. Conociendo la diferencia entre los dos, ¿qué pureza se podría prescribir?[203]

Niyamas (observancias). Este grupo de disciplinas constituyen el segundo eslabón en el camino tradicional del *haṭha-yoga*. Junto a los *yamas* (abstenciones), ayudarán al *yogī* a adquirir una fuerte base que será el soporte de su práctica ascética y contemplativa. Los diez *niyamas*, según la enseñanza del sabio Atharvan y de Sri Dattatreya, tal como están expuestas respectivamente en la *Śāṇḍilya Upaniṣad* y en la *Yoga Darśana Upaniṣad*, son: *tapas* (austeridad), *santoṣa* (contentamiento), *āstikya* (plena confianza en la tradición védica), *dāna* (hacer donación), *īśvara-pūjāna* (adoración a la divinidad), *siddhānta-śravaṇa* (leer y contemplar los textos sagrados), *hrī* (modestia), *mati* (comprensión del camino descrito en los *Vedas*), *japa* (repetición del *mantra*), *vrata* (voto).

203. *Yoga Darśana Upaniṣad* I, 20-22.

Tapas (austeridad). *Tapas* es aquella disciplina que genera calor interno y aporta la fortaleza necesaria para el proceso del *yoga.* Este calor quemará las impurezas tanto físicas como mentales y aportará luminosidad y fuerza a la mente del *yogī.* Según Atharvan:

> *Tapas* (austeridad) es destruir el apego al cuerpo por medio de prácticas ascéticas como *kṛcchra* y *cāndrāyaṇa* tal como está expuesto en los textos sagrados.[204]

Kṛcchra y *cāndrāyaṇa* son dos tipos de austeridades en las que la cantidad de comida ingerida se regula según el curso de la luna. El practicante va reduciendo la cantidad de comida a medida que la luna va menguando, hasta llegar a la luna nueva, cuando vuelve a aumentar la cantidad.

Tapas tiene también otro significado mucho más profundo, según Sri Dattatreya:

> ¿Qué es la liberación? ¿Cómo se puede alcanzar? ¿Cómo he entrado en el ciclo de nacimientos y muertes? Los sabios consideran que esta contemplación, conocer el significado profundo de las cosas, se conoce como *tapas.*[205]

Santoṣa (contentamiento). El sabio Vasishtha define *santoṣa* de la siguiente forma:

204. *Śāṇḍilya Upaniṣad* I, 2, 1.
205. *Yoga Darśana Upaniṣad* II, 4.

> El estar satisfecho con lo que se obtenga de forma natural, a esta actitud de la mente, los sabios la denominan *santoṣa* (contentamiento). Este es un signo de felicidad.[206]

Tal como afirma la *Yoga Darśana Upaniṣad*:

> Sentir indiferencia hacia los propios deseos y estar libre del apego hacia cualquier cosa hasta que se haya alcanzado a *brahman* (el Absoluto) se conoce como el contentamiento supremo (*santoṣa*).[207]

Āstikya (plena confianza en la enseñanza de la tradición védica). Para el sabio Atharvan, *āstikya* es la plena confianza en los deberes que se prescriben y las acciones que se prohíben en los *Vedas*. Algunos textos, como la *Triśikhi-brāhmaṇa Upaniṣad*, consideran que la creencia en la divinidad es parte de *āstikya*. Según Sri Dattatreya:

> (*Āstikya* es) la confianza en la realidad suprema, la confianza en la *śruti* (*Vedas*) y la confianza en los *smṛtis* (*Mahābhārata*, *Purāṇas*, etc.).[208]

Según el sabio Vasishtha:

> La confianza en el *dharma* (lo que debe seguirse) y en el *adharma* (lo que debe evitarse) se considera *āstikya*.[209]

206. *Vasiṣṭha Saṃhitā* I, 55.
207. *Yoga Darśana Upaniṣad* II, 5-6.
208. *Yoga Darśana Upaniṣad* II, 6.
209. *Vasiṣṭha Saṃhitā* I, 56.

Dāna (dar, hacer donación). *Dāna* significa compartir los bienes que se han adquirido honestamente con aquellos que están necesitados. Según Sri Dattatreya:

> Cuando la riqueza se ha obtenido éticamente y se da con reverencia a una persona necesitada o versada en los *Vedas*, considero que esto es *dāna*.[210]

Los textos afirman que *dāna* siempre debe hacerse sin expectación y se considera que dar de este modo libera del sentido del ego y del orgullo.

Īśvara-pūjāna (adoración a la divinidad). Esta adoración también puede ser al Ser supremo, al *ātman*. Según la *Śāṇḍilya Upaniṣad*:

> La adoración de Vishnu, Rudra y otras divinidades, con todos los medios posibles y con una disposición alegre (pura), se conoce como *īśvara-pūjāna*.[211]

Vasishtha afirma que esta adoración debe de llevarse a cabo sin apego en la mente, sin falsedad, sin dureza en el habla y sin violencia en la acción.

Siddhānta-śravaṇa (escuchar, leer y contemplar los textos sagrados). Según el sabio Atharvan se basa en la profunda reflexión de la enseñanza del *vedānta*. Sri Dattatreya aporta otra comprensión:

210. *Yoga Darśana Upaniṣad* II, 7.
211. *Śāṇḍilya Upaniṣad* I, 2, 1.

> *Siddhānta-śravaṇa* es el conocimiento del Ser como existencia, conciencia, infinitud, dicha trascendente y aquella certeza suprema que solo puede ser experimentada en el interior.[212]

Hrī (modestia). Es el sentimiento de vergüenza por aquellas acciones que no están en concordancia con la tradición yóguica y la enseñanza de los *Vedas*. El aspirante se lamenta cuando no ha sido capaz de practicar adecuadamente las disciplinas de los *yamas* y *niyamas*.

> Cuando una acción es censurable tanto según los preceptos de los *Vedas* como a los ojos del mundo, la vergüenza que se siente después de este acto se considera que es *hrī* (modestia).[213]

Mati (la comprensión y confianza en el camino descrito en los *Vedas* y los textos yóguicos). El *yoga* no se basa en una fe ciega, sino en una profunda comprensión. *Mati* significa también inteligencia, discernimiento o convicción. Según la *Yoga Darśana Upaniṣad*:

> La firme confianza en todas las enseñanzas prescritas por los *Vedas* se conoce como *mati*. Es necesario cortar toda conexión con todo aquello que sea contrario a esto, incluso si fuera la instrucción del *guru*.[214]

212. *Yoga Darśana Upaniṣad* II, 9.
213. *Yoga Darśana Upaniṣad* II, 10.
214. *Yoga Darśana Upaniṣad* II, 11.

Japa (la repetición del *mantra*). *Japa* es la repetición constante del *mantra* en el cual el aspirante ha sido iniciado por su *guru*. Los textos yóguicos enfatizan que esta práctica ayuda en gran manera a purificar y concentrar la mente del aspirante.

Según Sri Dattatreya en la *Yoga Darśana Upaniṣad*:

> La práctica de (la repetición) del *mantra* de forma correcta según los *Vedas* se conoce como *japa*.
>
> Existen dos tipos de *japa*, oral (*vācika*) y mental (*manasa*). La repetición oral se divide en dos clases: susurrada (*upāṃśu*) y en voz alta (*uccai*). La repetición mental (*manasa*) tiene dos formas: la reflexión (*manana*) y la meditación (*dhyāna*).
>
> El *japa* susurrado (*upāṃśu*) se considera mil veces mejor (más poderoso) que el *japa* repetido en voz alta (*uccai*). De la misma forma, el *japa* mental (*manasa*) es mil veces mejor que el susurrado.[215]

El sabio Vasishtha da la misma enseñanza:

> La práctica de la recitación de los *mantras* de la forma prescrita se denomina *japa*. Este *japa* se considera que puede ser de dos formas: en voz baja (*upāṃśu*) y mental (*manasa*). La repetición en voz baja es mil veces mejor que en voz alta. La repetición mental es mil veces mejor que la repetición en voz baja.[216]

215. *Yoga Darśana Upaniṣad* II, 12,14 y 15.
216. *Vasiṣṭha Saṃhitā* I, 64-65.

La tradición de los *nāthas* otorga un gran énfasis al *japa* natural que ya existe en el ser humano, y que los maestros y los textos describen con el sonido *so'ham*. Tal como afirma Gorakshanath:

> (El aire) sale con el sonido *ha* y entra de nuevo con el sonido *sa*. Así el *jīva* (ser individual) recita continuamente el *mantra ham-sa*.
>
> El ser individual (*jīva*) recita continuamente este *mantra* 21.600 veces durante un día y una noche.
>
> Este *gāyatrī mantra*, llamado *ajapa*, otorga la liberación a los *yogīs* y simplemente por su repetición se liberan de todas las faltas.
>
> No existe ninguna sabiduría igual a esta, ninguna recitación igual a esta, ningún conocimiento igual a este, ni tampoco existió en el pasado ni existirá en el futuro.[217]

Gorakshanath, en el *Yoga Bīja*, afirma:

> Todos los seres vivos lo repiten (*haṃsa*).
>
> Por la enseñanza del *guru*, la repetición se invierte, se dirige al canal central *suṣumṇā* y se convierte en *so'ham*, a esto se le denomina *mantra-yoga*.[218]

Vrata (voto). Este es el último *niyama* y consiste en la práctica adecuada de los preceptos y las abstenciones descritas en los textos yóguicos o que han sido prescritas por el *guru*. Según el sabio Atharvan:

217. *Gorakṣa Śatakam* 42-45.
218. *Yoga Bīja* I, 46-47.

> *Vrata* es la práctica obligatoria de los preceptos y las prohibiciones reveladas en los *Vedas*.[219]

Si recordamos momentáneamente los *Yoga Sūtras*, podemos ver que Patañjali considera que los *yamas* no están limitados por el lugar, el tiempo o la convención social y constituyen para el *yogī* un gran voto (*mahā-vrata*).[220]

Seguir estos veinte importantes aspectos de la disciplina yóguica (*yamas* y *niyamas*) hará posible que el *yogī* pueda mantener su mente centrada con firmeza en el camino y en la meta. Veamos ahora una bella imagen de la *Śāṇḍilya Upaniṣad* que describe al *yogī* ya preparado, buscando un lugar de retiro adecuado para dedicarse completamente a su práctica (*sādhanā*):

> La persona que practica los *yamas* y los *niyamas* evita toda compañía, ha completado sus estudios, se deleita en la verdad y en el *dharma*, ha superado el enfado, le complace servir a su *guru*, obedece a su padre y a su madre, ha sido educado en la conducta sabia y virtuosa, y conoce la conducta adecuada según su estadio de la vida (*āśrama*). (Entonces) busca (establecerse) en un bosque sagrado con árboles frutales, raíces y agua, un lugar agradable que resuene con cantos sagrados, protegido por los conocedores de *brahman* concentrados siguiendo su *dharma*. (Allí) construye un bello lugar de retiro, ya sea cerca de un templo con muchos frutos, raíces, flores y riachuelos, en la orilla de un río, en una pequeña aldea o en una ciudad. Que el lugar esté prote-

219. *Śāṇḍilya Upaniṣad* I, 2, 1.
220. *Yoga Sūtras* II, 31.

> gido y tenga una pequeña puerta, que no sea ni demasiado alta ni demasiado baja. El lugar debe limpiarse (purificarse) primero con excremento de vaca. Allí, escuchando el *vedānta*, empieza a practicar *yoga*.[221]

Recordemos que el *yoga*, según la visión tradicional, es un camino que en sus fases avanzadas requiere de la totalidad de la energía y concentración de la persona. Desde la antigüedad, el *yoga* se ha relacionado con la vida ascética, muchas veces apartada y retirada de la sociedad, para llevar a cabo rigurosos procesos de purificación e introspección. En los mismos *Vedas* ya encontramos la imagen del *muni* (sabio silencioso):

> Los *munis*, ascetas silenciosos vestidos de viento,
> llevan prendas de ropa teñidas de amarillo;
> siguen el rápido curso del viento;
> los *devas* han entrado en ellos.
> Dichosos dicen:
> Por (el poder de) nuestras austeridades,
> hemos cogido los vientos como corceles;
> vosotros, hombres mortales,
> solo podéis ver nuestros cuerpos.[222]

Āsana (la postura). Este es el tercer miembro o paso (*aṅga*) del *haṭha-yoga*. Gorakshanath comparte la visión tradicional de

221. *Śāṇḍilya Upaniṣad* I, 5, 1.
222. *Ṛg Veda* X, 136, 1-4.

que en el *haṭha-yoga* existen ochenta y cuatro *āsanas* principales, cuya finalidad es purificar el cuerpo, armonizar el *prāṇa*, aportar al *yogī* una postura meditativa estable durante largo tiempo y ayudar a despertar la *kuṇḍalinī*:

> (Existen) tantas posturas como especies (de seres vivos). Únicamente Maheshvara (Shiva) conoce todas sus distinciones.
>
> A cada una de las 8.400.000 especies se le asignó una postura. Entre ellas, ochenta y cuatro posturas fueron escogidas por Shiva.
>
> Entre todas las posturas hay solamente dos que se distinguen por su excelencia: la primera se denomina la postura perfecta (*siddhāsana*) y la segunda, la postura de loto (*padmāsana* o *kamalāsana*).[223]

En la *Haṭha-yoga Pradīpikā*, Svatmarama comenta:

> Siendo los *āsanas* el primer componente del *haṭha-yoga*, deben tratarse primero. Los *āsanas* aportan firmeza, salud y ligereza al cuerpo.
>
> Shiva enseñó ochenta y cuatro *āsanas*. Describiré ahora los cuatro más importantes entre ellos: *siddhāsana* (postura perfecta), *padmāsana* (postura del loto), *siṃhāsana* (postura del león) y *bhadrāsana* (postura benéfica). De entre ellos, *siddhāsana*, siendo el más confortable, debe practicarse siempre.[224]

En la *Śāṇḍilya Upaniṣad*, el sabio Atharvan describe ocho *āsanas* que considera de gran importancia. Estos son: *svastikāsana*

223. *Gorakṣa Śatakam* 8-10.
224. *Haṭha-yoga Pradīpikā* I, 17 y 33-34.

(postura auspiciosa), *gomukhāsana* (postura de cara de vaca), *padmāsana* (postura del loto), *vīrāsana* (postura del héroe), *siṃhāsana* (postura del león), *bhadrāsana* (postura benéfica), *muktāsana* (postura de la liberación) y *mayūrāsana* (postura del pavo real). Si queremos avanzar en el proceso yóguico, es de gran ayuda acostumbrarnos a una postura (*āsana*) de meditación que sea confortable y firme. El tener un cierto dominio de un *āsana* es de vital importancia, porque al prolongar los períodos de meditación, la inmovilidad física es una gran ayuda para generar un aquietamiento mental y poder entrar en los estados de *samādhi* (absorción).

El sabio Atharvan continúa:

> Aquel que no pueda practicar ninguno de estos *āsanas*, debe hacer su práctica cuidadosamente con aquel *āsana* en el que se sienta confortable.
>
> Aquel que tiene dominio sobre el *āsana* tiene dominio sobre los tres mundos.[225]

Prāṇāyāma (el control de la respiración). Este es el siguiente paso (*aṅga*) y se basa en el uso adecuado de la respiración para purificar el cuerpo, armonizar la energía vital (*prāṇa*) y aquietar la mente del *yogī*.

Los *yogīs*, desde la antigüedad, observaron las distintas funciones del *prāṇa*, la energía sutil que sustenta el cuerpo y sostiene el universo, y las clasificaron del siguiente modo: *prāṇa*, el aire vital ascendente; *apāna*, el aire vital descendiente; *vyāna*,

225. *Śāṇḍilya Upaniṣad* I, 3, 13-14.

promueve la circulación sanguínea en todo el cuerpo; *samāna*, controla la digestión y la asimilación de la comida; *uḍāna*, controla las fuerzas vocales y permite la salida del cuerpo en el momento de la muerte. Gorakshanath menciona el lugar en que estos *prāṇas* residen en el cuerpo:

> El *prāṇa* siempre reside en el pecho (corazón), el *apāna* en la región del ano, el *samāna* está situado en la región del ombligo y el *uḍāna* se mueve en el centro de la garganta. El *vyāna* penetra la totalidad del cuerpo.
>
> Estos cinco se consideran los *prāṇas* (aires vitales) principales.[226]

Gorakshanath describe también las funciones de los cinco *prāṇas* menores: *nāga* se hace presente al eructar, *kūrma*, al abrir y cerrar los ojos, gracias a *kṛkara* podemos estornudar, *devadatta* se hace activo al bostezar y *dhanañjaya* penetra la totalidad del cuerpo y no lo abandona hasta el momento de la muerte. Estos diez *prāṇas* se mueven a través de las *nāḍīs* (canales sutiles).

La *Yoga Darśana Upaniṣad* describe el *prāṇāyāma* como «la interrupción voluntaria del movimiento de la respiración tanto hacia dentro como hacia fuera». Los textos dividen el proceso de la respiración y la práctica del *prāṇāyāma* en tres fases: *pūraka* (inspiración), *recaka* (espiración) y, el más importante, *kumbhaka* (retención). Sri Dattatreya en la *Yoga Darśana Upaniṣad* habla de estas fases:

226. *Gorakṣa Śatakam* 34-35.

> Así, llenar el abdomen con el aire del exterior se denomina *pūraka*. La retención del aire como si se tratara de una vasija llena se denomina *kumbhaka*, y el espirar el aire del abdomen se denomina *recaka*.[227]

La *Amṛtanāda Upaniṣad* describe el *prāṇāyāma* con un bello lenguaje:

> Así como el fuego quema las impurezas de los minerales de la montaña, así se queman las faltas cometidas por los órganos (de los sentidos) controlando el *prāṇa*.[228]

El sabio Atharvan expone que *prāṇāyāma* es la unión del *prāṇa* y del *apāna*, y que las tres fases de la respiración están asociadas cada una de ellas con una letra determinada, mostrando que el *prāṇāyāma* es una contemplación en el *praṇava oṃ*. El *yogī* inspiraría concentrado en el sonido interno «*a*», durante la retención predominaría el sonido «*u*» y en la espiración, el sonido «*m*». Estas son las tres letras que componen el *praṇava auṃ*. El sabio continúa exponiendo una técnica de *nāḍī śodhana prāṇāyāma* combinada con la repetición del *mantra oṃ*. Esta práctica no debería ser ejecutada sin tener un conocimiento adecuado del *prāṇāyāma*: el *yogī* inspira el aire externo por la *iḍā nāḍī* (narina izquierda) por un período de dieciséis *mātrās* (tiempos) mientras medita en el sonido «*a*»; reteniendo el aire inspirado durante sesenta y cuatro *mātrās*,

227. *Yoga Darśana Upaniṣad* VI 12-13.
228. *Amṛtanāda Upaniṣad* 7.

el *yogī* medita en el sonido «u» y, finalmente, espirando el aire por la *piṅgalā nāḍī* (narina derecha) durante treinta y dos *mātrās*, el *yogī* medita en el sonido «m». La práctica debería repetirse una y otra vez en el mismo orden. Sin lugar a dudas, esta práctica debe llevarse a cabo solo bajo la cuidadosa guía de un maestro competente y, después de tener un cierto dominio del *prāṇāyāma*, ir incrementando los tiempos proporcionalmente.

Existen diferentes variaciones de *prāṇāyāma* que ayudan a la purificación del cuerpo y al aquietamiento de la mente del aspirante. Nueve de estas son de especial relevancia: *anuloma-viloma*, *sūryabhedana*, *ujjāyī*, *śītkārī*, *śītālī*, *bhastrikā*, *mūrcchā*, *bhrāmarī* y *plāvinī*. Su práctica es muy poderosa ya que afecta a la mente de manera directa, por lo que es siempre necesario, como ya hemos mencionado, que se haga con un guía cualificado. La meta del *prāṇāyāma* es lo que se denomina *sahaja kumbhaka* o el *kumbhaka* natural, la cesación de la respiración de forma natural y sin esfuerzo. Esto tiene lugar cuando la mente del *yogī* queda completamente aquietada bajo el efecto de estas prácticas, a tal punto que la respiración primero se hace lenta y sutil, hasta que finalmente cesa durante un período de tiempo.

Svatmarama nos desvela el corazón del *prāṇāyāma*:

> Aquello que ata la respiración ata la mente. Aquello que ata la mente ata la respiración.
>
> La respiración se disuelve cuando la mente se disuelve. La mente se disuelve cuando la respiración se disuelve.
>
> Como la leche y el agua que se han mezclado, la mente y la

respiración tienen la misma acción. Cuando hay respiración hay pensamiento. Cuando hay mente hay respiración.

Cuando la mente está aquietada, el *prāṇa* también lo está y también el *bindu* (semen) está aquietado. La fortaleza y un cuerpo firme son el resultado de un *bindu* aquietado.

En el estado de *laya* (absorción de los *yogīs*), la inspiración y la espiración cesan. Los objetos no son percibidos, no hay actividad ni movimiento. Cuando la espiración y la inspiración han cesado completamente, la percepción de los órganos de los sentidos también se suspende y no se produce ningún movimiento ni modificación mental, entonces florece en el *yogī* el estado de *laya* (absorción).[229]

Pratyāhāra (interiorización de los sentidos). Aquí empieza el proceso interno del *yoga* (*antaraṅga*), hasta este momento el proceso era externo (*bahiraṅga*), y se usaban el cuerpo y la respiración. Cuando el *yogī* está purificado y preparado, cuando el *āsana* es firme y estable y el *kumbhaka* (cesación de la respiración) empieza a ocurrir espontáneamente, el proceso que se inicia es mucho más sutil: se interioriza la poderosa energía de los cinco sentidos (olfato, gusto, vista, tacto y oído) y empieza *pratyāhāra*. El sabio Gheranda describe *pratyāhāra* de la siguiente forma:

Ahora te enseñaré el sublime *pratyāhāra*. Su comprensión comporta la destrucción de los enemigos como la pasión, etcétera.

Donde sea que la mente inquieta vaya, hazla regresar, ponla bajo el control del Ser.

229. *Haṭha-yoga Pradīpikā* IV, 20-21, 23-24, 28 y 31.

> Allí donde vaya la vista, la mente la seguirá, así pues llévala de regreso bajo el control del Ser.
>
> Mantén la mente alejada de los sonidos, sean estos respetuosos o insultantes, agradables o desagradables para el sentido de la escucha, y condúcela bajo el control del Ser.
>
> Calor y frío afectan a la mente por medio del sentido del tacto, así pues, interiorízala y condúcela bajo el control del Ser,
>
> Cuando la mente se dirige hacia los olores agradables o desagradables, aléjala de ellos y llévala bajo el control del Ser.
>
> Cuando la mente corre tras los sabores como el dulce, el amargo o el agrio, apártala de ellos y llévala bajo el control del Ser.
>
> Esto es *pratyāhāra.*[230]

Será esta interiorización de los sentidos la que permitirá al *yogī* eliminar la dispersión de la mente, concentrar toda su energía –que habitualmente se disipa por medio de estos– y conducirla a los espacios interiores de concentración y meditación.

Sri Dattatreya, en la *Yoga Darśana Upaniṣad*, describe *pratyāhāra* de la siguiente forma:

> Ahora te expondré *pratyāhāra*, oh gran sabio. Los sentidos se mueven de forma natural hacia los objetos de los sentidos. Retirarlos por medio de la voluntad se denomina *pratyāhāra.* Percibido desde este estado de interiorización, todo lo que el *yogī* ve es *brahman.* Esto es *pratyāhāra*, así lo declararon los antiguos conocedores de *brahman*. Todas las acciones que el *yogī*

230. *Gheraṇḍa Saṃhitā* IV, 1-7.

lleve a cabo hasta el final de su vida, debe hacerlas con la conciencia de *brahman*, esto es *pratyāhāra*. El *yogī* lleva a cabo las acciones regulares de la vida con el conocimiento de que son únicamente un homenaje a *brahman*. Esto es *pratyāhāra.*[231]

Dhāraṇā (la concentración). Este es el sexto miembro (*aṅga*) del camino del *haṭha-yoga*. Con la firme preparación de los pasos anteriores, el *yogī* pasa ahora a experimentar la plena concentración de la mente. El aspirante está sentado en *āsana* con la respiración equilibrada y con los sentidos interiorizados. Su mente ya no da vueltas y puede permanecer concentrada en su objeto de meditación (soporte meditativo), este puede ser una forma sagrada (como *oṃ*), un *yantra* (imagen sagrada que tiene todo el poder de un aspecto de la divinidad) o un *mantra*, entre otros. El aspirante enfoca su mente en este soporte, pero en este estadio aún pierde la plena concentración y necesita hacer el esfuerzo de enfocar de nuevo su mente. Por medio de *abhyāsa* (la práctica repetida durante largo tiempo), el estado de *dhāraṇā* será cada vez más natural.

Algunos de los textos tradicionales del *haṭha-yoga* mencionan el estadio de *dhāraṇā* de forma muy breve. En otros encontramos elaboradas descripciones que muestran la importancia de esta fase. El *yogī* debe encontrar el soporte adecuado para sostener la concentración de su mente.

En la *Vasiṣṭha Saṃhitā*, el sabio Vasishtha expone a su hijo Shakti la importancia de *dhāraṇā*. Primero le enseña que los *yogīs* que poseen el conocimiento definen *dhāraṇā* como «la

231. *Yoga Darśana Upaniṣad* VII, 1-4.

estabilidad de la mente en el propio ser» y que esta solo se da en aquellos aspirantes que están establecidos en los *yamas* (abstinencias) y los subsiguientes pasos del *yoga.* Vasishtha aporta una enseñanza profunda con la descripción de distintos métodos de concentración, como la *dhāraṇā* en la que el *yogī* se concentra en la inmensidad del espacio externo, que a la vez se funde en el espacio interno del corazón, y menciona que si alguien se establece en esta concentración, puede moverse por el espacio. Menciona también la *dhāraṇā* (concentración) en los *mantras* semilla (*bīja mantras*) –*laṃ*, *vaṃ*, *raṃ*, *yaṃ*, *haṃ*– que corresponden a los cinco elementos –tierra, agua, fuego, aire y éter–. Continúa exponiendo que *dhāraṇā* es fijar la mente en las cinco deidades de los cinco elementos: desde los pies hasta la rodilla, se considera el lugar de la tierra; de la rodilla hasta el ano, el lugar del agua; del ano hasta el corazón, el lugar del fuego; desde el corazón hasta el entrecejo, el lugar del aire, y desde el entrecejo hasta la coronilla de la cabeza se considera que es el lugar del éter o espacio. Con este conocimiento, el *yogī* debe fijar la sílaba *laṃ* en el espacio de la tierra, la sílaba *vaṃ* en el espacio del agua, la sílaba *raṃ* en el del fuego, la sílaba *yaṃ* en el del aire, y la sílaba *haṃ* en el del éter. A la vez, el *yogī* avanzado debe instalar a las diferentes deidades en sus espacios correspondientes. A Brahma en la tierra, a Vishnu en el agua, a Rudra en el fuego, al intelecto cósmico (*mahat-tattva*) en el aire, y a la deidad inmanifiesta, el Señor del universo, en el espacio o éter.

Aquí nos encontramos con una compleja y a la vez expansiva enseñanza en la que el *yogī* se concentra en la infinitud del macrocosmos y la une a su propio cuerpo. Este tipo de *dhāraṇās*, denominadas *upāsana*, las encontramos a menudo en las *Upaniṣads*. El *yogī* debe trascender la limitación impuesta por la asociación a un cuerpo y a una mente y, por medio de las *dhāraṇās* en la infinitud y en las deidades, divinizar todo su ser. Cada aspirante seguirá los métodos y las pautas que le indique su propio *guru*, intentando no seguir ni buscar pautas o métodos en los textos sin que estos le hayan sido enseñados adecuadamente, ya que solo la enseñanza recibida del *guru*, por sencilla que sea, tendrá el poder de su bendición y será la más efectiva para concentrar y aquietar su mente.

El *Yoga Taraṃgiṇī* y otros textos mencionan que para los *yogīs* existen nueve lugares (*sthāna*) apropiados para concentrar la mente, estos son: el ano (el *mūlādhāra cakra*), los órganos genitales (el *svādhiṣṭhāna*), el ombligo (el *maṇipūra*), el loto del corazón (el *anāhata*), la garganta (el *viśuddha*), la úvula, el paladar, el entrecejo (el *ājñā*) y la cavidad del cielo (la coronilla de la cabeza, el *brahmarandhra* o *sahasrāra*).

Dhyāna (la meditación). Este es el séptimo paso en el camino del *yoga*, en el que toda la energía de la mente del *yogī* está enfocada en el objeto de meditación sin interrupción alguna.

La enseñanza del sabio Atharvan es breve y concisa al afirmar que *dhyāna* puede ser de dos clases: *saguṇa* y *nirguṇa*. *Saguṇa* es la meditación en una forma y *nirguṇa* es la meditación en el *ātman*. La meditación *saguṇa* tradicionalmente se centra en la deidad personal (*iṣṭa devatā*) que acompaña y bendice al *yogī* en su camino. Esta deidad puede ser Shiva, la Devi, Vishnu, Rama, Krishna, la forma del *guru* o de *mahātmās* con los que el *yogī* siente una profunda relación, etcétera. Otra meditación *saguṇa*, que encontramos ya en las *Upaniṣads* más antiguas, es la meditación en el espacio del corazón, pudiéndose visualizar en él una luz radiante, con el sentimiento (*bhāva*) de que esta es la luz de la divinidad en nosotros, etcétera.

La *Gheraṇḍa Saṃhitā* menciona tres tipos de meditación y los describe como: meditación burda, luminosa y sutil. La meditación burda es aquella en la que el *yogī* medita en la forma física de la divinidad; en la meditación luminosa el *yogī* medita en la luz, y en la meditación sutil el *yogī* medita en *brahman*. Por lo común, el aspirante empieza su práctica con la meditación *saguṇa* para así tener el soporte de una forma en la que concentrar su mente. Las formas tradicionales de meditación conllevan una bendición, nos convertimos en aquello en lo que meditamos: el hecho de que el *yogī* medite en la divinidad, lo diviniza; la meditación en un ser liberado, como puede ser el propio *guru* o un *mahātmā*, nos acerca a su estado; la meditación en *oṃ* o en un *mantra* sagrado nos impregna de su sacralidad.

Aunque la meditación más común desde la antigüedad ha sido la meditación en la forma de la divinidad, estos grandes maestros quieren llevar al *yogī* a la trascendencia total y no a permanecer en el mundo de nombres y formas aunque estas pudieran ser divinas. El *guru* es el que aporta la enseñanza adecuada en cada momento, según la predisposición del discípulo.

Veamos ahora la meditación *nirguṇa* (sin forma) en la que la mente del *yogī* está libre de todo contenido y se absorbe en la infinitud de su propio ser. En realidad, en esta meditación más allá de todo concepto no hay nada que pueda ser expresado. Aun así, el sabio Vasishtha, de forma poética y llena de inspiración, la describe del siguiente modo:

Uno, luminoso, puro, todo penetrante como el espacio, inamovible, extremadamente limpio, inmaculado, eterno, sin principio, medio ni fin.

No tocado por el espacio físico ni sutil, invisible, más allá del gusto y del olfato, más allá de cualquier fuente de conocimiento, sin similitud.

Dichoso, siempre nuevo, permanente, causa de todo lo que existe y de lo que no existe, substrato de todo, asumiendo la forma del universo, abstracto, sin principio, indestructible.

Invisible, ocupando los objetos por dentro y por fuera, presente en todas las direcciones, viéndolo todo, con pies en todas las direcciones, con cabezas en todas las direcciones, tocándolo todo.

Que yo pueda unirme a este *brahman*, este sentimiento es la meditación sin atributos (*nirguṇa dhyāna*).[232]

En la *Haṭha-yoga Pradīpikā*, Svatmarama describe el estado del *yogī* en meditación por medio de esta bella analogía:

Vacío interior y vacío exterior, como una jarra vacía en el espacio.

Plenitud en el interior y plenitud en el exterior, como una jarra sumergida en el océano.

Y prosigue:

(El *yogī*) no debe pensar en cosas externas ni en cosas internas. Abandonando todos los pensamientos, no debe pensar en nada.[233]

232. *Vasiṣṭha Saṃhitā* (*yoga-kāṇḍa*) IV, 21-25.
233. *Haṭha-yoga Pradīpikā* IV, 56-57.

Samādhi (la absorción). Este es el octavo y último paso en el camino del *yoga*. Cuando el *yogī* permanece en un estado de profunda meditación de forma estable, sin distracciones ni fluctuaciones en la mente, y se sumerge en una indescriptible y luminosa paz interior, llega finalmente el estado de *samādhi*, la culminación del *yoga*. Tal como afirma la *Yoga Kuṇḍalinī Upaniṣad*: «los *yogīs* logran el néctar de la igualdad solo a través de *samādhi*».[234]

El sabio Atharvan, en la *Śāṇḍilya Upaniṣad*, describe este último eslabón del *haṭha-yoga* de la siguiente forma:

> Ahora el *samādhi*, la unión del ser individual (*jīvātmā*) con el Ser supremo (*paramātmā*) libre de los tres (el conocedor, el conocido y el acto de conocer), cuya forma es dicha suprema y cuyo soporte es la conciencia pura.[235]

Gorakshanath describe así el estado de *samādhi*:

> Cuando el *prāṇa* se aquieta y la mente se absorbe tiene lugar el completo equilibrio, (del cual surge) lo que se denomina *samādhi*.
>
> El *yogī* que está establecido en *samādhi* no se conoce a sí mismo ni a otro, ni experimenta (el olfato, ni el gusto ni la forma ni el tacto ni el sonido).
>
> El *yogī* que está establecido en *samādhi* no está atado por el tiempo ni manchado por la acción y no puede ser influenciado por nada ni por nadie.[236]

234. *Yoga Kuṇḍalinī Upaniṣad* III, 14.
235. *Śāṇḍilya Upaniṣad* I, 11, 1.
236. *Gorakṣa Śatakam* II, 88-90.

En los textos clásicos del *haṭha-yoga* encontramos profundas descripciones del estado de *samādhi*, entre ellas, la que ofrece la *Haṭha-yoga Pradīpikā* merece especial atención. Svatmarama define con detalle el estado de *samādhi*, afirmando que este destruye el ciclo del nacimiento y la muerte, es el medio para alcanzar la felicidad y conduce a la dicha suprema de *brahman* (*brahmānanda*), y cita dieciséis términos clásicos con un gran significado que designan este estado:

> *Rāja-yoga* (*yoga* real), *samādhi* (absorción), *unmanī* (estado más allá de la mente), *manonmanī* (extinción de la mente), *amaratva* (inmortalidad), *laya* (disolución), *tattva* (la realidad), *śūnyāśūnya* (vacío y no vacío), *paramapada* (el estado supremo), *amanaska* (total aquietamiento de la mente), *advaita* (no dualidad), *nirālamba* (sin soporte), *nirañjana* (inmaculado), *jīvanmukti* (liberación en esta vida), *sahaja* (estado natural) y *turīya* (el cuarto estado), todas estas palabras son sinónimos.[237]

Svatmarama considera que estos términos usados por distintas escuelas describen el estado supremo de *samādhi.* Veamos cada una de estas definiciones y su profundo significado en los distintos textos de la tradición yóguica.

Rāja-yoga (el *yoga* real): según la *Haṭha-yoga Pradīpikā*, los *āsanas*, los diferentes *kumbhakas* y las *mudrās* deben practicarse hasta obtener el fruto del *rāja-yoga*. Para Svatmarama, *rāja-yoga* significa la meta final del proceso del *haṭha-yoga*. Esta idea es también expresada en el siguiente verso del sabio Gheranda:

237. *Haṭha-yoga Pradīpikā* IV, 3-4.

> Así te lo he expuesto, Chanda, *samādhi* significa liberación (*mukti*). La esencia del *rāja-yoga* y del *samādhi* es la unión con el *ātman*; (estos dos términos) así como *unmanī* (estado más allá de la mente) y *sahajāvastha* (estado natural) son sinónimos.[238]

En la *Yogaśikhā Upaniṣad* encontramos otra interpretación de *rāja-yoga*, que en este caso significa la unión del *rājas* con el *retas* (fluido sexual femenino y masculino); la unión de Shiva con Shakti, que tiene lugar en el cuerpo del *yogī* por medio del ascenso de *kuṇḍalinī*. Según esta *Upaniṣad*, el *rāja-yoga* hace que el *yogī* «brille» y obtenga todos los poderes (*siddhis*).

Samādhi (absorción). Sri Dattatreya, en la *Yoga Darśana Upaniṣad*, describe el estado de *samādhi* como el destructor de la existencia mundana, aquello que da lugar al conocimiento y que lleva a la unidad con todos los seres. Y continúa:

> El *ātman* es realmente eterno, todo penetrante, sin cambio, libre de todo defecto. En realidad, la dualidad no existe, ni el mundo fenoménico, ni tampoco la transmigración. Solo debido a las nociones falsas (fruto) de la dualidad al *ātman* se le denomina *jīva* (ser individual) e Ishvara (divinidad). (Concéntrate constantemente en) «No soy el cuerpo, ni el *prāṇa* ni los sentidos ni la mente», «Soy el testigo, soy únicamente Shiva». Oh sabio excelente, a este conocimiento y convicción se le denomina *samādhi*.[239]

238. *Gheraṇḍa Saṃhitā* VII, 17.
239. *Yoga Darśana Upaniṣad* X, 2-5.

Unmanī (estado más allá de la mente). Se considera como la suspensión de todas las funciones de la mente. En este estado, la mente está del todo inmóvil y se describe como estado de no mente y no dualidad. Svatmarama lo describe así:

> Todo lo animado e inanimado es objeto de la mente. Cuando la mente llega al estado de *unmanī* no se experimenta más la dualidad.
>
> Al abandonar todos los objetos de conocimiento, *manas* (la mente) se funde en *brahman.* Y cuando *manas* se funde en *brahman*, solo queda el Absoluto.
>
> El *yogī*, tras haber sobrepasado todas las condiciones de la existencia y abandonado todo pensamiento, queda como muerto. Está realmente liberado.[240]

Manonmanī (extinción de la mente). Según la *Haṭha-yoga Pradīpikā*, este estado es el resultado del fluir del *prāṇa* por la *suṣumṇā* (canal central), ya que por medio de ello la mente alcanza la quietud y la estabilidad. La *Haṭha-yoga Pradīpikā* continúa:

> El estado de *manonmanī* se alcanza cuando el *prāṇa* fluye por el *suṣumṇā.* Si esto no ocurre, las demás prácticas y esfuerzos del *yogī* no darán fruto.
>
> Salutaciones a la *suṣumṇā*, a *kuṇḍalinī*, al néctar que fluye de la luna (*ājñā cakra*), al estado de *manonmanī* y al gran poder en la forma de Conciencia suprema.[241]

240. *Haṭha-yoga Pradīpikā* IV, 61-62 y 107.
241. *Haṭha-yoga Pradīpikā* IV, 20 y 64.

Amaratva (inmortalidad). Este término hace referencia al estado que el *yogī* alcanza al liberarse del ciclo del nacimiento y de la muerte. Aunque permanezca en el cuerpo como *jīvanmukta*, ya no está afectado por él. Este es un término frecuentemente usado por aquellos *siddhas* conocedores de la alquimia (*rasāyana*), por medio de cuyos procesos lograban transustanciar el cuerpo físico (*kāya-siddhi*) y prolongar su vida durante largo tiempo. En el sur de la India existen aún tradiciones *siddhas* que, por medio del uso alquímico de distintos metales purificados o cenizas (*bhasmas*) que se ingieren o se insertan en el cuerpo, alcanzan una gran longevidad. El término *amaratva* también está relacionado con los procesos que lleva a cabo el *yogī* que ha perfeccionado *khecari mudrā* y se alimenta del *amṛta* o *soma* que fluye de la parte superior de su cabeza.

Laya (disolución). Según los textos, hace referencia a la disolución o reabsorción de los cinco elementos groseros –tierra, agua, fuego, aire, espacio– en los elementos sutiles (*tanmātras*), así como a la reabsorción del ser individual en la Realidad suprema. Tal como afirma Svatmarama en la *Haṭha-yoga Pradīpikā*:

> Cuando todos los procesos de pensamiento cesan y no queda ninguna actividad, se desarrolla el exquisito estado de *laya*, que, aunque experimentado, no puede describirse con palabras.[242]

Tattva (realidad). Este término también puede significar categoría o plano de existencia. En el presente contexto, la *Śiva Saṃhitā* afirma que, en aquel estado en el que todo desaparece

242. *Haṭha-yoga Pradīpikā* IV, 32.

para el *yogī*, la Realidad (*tattva*) se manifiesta por ella misma. Leamos a Svatmarama:

> Tal como el alcanfor se disuelve en el fuego y la sal en el agua, la mente se disuelve en contacto con la Realidad (*tattva*).[243]

Śūnyāśūnya (vacío y no vacío). Este término expone el carácter indescriptible de la realidad suprema, que a veces se expresa como manifiesto y no manifiesto: vacío y plenitud, Shiva y Shakti. En la *Haṭha-yoga Pradīpikā*, Svatmarama describe el estado del *yogī* establecido en el estado supremo y afirma:

> La suprema realidad de Shambhu (Shiva) brilla resplandeciente y no puede ser descrita ya que tiene las características del vacío y del no vacío (*śūnyāśūnya*).[244]

Paramapada (el estado supremo). Este término expresa el estado de identidad con *brahman*. El *yogī*, por medio del *samādhi*, se establece en el estado más elevado que el ser humano pueda alcanzar. Gorakshanath lo describe de la siguiente forma:

> El hecho de no estar compuesto por partes, de ser absoluta sutileza, inmovilidad e indivisibilidad, y el hecho de que no pueda ser trascendido, estos son los cinco atributos del estado supremo, *paramapada*.[245]

243. *Haṭha-yoga Pradīpikā* IV, 59.
244. *Haṭha-yoga Pradīpikā* IV, 37.
245. *Siddha-siddhānta-paddhati* I, 17.

> ¿Cómo pueden las palabras describir aquello que está más allá del intelecto y de la mente, aquello que los filósofos no pueden comprender, que ningún medio de cognición puede concebir y que la dialéctica no puede alcanzar? ¿Cómo puede incluso un maestro elocuente describir este Absoluto (*paramapada*)? Esta es la razón por la que el mismo Shiva ha descrito *paramapada* como aquello que tiene que ser experimentado (...). *Paramapada* puede ser conocido solo por medio de la gracia de un *guru* que sea conocedor del *ātman* sin atributos. Es una enseñanza conocida que *paramapada* solo puede ser experimentado.[246]

Amanaska (el estado en que todas las funciones de la mente están aquietadas). Este es el estado sublime en el que la mente es trascendida. A veces, también se le puede denominar *unmanī* o estado de exaltación interior. En un texto llamado *Amanaska Yoga*, Shiva instruye a Vamadeva:

> La sabiduría de *amanaska* conduce a la inmortalidad, nunca tiene ninguna modificación y está libre de toda mancha.
>
> (Debido al estado de *amanaska*), los *yogīs* experimentan la suspensión de la respiración y cesa en ellos el apego hacia los objetos mundanos. En estado de plenitud, permanecen inamovibles sin ningún esfuerzo, disfrutando de una gran dicha. Todas las proyecciones mentales y los esfuerzos llegan a su fin.[247]

246. *Siddha-siddhānta-paddhati* V, 3-4.
247. *Amanaska Yoga* II, 20-22.

Advaita (no dualidad). Este es un término muy usado en el camino del *jñāna-yoga*, e indica que la dualidad aparente entre el ser individual (*jīva*), el mundo (*jagat*) y la divinidad (Ishvara) desaparece. El conocedor (*jñānī*) experimenta la conciencia una que no es distinta de su propio ser, viviendo así en una perfecta no dualidad. La *Advaya-tāraka Upaniṣad* describe este estado de la siguiente forma:

> Después de conocer que los dos, el ser individual (*jīva*) y la divinidad (Ishvara), son solo el resultado de la ilusión, y habiéndolo abandonado todo por medio de «esto no, esto no» (*neti neti*), lo que permanece es *brahman* no dual (*advaya*).[248]

Nirālamba (sin soporte). Este es el estado en que la mente del *yogī* se desapega por completo del mundo exterior y solo es consciente de su propio ser (*ātman*). Según la *Tejobindu Upaniṣad*:

> Por *dhyāna* se conoce aquel estado que no tiene soporte alguno (*nirālamba*), y en el que surge la devoción real de «Yo soy únicamente *brahman*», que otorga una intensa dicha.[249]

Nirañjana (inmaculado). Se refiere a aquel estado del *yogī* en el que existe la total ausencia de las limitaciones aparentes (*upādhis*) como pueden ser la asociación con el cuerpo, la energía vital (*prāṇa*), la mente o el intelecto, que son pro-

248. *Advaya-tāraka Upaniṣad* 3.
249. *Tejobindu Upaniṣad* I, 36.

ducto de *māyā* (*la ilusión*). Tal como afirma la *Amṛtabindu Upaniṣad:*

> Eso es únicamente *brahman*, uno (sin partes), más allá de la mente, inmaculado (*nirañjanam*). «Yo soy este *brahman*», con este reconocimiento uno se convierte en el inmutable *brahman.*[250]

Jīvanmukta (estado de liberación en vida). Cuando el *yogī* experimenta repetidamente los diferentes estados de *samādhi* y este estado expandido de conciencia se hace natural en él, se considera que ha alcanzado la liberación y que es un *jīvanmukta* (un ser liberado en vida). La magnificencia del estado de liberación está bellamente descrita en la *Tejobindu Upaniṣad.* Kumara le pregunta a Parameshwara (Shiva) acerca del estado del *jīvanmukta*, a lo que Shiva responde:

> Se conoce como un *jīvanmukta* a aquel que permanece únicamente en el *ātman* con el conocimiento de «Yo soy el *ātman*, yo soy el *ātman* trascendente, en mí no hay cualidades» (...) Se conoce como un *jīvanmukta* a aquel que internamente reconoce «Estoy más allá de los tres cuerpos; soy conciencia pura, yo soy *brahman*».
>
> Se conoce como un *jīvanmukta* a aquel que está lleno de dicha al reconocer «Mi forma es dicha, yo soy la dicha exquisita», para quien no hay ego, que permanece siempre establecido únicamente en la conciencia, cuya forma es la Conciencia absoluta.[251]

250. *Amṛtabindu Upaniṣad* 8.
251. *Tejobindu Upaniṣad* IV, 1-7.

Sahaja (estado natural). *Sahaja* o *sahaja avasthā* es un término muy común en la tradición del *tantra* y significa el estado natural o el estado innato de perfección absoluta que existe en el ser humano. El profundo significado de la palabra *sahaja* enfatiza la idea de que la liberación no es algo externo al *yogī*, sino que es su propia esencia, de que la liberación es lo más cercano. Tal como dice la *Haṭha-yoga Pradīpikā*:

> Difícil es renunciar a los objetos de los sentidos, difícil es tener la visión de la Realidad, difícil es alcanzar el estado natural (*sahaja avasthā*) sin la compasión de un verdadero *guru*.
>
> Después del despertar de la *śakti* (*kuṇḍalinī*) y libre de toda actividad, él (el *yogī*) alcanza plenamente su estado original (*sahaja avasthā*).[252]

Turīya (el cuarto estado). El estado de *turīya* está descrito detalladamente en las *Upaniṣads*, especialmente en la *Māṇḍūkya Upaniṣad*, y hace referencia a la Realidad que experimenta el *yogī* cuando trasciende los estados de vigilia (*jāgrat*), de sueño (*svapna*) y de sueño profundo (*suṣupti*), que según la *upaniṣad* corresponden a las tres letras del *praṇava* (*a*, *u* y *m*). Esta es la descripción de *turīya* según la *Māṇḍūkya Upaniṣad:*

> Ellos consideran como el Cuarto (*turīya*) aquel (estado) en el que no existe conocimiento interior ni conocimiento exterior. No es una masa de conciencia, no es consciente, no es inconsciente. No

252. *Haṭha-yoga Pradīpikā* IV, 9 y 11.

> puede ser visto, está más allá de toda relación, está más allá de los órganos de los sentidos, es incomprensible, impensable, no puede ser inferido, no puede ser nombrado, no puede ser descrito. Su única prueba válida es la conciencia manifestada como el *ātman* en el que todo fenómeno cesa y en el que no existe el cambio, que es auspicioso y no dual. Eso es el *ātman* y eso es lo que debe conocerse.[253]

El gran maestro Gaudapada, en su comentario (*Kārikās*) a la *Māṇḍūkya Upaniṣad*, afirma:

> *Turīya*, la divina e inmutable esencia, el supremo señor, es lo único capaz de poner fin a todos los sufrimientos de los seres. Debido a que todos los estados son irreales, tan solo *turīya* es conocido como el resplandeciente y el todo penetrante.[254]

Concluyamos la contemplación de estos términos que describen el estado más elevado que alcanza el *yogī* con estas palabras del sabio Gheranda, que contienen la esencia de todo lo expresado anteriormente:

> Separar la mente del cuerpo y unirla con el Absoluto (*paramātman*) se conoce como *samādhi*, en él, el *yogī* se libera de todos los estados de conciencia.
>
> Yo soy *brahman*, *brahman* es lo que soy. Soy ciertamente *brahman*. En mí no existe el sufrimiento. Soy la Realidad, *sat*-

253. *Māṇḍūkya Upaniṣad* 7.
254. *Gaudapada Kārikā* I, 10.

> *cit-ānanda* (existencia, conciencia y dicha). Soy eternamente libre. Soy lo que realmente soy.[255]

Aquel que inicia el camino del *yoga* siguiendo sus bases (*yamas* y *niyamas*), a lo largo de este extraordinario proceso desarrolla un cuerpo saludable, fuerte, flexible y ligero, una mente luminosa y silenciosa, un intelecto poderoso y sutil, poder de concentración; y la capacidad de entrar en los espacios gozosos y expansivos de la meditación. La verdadera meta del *yoga* es la liberación (*mokṣa*, *kaivalya*), trascender la asociación con el cuerpo, la mente y los sentidos, y reconocer el *ātman*, la conciencia pura, como la propia esencia nunca afectada por nada.

La expansión del *haṭha-yoga* en Occidente

> «Tras observar con atención la evolución del *yoga* en el hemisferio occidental desde el comienzo de los años 60, me he percatado con creciente preocupación de que las prácticas yóguicas han sido progresivamente despojadas de sus principios espirituales y éticos. El *yoga* ha sido sometido severamente al consumismo occidental y se ha convertido en un producto de mercado».[256]

255. *Gheraṇḍa Saṃhitā* VII, 3-4.
256. Feuerstein, Georg. *The Path of Yoga. An Essential Guide to Its Principles and Practices*. Boston: Shambala, 2011, p.14.

Así se expresaba en uno de sus últimos libros el erudito autor contemporáneo Georg Feuerstein, quien ha dejado un importante legado escrito acerca de la tradición del *yoga*.

¿Cómo se expandió el *haṭha-yoga* por todo el mundo y cómo llegó a ser tan conocido? Y a la vez, ¿cómo se fue difuminando y perdiendo el propósito original y la meta de este sagrado camino? Veámoslo brevemente.

Retrocedamos en el tiempo y vayamos a la India. El período entre los siglos V y XIV fue muy especial, ya que se fundieron las antiguas tradiciones tántricas basadas en los *Āgamas* con los caminos más ortodoxos del hinduismo basados en los *Vedas*. A lo largo de estos siglos surgieron grandes *ācāryas* (maestros) que dieron forma a distintas escuelas y caminos de gran relevancia, como Sri Shankara, Abhinavagupta, Ramanuja, Madhva, Vallabacharya, Chaitanya, Nimbarka o Srikantha, entre otros. Surgieron importantes linajes (*saṃpradāyas*) con incontables *mahātmās* y maestros, se crearon múltiples órdenes monásticas, se escribieron infinitud de textos que elaboraban tanto la visión metafísica como las diversas prácticas de estos caminos y enseñanzas. Fue durante este período cuando la tradición del *haṭha-yoga*, por medio de la influencia de los *nāthas*, llegó a su máxima expresión.

A otro nivel, especialmente a partir del siglo X, fue una época de grandes dificultades y de un tremendo desgaste para el hinduismo. Las invasiones musulmanas representaron un impresionante reto para la población hindú, incapaz durante siglos de comprender la teología de la *jihad* islámica y el peligro que representaba para la supervivencia de las variadas tradiciones espirituales de la India. No cabe en este ensayo mencionar los miles de templos que fueron destruidos, las universidades, bibliotecas y monasterios que fueron incendiados y los brahmanes o monjes que fueron masacrados. Por suerte, el espíritu guerrero (*kṣatriya*) hindú no desapareció y, a lo largo del siglo XVII, los ejércitos de los *marathas* en el centro de India, y posteriormente los de los *rajputs* y de los *sikhs* en el norte, lucharon fervientemente contra el emperador Aurangzeb y sus sucesores, hasta que el poder mogol en la India quedó reducido a la nada. Fue en este momento cuando la Compañía Británica de las Indias Orientales (*East India Company*), ante el debilitamiento de los reinos hindúes y aprovechando sus rivalidades, se hizo con el poder de la península india.

Esta era una nueva situación, en la India ahora gobernaba el Raj británico, un enemigo mucho más sutil que el anterior invasor musulmán. Una de las primeras cosas que hizo fue acabar con el cohesivo sistema local de enseñanza tradicional hindú de los *gurukulas*. Este sistema educativo descentralizado no era útil para los británicos, y en su lugar instauraron una educación «moderna» y en muchas ocasiones cristiana, que tenía un claro propósito: destruir la concepción tradicional hindú de la vida. Esta nueva educación moderna era cientificista, pragmática, materialista, evolucionista, etcétera, e influenció en gran manera la visión y la comprensión del cosmos de muchos hindúes que, hasta el momento, formaban parte de una cultura que sostenía una visión tradicional y sagrada del cosmos. Esta nueva enseñanza tenía como meta perpetuar el poder del Imperio británico en la India y crear vasallos que facilitaran la explotación del país y que perdieran su dignidad como hindúes para así acabar lentamente con el hinduismo.

T. B. Macaulay, miembro del Consejo Supremo de la India entre 1834 y 1838, participó activamente en este proceso. En una minuta declaraba:

> En estos momentos tenemos que hacer todo lo posible para crear una clase (de personas) que sean los intérpretes entre nosotros y los millones que gobernamos; una clase de personas, indios de sangre y color, pero ingleses en sus gustos, en sus opiniones, en su moral y en su intelecto.[257]

En una carta a su padre escribía:

> Nuestras escuelas inglesas están creciendo de forma maravillosa (...), el efecto de esta educación en los hindúes es prodigioso. Ningún hindú que haya recibido la educación inglesa podrá practicar su religión de forma sincera.[258]

Este fue un período de gran crisis interna para el hinduismo, la mayoría de las personas «instruidas» habían pasado por este sistema educativo que intentaba desarraigar a las élites de la India de la cosmovisión de sus antepasados. Esto llevó a muchas personas a ver su propia tradición con cierto reparo, creando en muchos casos un profundo sentimiento de inferioridad ante la religión y la cultura de los invasores. Sri Chandrasekhara Bharati, Shankaracharya del monasterio de Sringeri, importan-

257. Shourie, Arun. *Missionaries in India.* Continuities, Changes, Dilemmas. N. Delhi, ASA, 1994, p. 61.

258. Shourie. Ídem, p. 65.

te centro de la ortodoxia hindú del sur de la India, ante estos acontecimientos, en una conversación, expresaba:

> Durante el régimen musulmán, conocíamos a nuestro enemigo y, por lo tanto, nos armamos y nos preparamos para afrontar su ataque violento. Pero en los tiempos modernos no tenemos enemigo conocido. Todo el mundo dice que no se opone a nosotros. Estamos práctica y efectivamente desarmados debido a esta supuesta falta de oposición. En nuestro falso sentido de seguridad, nos hemos vuelto más y más débiles. El lento veneno del pensamiento y los modales no hindúes han contaminado nuestra sangre, y lo más penoso es que no nos damos cuenta de que es un auténtico veneno, ni ahora ni lo haremos en un futuro ...[259]

A finales del siglo XIX, ante las importantes conversiones llevadas a cabo por los misioneros cristianos, Swami Dayananda Saraswati creó el Arya Samaj. Su propósito era que el hinduismo retornara a la pureza de la tradición védica. Dayananda desafió repetidamente a los misioneros por medio de debates y, a la vez, popularizó una ceremonia de purificación (*śuddhi*) para todas aquellas personas que habían sido convertidas –muchas veces a la fuerza– al cristianismo o al islam, para que estas fueran aceptadas de nuevo como hindúes de pleno derecho. Aquí dio comienzo un lento renacimiento del hinduismo en el que es importante citar a Swami Vivekananda, discípulo de Ramakrishna. Vivekananda viajó a Occidente y su partici-

259. Bharati Swamigal, Sri Jnanananda. *Diálogos con el guru. Conversaciones con Jagadguru Sri Chandrasekhara Bharati Swaminah.* Barcelona: Advaitavidya, 2019, p.116.

pación en el Parlamento de las Religiones de Chicago, el 11 septiembre de 1893, tuvo un gran impacto debido a la fuerza de su mensaje. En su discurso dijo:

> Sois los hijos de la divinidad, compartís la dicha inmortal, seres sagrados y perfectos. Vosotros, divinidades en la Tierra, ¿pecadores? Es una gran falta llamar a un hombre así. Es una difamación permanente de la naturaleza humana. ¡Levantaos, leones! Desechad la ilusión de que sois corderos; sois almas inmortales, espíritus libres, benditos y eternos.[260]

La influencia de Swami Vivekananda empezó a revitalizar el hinduismo en un momento crucial y muchas personas, recuperando su lazo con esta tradición milenaria, hicieron suya su conocida sentencia: «Siéntete orgulloso de ser hindú».

Swami Rama Tirtha viajó también a los Estados Unidos y, siguiendo el ejemplo de Vivekananda, impartió allí en 1902 enseñanzas sobre *vedānta*. Sus escritos y charlas recopilados en varios volúmenes bajo el nombre *In the Woods of God Realization* (*En los bosques de la experiencia de Dios*) son un canto a la libertad y a la espiritualidad pura. Pocos años después, en 1920, Yogananda viajó también a Occidente y durante años enseñó hinduismo en Estados Unidos, en este caso –con un cierto tinte de cristianismo–, posiblemente para ser más cercano a las sensibilidades protestantes del momento y el lugar. Este es, de forma muy breve, el contexto histórico en

260. Vivekananda Swami, *Complete Works Vol. 1*, Kolcata: Sri Ramakrishna Mutt, 1985, p.11.

el que el *haṭha-yoga* empezó a transformarse, se alejó de sus raíces, empezó a ganar popularidad en la India y se expandió por todo el mundo. Algunas de las figuras más representativas de este proceso son Sri Yogendra, Swami Kuvalyananda, Bala Sahib Pant y T. Krishnamacharya, así como Swami Sivananda de Rishikesh. Veamos brevemente la aportación de cada uno de ellos a este proceso.

Sri Yogendra (1897-1989). Manibhai Haribhai Desai nació en Gujarat; conocido posteriormente como Sri Yogendra, es considerado por algunos como un gran pionero y padre del «*yoga* moderno». En su trabajo intentó definir el *yoga* en términos científicos, médicos y de bienestar físico. Desai llegó al *yoga* tras años de practicar la cultura física moderna. De joven, sus pasiones fueron la gimnasia y la lucha libre; según uno de sus biógrafos, incluso llegaron a llamarle *Mister-Muscle-Man* (el señor musculoso). Entre 1916 y 1918 pasó un año y medio en el *āśram* de Swami Paramahamsa Madhavdasji, quien se convertiría en su *guru* y de quien aprendió *yoga* y métodos de curación natural.

Después de este período, en 1918 Sri Yogendra fundó el Yoga Institute en Santa Cruz, Mumbai, el primer centro de *yoga* moderno para la investigación de los «aspectos curativos del *yoga*». Al año siguiente viajó por Europa y Estados Unidos, y en Nueva York abrió The Yoga Institute of America. Durante su estancia en Occidente, que se prolongó durante cuatro años, colaboró con médicos, naturópatas y nutricionistas de vanguardia como Benedict Lust y John Harvey Kellogg, ofreciendo las primeras demostraciones prácticas de *haṭha-yoga* –algo nunca visto hasta aquel momento en Estados Unidos–

para probar científicamente su efecto en el cuerpo y la mente. Su meta era crear cursos de *āsanas* asequibles para el público general, así como mostrar los beneficios del *yoga* en la salud. En el Yoga Institute de la India se publicaron varios textos innovadores acerca de los beneficios prácticos de las posturas y de los métodos yóguicos, entre los que cabe destacar *Yoga Asanas Simplified* (*Āsanas de yoga simplificadas*), publicado en 1928, y *Yoga Personal Hygiene* (*Yoga e higiene personal*), publicado en 1931.

Mark Singleton, en su libro *El cuerpo del yoga*, narra un interesante acontecimiento en el que tres *yogīs* desnudos se presentaron ante la puerta de la casa de Yogendra y le dijeron que, si les acompañaba, le enseñarían los secretos más ocultos del *yoga*. Singleton continúa:

> Yogendra, un joven hogareño, rehusó el ofrecimiento, pero el encuentro le reafirmó en su deseo de «recuperar el *yoga* de la custodia (*sic*) de las sectas automortificadoras y otros celosos repositorios de la Verdad Suprema» y le dio «la fuerza para rebelarse contra las tradiciones ancestrales y reformar el concepto y la práctica del *yoga*». La imagen del *yoga* físico moderno sería benévola, accesible, científica y segura, y su práctica, domesticada y democrática, se definiría en contraposición a los vergonzosos poderes secretos de los *haṭha-yogīs* errantes, poderes que, no obstante, continúan siendo símbolo de la potencia mágica del *yoga* dentro y más allá del proyecto yóguico científico.[261]

261. Singleton, Mark. *El cuerpo del yoga. Los orígenes de la práctica postural moderna.* Barcelona: Kairós, 2018, p. 248.

Para Sri Yogendra:

> El *yoga* es una técnica aplicable a los aspirantes de todos los niveles para que el enfermo y el saludable, el bueno y el malo, el inteligente y el ignorante, el creyente y el no creyente puedan beneficiarse por igual de su práctica.[262]

Yogendra siempre se acercó al *yoga* desde una visión científica, desmitificándolo, y desligándolo de su cosmovisión. Tal como menciona Elliott Goldberg:

> Tradicionalmente, después de que un hombre haya sido aceptado para la preparación yóguica, su vida se asemeja a la de un novicio que forma parte de una orden religiosa: se somete a las arduas condiciones ascéticas necesarias para transformar su vida. Yogendra reconoció que «hoy en día existen muy pocas (personas) que desearían aprender *yoga* bajo las condiciones que se les impondrían» en los lugares de retiro. «Es evidente que la tradición ortodoxa de impartir la educación del *yoga* en los lugares retirados y que requiere que los estudiantes abandonen sus hogares (permanentemente) –no importa lo esencial o lo adecuado que esto sea– no inspirará al hombre moderno». Escribió: «Al contrario, la estricta adherencia a los requisitos del *yoga* podría considerarse incluso como algo laborioso, anacrónico y hasta repulsivo».[263]

262. Sri Yogendra. *Yoga Asanas Simplified.* Mumbai: Yoga Institute, 1956.
263. Goldberg, Elliott. *The Path of Modern Yoga. The History of an Embodied. Spiritual Practice.* Vermont: Inner Traditions, 2016, p. 23.

Hasta ese momento, la enseñanza del *haṭha-yoga* había sido transmitida de maestro a discípulo cuando este estaba adecuadamente preparado y seguía una vida ascética. Con esta nueva visión, Sri Yogendra fue el creador de la «clase de *yoga*». Así es como hizo posible para la clase alta y media de Mumbai participar de la enseñanza del *yoga* sin necesidad de vivir en lugares alejados junto a un *guru* y siguiendo una estricta disciplina. En sus clases, Yogendra, como profesor de *yoga*, no examinaba las aptitudes de sus estudiantes y enseñaba, a toda persona que asistía, técnicas que habían sido cuidadosamente preservadas durante siglos. En este proceso, el *yoga* pasó de ser un camino espiritual a convertirse en un producto de consumo para la clase media. En lugar de un *guru*, ahora era un profesor quien daba la enseñanza. Así es como surgieron el primer centro de *haṭha-yoga* y sus primeros profesores.

Swami Kuvalyananda (1883-1966). Jagannath G. Gune nació en Dabhoi, Gujarat. Junto a Yogendra es una de las figuras más relevantes y pioneras del llamado «*haṭha-yoga* moderno». Interesado de joven por la cultura física, aprendió artes marciales, técnicas de lucha y educación física de su maestro Rajaradna Manikrao de Baroda, un famoso experto en cultura física india con quien estudió tres años. A lo largo de este período pasó temporadas viviendo en el Jummada Vyayam Mandir (Templo de educación física), donde creó una fuerte relación con su maestro. Durante un tiempo trabajó como profesor de enseñanza secundaria e introdujo y promovió varios ejercicios de educación física en las escuelas. Fue en esta época cuando empezó a estudiar el *yoga* desde una perspectiva científica. Para él, el *yoga* estaba rodeado de misterio y consideraba que se le habían adherido falsas creencias y supersticiones, es decir, no era «científico» y no podía atraer a las personas de mentalidad moderna. Tal como recuerda S. M. Chingle, una persona cercana al Swami en esa época:

> Sri Swamiji se dio cuenta de que una presentación científica del *yoga* era indispensable para situarlo en su perspectiva correcta, para beneficio no solo de la India, sino del mundo entero.[264]

El interés de Kuvalyananda por el *yoga* siguió creciendo, lo que le llevó a pasar un tiempo retirado en una choza, inmerso en la práctica y el estudio. En su búsqueda conoció al *yogī* bengalí Paramahamsa Madhavdasji (el *guru* de Sri Yogendra) que había establecido un *āśram* en Malsar, a la orilla del río Narmada. Madhavdasji era un *yogī* que tenía ciertos poderes (*siddhis*). Se cuenta que, en una ocasión, una persona llegó al *āśram* y quiso tomar una fotografía de grupo en la que él estaba presente. Bajo la presión del invitado, Madhavdasji aceptó que le tomara la fotografía. La sorpresa llegó cuando esta se reveló y el *yogī* no aparecía en la imagen, solamente podían verse sus sandalias de madera (*pādukas*) en el suelo y su vasija para el agua (*kamaṇḍal*), que parecía que flotaba. Madhavdasji poseía un gran conocimiento del *haṭha-yoga* y vivió una larga vida de 121 años. Junto a los aspirantes y *yogīs* residentes, acudían al *āśram* personas con enfermedades que recibían tratamientos mediante ciertos *āsanas*, *prāṇāyāmas* y otras prácticas

264. Citado en Alter, Joseph S. *Yoga in Modern India: The Body between Science and Phiosophy.* Princeton: Princeton University, 2004, p. 73.

yóguicas, muchas veces con excelentes resultados. Tal como comenta el académico Joseph S. Alter en sus libros sobre el *yoga* moderno, las narraciones acerca de la historia del *yoga* muestran que este tenía un poderoso efecto sobre la salud, pero no fue hasta el inicio del siglo pasado cuando el *yoga* empezó a utilizarse como un tratamiento para enfermedades y como una forma de cultura física:

> Sri Yogendra fue el primero en hacer esto hacia 1910 y Swami Kuvalyananda le siguió en 1917. Ambos estaban muy influenciados por la enseñanza pragmática y antimística de Paramahamsa Madhavdasji (...) Antes del año 1900 existían incontables *sants*, *swamis* y *saṃnyāsīs* que practicaban *yoga* y usaban sus poderes para curar, pero estos no prescribían el *yoga* para curar y las técnicas que usaban para aumentar su poder eran esotéricas, arcanas, y se preservaban como un gran secreto. En este sentido el *yoga* era metafísico, trascendente y sobrenatural. No se consideraba en modo alguno como una ayuda práctica para la recuperación o para la superación personal de las masas.[265]

Influenciado por su maestro Madhavdasji, en 1924 Kuvalyananda fundó el Kaivalyadhama Health and Research Center en Lonavla, un lugar retirado en los montes Sahya, situado a unos veinticinco kilómetros de Mumbai. El centro estaba equipado con laboratorios para poder llevar a cabo experimentos pioneros con los que estudiar los distintos efectos del *haṭha-yoga*

265. Joseph S. Alter. *Gandhi's Bodhi. Sex, Diet, and the Politics of Nationalism.* Filadelfia: University of Pensilvania, 2000, p. 57.

sobre el cuerpo físico y la mente. Por medio de estudios y pruebas, midiendo el consumo de oxígeno, el ritmo cardíaco, la presión sistólica y el efecto de los *āsanas* y el *prāṇāyāma* sobre enfermedades como el colesterol, el asma, la obesidad, la diabetes, la sinusitis, la ansiedad, el cáncer, etcétera, Kuvalyananda buscaba explicaciones científicas para los efectos psicofísicos del *yoga*. Esto dio lugar posteriormente a la publicación de una revista trimestral llamada *Yoga Mimamsa*, mediante la que los resultados de estas pruebas llegaron a un público más amplio. Para Kuvalyananda:

> El *yoga* tiene un mensaje completo para la humanidad. Tiene un mensaje para el cuerpo humano. Tiene un mensaje para la mente humana. Tiene un mensaje para el alma humana. Jóvenes inteligentes y capaces, ¿llevarán este mensaje a cada individuo no solo de la India, sino también del mundo entero?[266]

Kuvalyananda quería llegar a una clase media india que habitaba en las ciudades y que había estudiado con el sistema educativo inglés. Esto hacía necesario probar científicamente la validez del *yoga* y acercarlo a los sistemas de naturopatía y educación física cuya eficacia ya estaba establecida. La clase media-alta «educada» en la India ejercía trabajos u oficios profesionales y, debido a su educación, no veía ninguna relación entre su vida y el *yoga*. En 1927, Kuvalyananda, dado el creciente interés por su sistema alternativo de curación, abrió

266. Citado en Alter, Joseph S. *Yoga in Modern India: The Body between Science and Philosophy*. Princeton: Princeton University, 2004, p. 83.

una clínica para el público en general. En uno de sus escritos, Kuvalyananda mencionaba que desde la apertura de Kaivalyadhama en 1924 hasta el año 1930, casi dos mil personas habían sido tratadas mediante métodos yóguicos y habían mejorado notablemente de enfermedades como el estreñimiento, la dispepsia, la debilidad nerviosa, el asma, las hemorroides, la autointoxicación, la infertilidad y los problemas de corazón, entre otras. En este período, Kuvalyananda trató a Mahatma Gandhi, uno de los líderes más importantes de la lucha por la independencia de la India, que sufría de mala circulación, presión alta y alteración nerviosa debido a su intensa labor política.

En el año 1958, el entonces presidente de la India Jawaharlal Nehru visitó Kaivalyadhama acompañado de Indira Gandhi. Nehru mostró su agrado por la labor de Kuvalyananda, afirmando que «el *yoga* no progresará si no se examina desde el punto de vista de los avances de la ciencia moderna». Sin duda, la educación que los ingleses impusieron en la India había tenido su efecto, alterando sus valores y apartándolos de la sagrada visión de los antiguos *ṛṣis*. Ahora todo, incluso los métodos para llegar a la trascendencia y al conocimiento interior, como el *yoga*, necesitaba ser probado y validado científicamente.

No podemos dejar de mencionar que los eruditos profesores del Lonavla Institute llevaron a cabo una remarcable y continuada labor, comparando antiguos manuscritos de los textos clásicos del *haṭha-yoga* y publicando cuidadas ediciones y traducciones de textos como la *Haṭha-yoga Pradīpikā*, la *Gheraṇḍa Saṃhitā*, la *Śiva Saṃhitā*, el *Gorakṣa Śatakam* o el *Dattatreya Yoga Śāstram*, entre muchos otros.

Swami Kuvalyananda dejó su cuerpo en 1966. Después de su muerte, M.V. Bhole, S.L. Vinekar, P.V. Karambelkar, M.L. Gharote, M.M. Ghore, entre otros profesores y eruditos, continuaron su labor. Kaivalyadhama sigue siendo un importante centro de referencia para la enseñanza del *haṭha-yoga* moderno.

Bhavanrao Pant Pratinidhi (1868-1951). También conocido como Bala Sahib Pant, fue el gobernante (*rāja*) de Aundh, un pequeño reino de la India central situado cerca de Satara, en el estado de Maharashtra. Bala Sahib estudió en el Satara High School y se licenció en letras en el Deccan College de Pune. En 1909 fue nombrado sucesor como *rāja* (rey) del estado de Aundh. Pant era un hombre muy culto, experto pintor y gran conocedor de la música clásica de la India, pero se le conoce especialmente por popularizar una secuencia de posturas denominadas *sūrya-namaskāra* o salutación al sol. Su libro *Surya namaskars* (*Adoración al sol para la salud, la eficiencia y la longevidad*) contenía una secuencia de diez posturas que se iban enlazando. Con el tiempo, esta serie llegaría a ser muy popular entre los practicantes de *haṭha-yoga* y, posteriormente, muchos maestros la convirtieron en una secuencia de doce posturas, añadiéndole *hasta uttānāsana* como segunda y decimoprimera posición –tal y como hoy en día es más conocida–, así aparece en la mayoría de libros de *yoga*.

Esta serie se compone de las siguientes posturas y posibles variaciones: 1) *Taḍāsana*, postura de pie con las manos en el pecho o *samasthiti* (postura equilibrada) o *praṇāmāsana* (postura de la oración); 2) *Hasta uttānāsana* (postura de los brazos levantados o de la flexión hacia atrás) o *urdhva hastāsana* (postura de las manos hacia arriba); 3) *Uttānāsana* (postura de la pinza) o *pādahastāsana* (postura de las manos en los pies); 4) *Aśva-saṃcalāsana* (postura ecuestre o del corredor) o *bānarāsana*; 5) *Adho-mukha-śvānāsana* (postura del perro hacia abajo a veces también denominada *pārvatāsana*, postura de la montaña); 6) *Aṣṭāṅga namaskāra* (salutación con las ocho partes); 7) *Bhujaṅgāsana* (postura de la cobra), y continúa repitiendo; 8) *Adho-mukha-śvānāsana* o *pārvatāsana*; 9) *Aśva-saṃcalāsana* o *bānarāsana*; 10) *Uttānāsana* o *pādahastāsana*; 11) *Hasta uttānāsana* o *urdhva hastāsana*; 12) *Samasthiti* o *praṇāmāsana*.

Muchas veces, esta secuencia se lleva a cabo con la repetición interior, en cada postura, de una serie de mantras dedicados a Surya, estos son:

Oṃ mitrāya namaḥ. Salutaciones al amigo de todos.

Oṃ ravaye namaḥ. Salutaciones al que brilla.

Oṃ sūryāya namaḥ. Salutaciones al que induce a la actividad.

Oṃ bhānave namaḥ. Salutaciones al que ilumina.

Oṃ khagāya namaḥ. Salutaciones al que se mueve en el cielo.

Oṃ pūṣne namaḥ. Salutaciones al dador de fortaleza y nutrición.

Oṃ hiraṇyagarbhāya namaḥ. Salutaciones al ser cósmico dorado.

Oṃ marīcāya namaḥ. Salutaciones a los rayos del sol.

Oṃ ādityāya namaḥ. Salutaciones al hijo de Aditi (la madre cósmica).

Oṃ savitre namaḥ. Salutaciones al poder estimulante del sol.

Oṃ arkāya namaḥ. Salutaciones al que es digno de ser adorado.

Oṃ bhāskarāya namaḥ. Salutaciones al que conduce a la iluminación.

En muchos casos, a estos *mantras* se les añaden también unos *bīja mantras* (mantras semilla). Estos son: *hrāṃ*, *hrīṃ*, *hroṃ*, *hraiṃ*, *hrauṃ*, *hraṃ*.

Algunos historiadores del *yoga* afirman que esta secuencia de posturas encuentra sus orígenes en los rituales brahmánicos que tenían lugar durante la salida y la puesta del sol (*sandhyā upāsana*). La práctica de *sūrya-namaskāra* se hace tradicionalmente mirando hacia el sol naciente, invocando así el poder del sol en el interior. Según Apa Pant, el hijo de Bala Sahib:

> El sol es la fuente de toda energía. La vida no sería posible sin el sol. Durante miles de años, los habitantes de la India han estado desarrollando una ciencia empírica para recibir y utilizar esta fuente de energía cósmica. Esta ciencia se llama *yoga*.
>
> Este ejercicio, una forma de *yoga*, se ha practicado en la India desde la antigüedad. Aquellos que buscan mejorar su salud, un mayor equilibrio mental y quieren conquistar la pereza y el cansancio practican este ejercicio. En la India moderna, muchas personas llevan a cabo esta práctica.[267]

Otros estudiosos consideran que esta secuencia de posturas proviene de Samartha Ramdas (s. XVII), un importante maestro espiritual y devoto de Rama. Ramdas fue un gran maestro y *yogī* de quien se afirma que practicaba diariamente mil doscientos *sūrya-namaskāras*. Tanto él como sus discípulos eran conocidos por sus cuerpos fuertes y flexibles. Bajo la guía de

267. Pant, Apa, *Surya Namaskars. An ancient Indian exercise*, Mumbai: Sangam, 1975, p. 8.

Ramdas, el rey Shivaji estableció numerosos *akharas* (gimnasios de entrenamiento para la lucha) en los que se practicaba el *sūrya-namaskāra* como parte de los ejercicios de entrenamiento de los luchadores. Swami Kuvalyananda, en el año 1926, aportó su visión histórica del *sūrya-namaskāra* en un artículo de la revista *Yoga Mimamsa*:

> Esta serie de ejercicios (*sūrya-namaskāra*) ha estado en boga en Maharashtra durante varios siglos y tiene el favor de las clases altas de la sociedad. En el siglo XVIII era común encontrarse con jóvenes que hacían mil doscientas postraciones cada mañana. Entre estos jóvenes se podían encontrar algunos de los gobernantes brahmanes de esta región.[268]

También es cierto que otros historiadores consideran que esta secuencia de posturas es de menor antigüedad y que formaba parte del entrenamiento de los practicantes de artes marciales en la India.

El libro de Bala Sahib fue publicado primero en maratí hacia el año 1920 y posteriormente se publicó en Inglaterra en 1938 con el título *The Ten-Point Way to Health by The Rajah of Aundh* (*El camino de diez puntos hacia la salud por el Rajah de Aundh*).

El *sūrya-namaskāra* es un medio efectivo para mantener el cuerpo en buena forma y es parte del entrenamiento habitual en gimnasios y lugares donde se practica la lucha física en la India. Es necesario tener en cuenta que ninguna de las posturas

268. Citado por E. Goldberg. *The Path of Modern Yoga*, p. 187.

que componen la serie del *sūrya-namaskāra* es mencionada en los textos tradicionales del *haṭha-yoga*, como la *Haṭha-yoga Pradīpikā*, la *Gheraṇḍa Saṃhitā* o la *Śiva Saṃhitā*, con la excepción de *bhujaṅgāsana* (la postura de la cobra) que se encuentra en este último texto. Este es uno de los argumentos que sostienen aquellos que afirman que esta serie de posturas posiblemente pasó a formar parte del *yoga* en una fecha posterior al año 1800.

Sin duda, cualquier persona que haya practicado *sūrya-namaskāra* ha sentido bienestar y una mejora en su estado físico, mental y anímico. Pero cabe recordar que las posturas (*āsanas*) del *haṭha-yoga* tradicional son estiramientos y contracciones en los que las posturas se mantienen de forma estática. A diferencia de estos, el *sūrya-namaskāra* está basado en una serie de estiramientos dinámicos con un cierto ritmo. Con el tiempo, los practicantes de *haṭha-yoga* han incorporado este tipo de ejercicios dinámicos a su práctica de *āsanas*, ya que generan una gran flexibilidad en todo el cuerpo.

Bala Sahib Pant fue amigo de Mahatma Gandhi y de Maurice Frydman. Durante sus años de reinado en Aundh, antes de la independencia de la India, decretó que la práctica del *sūrya-namaskāra* fuera obligatoria en las escuelas de su reino e hizo lo posible para que se hiciera extensivo a todas las escuelas y colegios de la India. Su hijo Apa Pant (1912-1992) aprendió el *sūrya-namaskāra* de su padre cuando tenía solo cuatro años. A los quince años, y después de pasar por una grave neumonía en la que casi pierde la vida, su padre le hizo prometer que si sobrevivía practicaría *sūrya-namaskāra* cada día. Apa Pant explica que así lo hizo, y ayudó a popularizar esta práctica.

En 1970 publicó el libro *Surya Namaskars. An Ancient Indian Exercise* (*Surya namaskars. Un antiguo ejercicio indio*), aportando su propia experiencia con esta práctica. El libro se siguió publicando en numerosas ediciones en las que Pant añadió sus propias imágenes, así como más experiencias relacionadas con estos ejercicios. Para Apa Pant:

> Estos ejercicios no pertenecen a ninguna religión. No es una práctica religiosa en el sentido limitado del término. Pero tienen un profundo contenido espiritual y abren una nueva dimensión de conciencia más profunda y poderosa. Lentamente, pero con certeza, en la medida en que persistes en la práctica las cosas cambian en ti y a tu alrededor. Te llegan experiencias milagrosas y sientes todo el poder de la belleza y la armonía; la unión y la unidad con todo lo que existe.[269]

Tirumalai Krishnamacharya (1888-1989). Nació en el sur de la India, en la localidad de Muchukundapuram, Karnataka, y fue uno de los maestros que más contribuyó a la difusión de la nueva concepción del *yoga* postural en todo el mundo. Hijo mayor de una distinguida familia de brahmanes vishnuitas, desde muy joven su padre le instruyó en el habla y la escritura del sánscrito y en la recitación de los *Vedas*, así como en la práctica del *āsana* y el *prāṇāyāma.* Estudió en el Parakala Math de Mysore, en la Universidad de Patna y posteriormente en la Universidad de Benarés, llegando a tener un gran cono-

269. Pant, Apa, *Surya Namaskars and Ancient Indian Exercice*, Mumbai: Orient Longman, 1970, p. 2.

cimiento de los distintos sistemas filosóficos (*darśanas*) del hinduismo. A los veintisiete años, su profesor Ganganath Jha le indicó que, para proseguir con su estudio del *haṭha-yoga*, solo podía guiarle adecuadamente Rammohan Brahmachari.[270] Según los biógrafos de Krishnamacharya, Rammohan vivía en el Tíbet con su mujer y sus tres hijos, en una remota cueva cerca del lago Manasarovar a los pies de la sagrada montaña de Kailas. Krishnamacharya convivió con su *guru* durante siete años y medio aprendiendo y practicando *haṭha-yoga*, observando sus efectos terapéuticos y estudiando los *Yoga Sūtras* de Patañjali. Otros biógrafos de T. Krishnamacharya consideran que esta enseñanza no tuvo lugar en el Tíbet sino en el sur de la India.[271]

Al finalizar este período –alrededor de 1922–, su *guru* le indicó que regresara a la India, creara una familia y enseñara *yoga*. Siguiendo esta instrucción, regresó a Mysore y se casó con Namagiriamma. Hacia 1931, el *mahārāja* de Mysore, Nalvadi Krishnaraja Wodeyar IV, le ofreció enseñar sánscrito en el Sanskrit College de Mysore. Dos años más tarde, le encargó que estableciera una *yogaśālā* (escuela de *yoga*) en el Palacio Jaganmohan, que abrió en agosto de 1923. Al año siguiente, el *mahārāja* le envió a Kaivalyadhama para conocer el trabajo de

270. Algunos historiadores afirman que Ram Mohan fue el *guru* de Bangali Baba, quien a su vez fue el *guru* de Swami Rama, conocido por su libro *With the Himalayan Masters* (*Con los maestros del Himalaya*).

271. Mark Singleton y Tara Fraser citan a T.K.V. Desikachar afirmando que él repetía la historia de la cueva del Tíbet «en honor a su padre» ya que este «quería que se contara así». *T. Krishnamacharya Father of Mothern Yoga*. Singleton, Mark y Fraser, Tara en *Gurus of Modern yoga*. Eds. Mark Singleton y Elle Goldberg. Oxford: Oxford University, 2014, p. 92.

Swami Kuvalyananda, pero Krishnamacharya nunca emuló el método científico de su enseñanza del *yoga*.

Cabe resaltar que en el palacio de Mysore se daba una gran importancia a la gimnasia moderna, a los ejercicios marciales y a todos los deportes. Varios estudiosos de la vida de Krishnamacharya consideran que fue en este período cuando la influencia de ciertas técnicas y posturas gimnásticas se introdujo en su enseñanza. Norman Sjoman considera que Krishnamacharya hizo una adaptación de los textos de gimnasia y de *yoga* que se encontraban en la biblioteca del palacio: elaborando su propio sistema de enseñanza en el que se hallan posturas como *śīrṣāsana* (la postura invertida), entre muchas otras, que adaptó e incorporó a sus clases debido a sus beneficiosos efectos terapéuticos.[272] Fue en esta época cuando B.K.S. Iyengar y Pattabhi Jois estudiaron bajo su guía, así como Indra Devi, su primera alumna extranjera y mujer, a quien aceptó solo gracias a la insistencia del *mahārāja*.

Según Mark Singleton, esta nueva forma de *yoga* que surgió del palacio de Mysore fue:

> Una síntesis de diversos métodos de entrenamiento físico existentes en aquel momento y que (antes de este período) habrían quedado muy al margen de la definición de *yoga*. Y la singular forma de práctica yóguica que se desarrolló durante aquellos años es precisamente el fundamento del *yoga* postural moderno.[273]

272. Sjoman N.E. *The Yoga Tradition of the Mysore Palace*. Nueva Dehli: Abhinav, 1996.

273. Singleton, Mark. *El cuerpo del yoga. Los orígenes de la práctica postural moderna.* Barcelona: Kairós, 2018, p. 357.

Tal como escribe Peter Connolly:

> Aquí tenemos el núcleo del auténtico *yoga* moderno: accesible a todos, sin importar la edad, el sexo, la nacionalidad y la posición social; enfatizando la salud y el bienestar; anclado en las prácticas físicas (*āsana*, *prāṇāyāma*, etc.) y aun así tomando inspiración de los antiguos textos de *yoga* que se enfocan en la meditación y la espiritualidad.

Así fue como los estudiantes de T. Krishnamacharya llevaron el *yoga* a muchos países y este se hizo internacional. Connolly comenta:

> No solamente enseñaron lo que habían aprendido. Siguiendo el espíritu de Krishnamacharya en la enseñanza del *yoga*, estos estudiantes de alrededor del mundo lo adaptaron según sus percepciones y las necesidades de sus alumnos.[274]

No podemos dejar de mencionar que, según algunos de sus biógrafos, a los dieciséis años Krishnamacharya tuvo una visión del sabio vishnuita Nathamuni recitando un texto denominado *Yoga-rahasya* (*El secreto del yoga*). Krishnamacharya memorizó el texto y posteriormente lo escribió en lengua telugu; este es un texto innovador. Tal como afirma su hijo T.K.V. Desikachar, el texto enfatiza:

274. Connolly, Peter, *A Student's Guide to the History and Philosophy of Yoga*. Londres: Equinox, 2007, p. 209.

> La importancia de considerar las peculiaridades de cada individuo al prescribir la práctica, teniendo en cuenta características como la edad, el sexo, el tipo de cuerpo y el estadio de la vida. También encontramos en él un gran énfasis en la necesidad de la práctica yóguica para las mujeres embarazadas.[275]

El *Yoga-rahasya* introduce nuevas técnicas de *prāṇāyāma*, combina la práctica de *āsana* y *prāṇāyāma* e introduce *śīrṣāsana* (postura invertida) y *sarvāṅgāsana* (la postura de la vela). Ciertos estudiosos de la evolución del *yoga* postural moderno consideran que es muy probable que T. Krishnamacharya fuera el autor del texto. En el mundo tradicional hindú del que formaba parte Krishnamacharya, los textos –aunque fuesen innovadores– pertenecían al *guru* o a la divinidad y quizás no quiso poner su nombre. También es cierto que, para los practicantes hindúes, el hecho de que Nathamuni fuera su autor otorgaba al texto una legitimidad especial.

En 1947, después de la independencia de la India, la enseñanza de *yoga* y de artes marciales en el palacio Jaganmohan de Mysore llegó a su fin debido a la nueva situación política. Posteriormente, en 1952, Krishnamacharya aceptó dar clases de *yoga* en el Vivekananda College de Chennai, lugar en el que permaneció hasta su muerte en 1989.

Krishnamacharya enseñó *yoga* durante un período de sesenta años y era conocido por cambiar y adaptar la enseñanza según las capacidades de los practicantes. Fue a partir de los

275. Desikachar, T.K.V. y Cravens R.H., *Health, Healing and Beyond: Yoga and the Living Tradition of Krishnamacharya*. Denville: Aperture Foundation, 1998, p. 81.

años sesenta cuando su enseñanza, por medio de su hijo T.K.V. Desikachar, fue especialmente dirigida y adaptada para el público occidental; en el libro *El corazón del yoga* podemos encontrar la esencia de esta enseñanza.

T.K.V. Desikachar comentaba que a su padre T. Krishnamacharya le gustaba el cambio y la innovación. En una conversación en 1982 –cuando su padre tenía noventa y cuatro años– afirmaba que este continuaba descubriendo nuevas posturas y que casi no podía seguir el paso de sus nuevos descubrimientos. Claude Maréchal, conocido maestro de *yoga* francés perteneciente a la escuela de Krishnamacharya desde hace más de cincuenta años, comenta lo siguiente sobre esta gran creatividad:

> Un gran número de posturas, especialmente la mayoría de las posturas de pie, sin lugar a dudas nos han llegado directamente del profesor Krishnamacharya, que las desarrolló como respuesta a las necesidades de la era moderna.[276]

En una entrevista con Mark Singleton, Maréchal afirmó que, cuando Krishnamacharya llegó al palacio de Mysore, observó el entrenamiento de los soldados británicos que vivían allí y vio muy claramente que las posturas de pie debían pasar a ser un elemento importante en el *yoga*. En T. Krishnamacharya encontramos a la vez un fuerte arraigo a la tradición hindú y

276. Singleton, Mark y Fraser, Tara, *T. Krishnamacharya Father of Mothern Yoga* en *Gurus of Mothern yoga*. Eds. Mark Singleton y Elle Goldberg. Oxford: Oxford University, 2014, p. 97.

una tremenda creatividad. Aunque en sus biografías se le presenta siempre como un devoto vishnuita, tanto él como su hijo Desikachar mantenían que el *yoga* no tiene nada que ver con la religión. Un año antes de su muerte, Krishnamacharya comentaba: «Tenemos que desindianizar el *yoga* para intentar universalizarlo».

La extraordinaria obra de fusión del *yoga* unido a otros elementos, tal como hemos mencionado, ha tenido una enorme repercusión. Los maestros más conocidos del *yoga* postural moderno han sido estudiantes o discípulos de Krishnamacharya. Entre ellos encontramos grandes y renombrados maestros a nivel mundial como:

D.K.S. Iyengar (1918-2014), fundador del Yoga Iyengar y considerado como uno de los maestros más importantes en la historia del *yoga* moderno. Libros como *Luz sobre el yoga* o *Luz sobre el prāṇāyāma* han sido traducidos a un gran número de idiomas y se han convertido en guías para la práctica del *yoga* de millones de personas. Debido a su amistad con el famoso violinista Yehudi Menuhin, Iyengar empezó a enseñar en Inglaterra, Suiza, Francia y otros muchos países del mundo. En 1975 abrió en Pune, Maharashtra, el Ramamani Iyengar Memorial Institute, por el que han pasado y aprendido muchos grandes maestros de *yoga* contemporáneos. En la actualidad, su hija Gita y su hijo Prasand continúan su labor y son también respetados internacionalmente.

K. Pattabhi Jois (1915-2009), popularizó el Ashtanga Vinyasa Yoga, conocido también como *aṣṭāṅga-yoga.* Según Jois, Krishnamacharya le enseñó a partir de un antiguo texto sánscrito llamado *Yoga Korunta*, que había sido escrito por el sabio Vamana Rishi. Jois estableció el Ashtanga Yoga Research Institute en Mysore. En 1974, el maestro belga André van Lysebeth pasó varios meses junto a él aprendiendo las series del *aṣṭāṅga-vinyāsa-yoga* y, poco tiempo después, escribió el libro *Aprendo yoga*, en que le mencionaba. Esto hizo que un gran número de occidentales viajaran a Mysore a estudiar *haṭha-yoga.* Jois publicó el libro *Yoga Mala*, traducido al inglés en 1999, y viajó a California, asentando allí su enseñanza de *aṣṭāṅga-vinyāsa-yoga.*

Los profesores de *aṣṭāṅga-yoga* de la escuela de Jois pueden adquirir sus certificados después de muchos años de práctica diaria y de repetidos viajes a Mysore, donde finalmente se aprueba su pertenencia al linaje. En la actualidad, R. Sharath Jois dirige el K. Pattabhi Jois Ashtanga Yoga Institute (KPJAYI) en Mysore y viaja alrededor del mundo enseñando.

Indra Devi (1899-2002). Eugenia Peterson nació en Letonia. De joven viajó a la India y, en una demostración pública de *yoga*, pudo ver cómo Krishnamacharya, quien sería su *guru*, paraba su corazón durante un tiempo; fue tal el impacto que le pidió si podía estudiar con él. En 1938 fue aceptada, siendo la primera mujer extranjera en la *yogaśālā* del palacio de Mysore. Esta era la misma época en la que Iyengar y Jois también estudiaban con Krishnamacharya. Al finalizar su aprendizaje, Krishnamacharya la instruyó para convertirse en profesora de *yoga*. Indra Devi creó la primera escuela de *yoga* en Shangái, China, donde la esposa de Chiang Kai-Shek (presidente de la República China) fue su alumna. Incluso enseñó *yoga* en la Unión Soviética, aunque allí en aquella época esta enseñanza estaba prohibida. En 1947 se estableció en Estados

Unidos y abrió un centro de *yoga* en Hollywood, que atrajo a artistas famosas como Greta Garbo, Eva Gabor o Gloria Swanson, entre otros. Por medio de Indra Devi, el *yoga* de Krishnamacharya adquirió fama internacional. Devi pasó los últimos años de su vida en Argentina, siendo elegida Presidenta Honorífica de la Federación Internacional de Profesores e Instructores de Yoga. A la edad de 102 años dejó su cuerpo en Buenos Aires. Varias de sus escuelas de *yoga* de Argentina continúan con sus actividades.

T.K.V. Desikachar (1938-2016). Estudió con su padre T. Krishnamacharya desde 1961 hasta 1989. En 1976 estableció en Chennai el Krishnamacharya Yoga Mandiram para divulgar la enseñanza del *yoga* y el legado de su padre. Desikachar desarrolló un método de enseñanza llamado *viniyoga.* En el Mandiram de Chennai ofrecía instrucción en *āsana*, *prāṇāyāma*, meditación y canto védico, a la vez que se llevaban a cabo estudios sobre la utilidad del *yoga* para fines médicos y terapéuticos. Desikachar viajó por todo el mundo transmitiendo la enseñanza de su padre. Posteriormente, junto a su hijo Kaushtup Desikachar, fundó el Krishnamacharya Yoga and Healing Foundation (KYHF), con el propósito de preparar y formar a profesores y terapeutas que siguieran esta línea.

En su juventud, Desikachar tuvo una larga asociación con el conocido pensador Jiddu Krishnamurti, que según algunos biógrafos influyó en su presentación del *yoga* como algo totalmente alejado de sus raíces y formas hindúes.

Otro conocido discípulo de T. Krishnamacharya es A.G. Mohan, quien estudió con él durante dieciocho años. Fundó el Krishamacharya Yoga Mandiram junto a Desikachar y, posteriormente, junto a su esposa Indra, creó la asociación Svastha Yoga & Ayurveda, enseñando alrededor del mundo un *yoga* terapéutico con conocimientos de *āyurveda*. Por último podemos mencionar a otro relevante discípulo, Srivatsa Ramaswami, quien estudió con Krishnamacharya durante treinta y tres años en Chennai. Es autor de diversos libros y ha adquirido una gran reputación enseñando *vinyāsa yoga* en diversos países del mundo.

La expansión de una nueva visión del *yoga* promovida por T. Krishnamacharya y sus discípulos ha sido extraordinaria.

> Él nunca cruzó el océano, pero el *yoga* de Krishnamacharya se ha expandido por Europa, Asia y las Américas. Hoy es difícil encontrar una tradición de *āsanas* que no haya recibido su influencia.[277]

Como hemos visto, por medio de Sri Yogendra, Swami Kuvalyananda y de T. Krishnamacharya –con sus correspondientes discípulos– la enseñanza del *haṭha-yoga* se transformó radicalmente. Esta nueva enseñanza se alejaba de la antigua y respetada tradición ascética y se acomodó –limitando sus elevadas posibilidades– para ser aceptada por una clase media que en muchos casos no sentía una auténtica aspiración hacia la trascendencia ni hacia la liberación, sino que buscaba únicamente un cierto bienestar en una sociedad cada vez más alejada de una concepción sagrada de la vida. Este nuevo *yoga*

277. Pagés Ruiz, Fernando. *Krishnamacharya's Legacy: Modern Yoga's Inventor*. Yoga Journal. Mayo/junio 2001.

era presentado simplemente como una serie de posturas –muchas veces en movimiento– acompañadas de un cierto tipo de respiración; quizás con la breve repetición de unos *mantras* o la recitación de unos *sūtras* en sánscrito al empezar o al finalizar la clase y unos minutos de meditación. Esta era la sesión a la que muchos practicantes acudían una o varias veces por semana.

Otro reconocido maestro que tuvo una gran relevancia en la difusión de esta nueva concepción del *yoga* alrededor del mundo fue Swami Sivananda de Rishikesh.

Swami Sivananda (1887-1963). Kuppuswami Aiyer nació en Pattamadai, Tamil Nadu, en una familia de brahmanes shivaítas del sur de la India. De joven estudió medicina en Thanjavur y ejerció como médico en Malasia durante diez años. Algunas de sus biografías mencionan que durante este período asistió a un *saṃnyāsī* (renunciante) que le instruyó sobre el *advaita-vedānta*. A lo largo de este período de su vida sentía un genuino deseo de ayudar a los demás, pero llegó un momento en que se dio cuenta de que la medicina solo curaba la parte más superficial del ser humano; esta fue la causa por la que regresó a la India. Se estableció en Rishikesh, una pequeña localidad del norte de la India a orillas del Ganges, y allí conoció a su *guru*, Swami Vishvananda Saraswati, quien le inició en *saṃnyāsa* y le dio el nombre de Swami Sivananda. Después de unos años de intensa práctica y de un período de peregrinaje por lugares sagrados de la India, Swami Sivananda, en 1936, se estableció en Muni Ki Reti, donde creó Sivananda Ashram y The Divine Life Society (La Sociedad de la Vida Divina) con el propósito de difundir la enseñanza del *yoga* y del *advaita-*

vedānta, así como otros aspectos del hinduismo. Leamos acerca de su propósito:

> El Divine Life Movement (El Movimiento de la Vida Divina) de Swami Sivanandaji es un movimiento universal. Europeos y americanos, australianos, africanos, parsis, mahometanos y cristianos forman parte del Divine Life Movement y han recibido consuelo, paz y fuerza espiritual interior.
>
> Muestra un camino claro y sencillo hacia el éxito, la felicidad, la salud, la prosperidad, la gloria y la realización de la experiencia de Dios.[278]

Swami Parmananda describe la función de Swami Sivananda y de Divine Life de la siguiente forma:

> La religión de Swami Sivananda es la del corazón, que se ha denominado significativamente «Divine Life», esta no concierne a los que viven en cuevas ni es monopolio de los monjes. Por encima de todo, Swamiji nos dice a cada uno de nosotros cómo transformar nuestra vida diaria y convertirla en una vida divina, y cómo por medio de una actividad dinámica regular y fructífera toda persona puede expandir su corazón hacia las dimensiones del infinito, puede sostenerlo y sentirse pleno de divinidad y autorrealización, esta es la meta para todos (…).
>
> Swami Sivananda ha sido una fuente de inspiración espiritual para millones de hombres y mujeres en varios países, sin tener

278. Sivananda, Swami. *Voice of the Himalayas*, Rishikesh: The Yoga-Vedanta Forest University, 1953, p. XXIX.

en cuenta el color, el credo y la raza. Con un conocimiento especial de todas las religiones, él habla de la unidad esencial de todas ellas con una convincente persuasión.[279]

Swami Sivananda aspiraba a transformar el mundo deseando incluso ayudar y guiar a aquellos que lo gobernaban. En un mensaje a los gobiernos, Swamiji exponía los siguientes puntos:

–Debe establecerse un órgano internacional de santos y *saṃnyāsīns* para aconsejar a las Naciones Unidas.
–Deben enviarse embajadores espirituales de un país al otro para que las naciones se unan en un abrazo mutuo de amor universal. La salvación de la humanidad se encuentra en el abandono de la adoración a Mammón (personificación de la avaricia) y en enfocarse en Dios, adoptando la espiritualidad como base de todas las iniciativas.
–Es necesario despertar en todos un espíritu de servicio altruista.
–Debe nombrarse a *sādhus* y *saṃnyāsīns* como asesores de los gobiernos.
–Que los gobiernos del mundo escuchen las lecciones de la historia y defiendan el Ideal de la Unidad. No existe otra salida ante la situación presente.[280]

279. Parmananda, Swami. «Sri Swami Sivananda. A Composite Personality» en Sivananda Swami. *Voice of de Himalayas.* The Yoga-Vedanta Forest University, 1953, p. XVIII-XIX.

280. Sivananda, Swami. *Voice of the Himalayas*, Rishikesh: The Yoga-Vedanta Forest University, 1953, p. CI.

La Divine Life Society distribuía gratuitamente literatura espiritual e intentaba llegar a un público cada vez más amplio. En 1945 se creó la Sivananda Ayurvedic Pharmacy, para hacer más accesibles los remedios tradicionales del *āyurveda*. Posteriormente se creó la All-World Religions Federation, para propiciar el diálogo entre las diferentes religiones, tema en el que Swami Sivananda tenía un especial interés. En 1948 se creó la Yoga-Vedanta Forest Academy, que organizaba cursos residenciales en el *āśram* para una enseñanza y formación más profunda en *yoga* y *vedānta*.

Swami Sivananda fue un gran divulgador y un escritor tremendamente prolífico, siendo autor de casi trescientos libros sobre *yoga*, *vedānta*, hinduismo, ética, educación y salud, en forma de poemas, dichos, historias, dramas, charlas, diálogos, etcétera. Cabe mencionar también sus conocidos comentarios sobre la *Bhagavad Gītā* y los *Brahma Sūtras* que, aunque fieles en esencia a los comentarios clásicos de Sri Shankara, son accesibles a aquellos que no tienen una preparación previa en el estudio del *vedānta*. Sivananda se convirtió en un renombrado maestro de *yoga* y *vedānta*. Su conocido lema era:

> Sirve, ama, da, purifica, medita, realiza.

Debido a su gran apertura y a la difusión de su enseñanza, llegaron al Sivananda Ashram aspirantes no solo de toda la India, sino también de todas partes el mundo –que, en algunos casos, no eran admitidos en otros *āśrams* que seguían ciertas normas de mayor rigidez y ortodoxia–. En el *āśram* de Sivananda todo aspirante era acogido y podía acceder a la enseñanza. Sivananda otorgaba iniciación a hombres y mujeres occidentales, hecho muy poco común en aquel momento. El mismo Mircea Eliade, antes de ser conocido como un gran erudito de las religiones, estudió con Swami Sivananda durante sus años en la India.

La ciudad de Rishikesh, lugar donde se han fundado innumerables *āśrams*, se ha convertido en la actualidad en uno de los centros de aprendizaje más renombrados del *yoga* postural moderno. Tal como comenta Andrea Jain:

> Según Sivananda, el *yoga* era una práctica fácil y universalmente accesible que no requería abandonar ningún lazo étnico, filosófico ni religioso. El *yoga*, según Sivananda, era para todo aquel que tuviera interés en mejorar el cuerpo y la mente por medio del ejercicio físico. La universalización del *yoga* de Sivananda llegó a su culminación en 1959 con su libro en inglés *Yogic home exercises: easy course of physical culture for modern man and woman* (*Ejercicios yóguicos para practicar en casa: curso fácil de cultura física para hombres y mujeres modernos*).[281]

La extensa publicación y difusión de literatura yóguica por medio de folletos y libros en varios idiomas de la India, así como en inglés, y la propagación de la enseñanza del *yoga* y del *vedānta* hacia todo aquel que quisiera recibirla sin tener en cuenta sus cualificaciones, era para algunos una labor admirable. Para otros, esta nueva forma de enseñar se apartaba de

281. Jain, Andrea R., *Selling Yoga from Counterculture Pop Culture.* New York: Oxford University, 2015, pp. 67-68.

los caminos seguidos en la tradición del *yoga* durante siglos y rompía con la sacralidad de la enseñanza. El renombrado maestro de *yoga* belga, André van Lysebeth, comenta acerca de la tensión que existía entre la innovadora labor de Swami Sivananda por medio de la Divine Life Society y las tendencias más ortodoxas del hinduismo:

> (…) a pesar de su naturaleza magnánima, Swami Sivananda tenía sus detractores. La ortodoxia le dio el apodo de «Swami Propagandananda»: no aprobaban ni sus métodos de difusión ni su propagación del *yoga* a gran escala hacia el público en general. Para ellos esto era un mercadillo de *yoga*. Sus libros no eran tratados meticulosos como los de los *paṇḍits* eruditos o aquellos que estaban escritos por académicos. Eran considerados como burdas vulgarizaciones. Él alentaba a todo el mundo, si era posible, a seguir una práctica yóguica: algunos *āsanas*, un poco de *prāṇāyāma*, algo de meditación y *bhakti* (…).
>
> Los tradicionalistas siempre habían sometido a sus discípulos a un severo proceso de selección antes de iniciarlos, requiriendo a veces esperar durante años antes de ser introducidos lentamente en la ciencia sagrada del *yoga*. Swami Sivananda acogía a todo el mundo en su *āśram* y a todos les enseñaba *yoga*. Sus críticos argumentaban que este procedimiento inevitablemente rebajaría el nivel de la enseñanza y conduciría a la adulteración de las tradiciones auténticas. Indiferente ante las opiniones adversas, Swami Sivananda simplemente siguió enseñando, escribiendo y publicando (…).

Estaba pronosticado que, en las culturas materialistas de Occidente, el *yoga* degeneraría hasta convertirse en solo una

> rama menor de la gimnasia higiénica. Esto era considerado como una traición completa al *yoga* y a los grandes *ṛṣis*.

La fricción y el equilibrio entre una ortodoxia aferrada al pasado, rígida e inamovible, y los múltiples y constantes movimientos renovadores e innovadores que se han ido manifestando repetidamente en el hinduismo a lo largo de los siglos aún existen y han existido desde siempre. Van Lysebeth continúa con su reflexión:

> Sin embargo, los tradicionalistas no estaban del todo equivocados; el *yoga*, tal como se enseña generalmente en Occidente, está lejos de ser completo. El *haṭha-yoga* para la salud y el bienestar físico es solo una caricatura del *yoga* en su totalidad. A menudo, el *yoga* se separa completamente de sus profundas raíces que nos conducen hacia los orígenes de nuestro propio ser y del cosmos. Entonces se convierte simplemente en otra terapia.

Las palabras de este reconocido maestro y promotor del *haṭha-yoga* en Occidente podrían servir de reflexión para todas las personas implicadas en la difusión y expansión del *yoga* postural moderno, y ser una ayuda para encontrar el punto adecuado en el que la milenaria y profunda enseñanza del *yoga* pueda llegar a un mayor número de personas, pero –y esto es muy importante– sin perder el gran tesoro de sus raíces y su legado. Van Lysebeth continúa:

> Las personas intransigentes que viven el *yoga* de forma completa y que practican una estricta disciplina física y mental son ne-

> cesarias, son los guardianes de la tradición y del fabuloso legado que ha sido transmitido hasta nosotros por los grandes *ṛṣis*.
>
> (...) Ciertamente, entre los miles de seguidores del *yoga* de Occidente, la mayoría solo practican unos pocos *āsanas*, algo de relajación y concentración, y estarán felices de curar su estreñimiento, insomnio o dolor de espalda. Esto puede no ser el *yoga* tradicional, pero tampoco es incorrecto (...).
>
> Es necesario divulgar el *yoga* bajo todas sus formas (y a la vez); todos debemos compartir la responsabilidad de crear y mantener el auténtico espíritu yóguico.[282]

Van Lysebeth dio a Swami Sivananda el nombre de «Prometeo del *yoga*» debido a su tremenda, continua e incansable labor, sus cientos de libros escritos y su constante esfuerzo para que todo el mundo no solo practicara *yoga*, sino que también lo enseñara y lo difundiera, aunque fuera en pequeños grupos en cualquier lugar alrededor del mundo.

Según Swami Sivananda el *yoga* es:

> El *yoga* no es simplemente un sistema de posturas o ejercicios de respiración, ni tampoco es solo una filosofía. *Yoga* es la unión con Dios.
>
> La meta de todos los *yogas* es la Unión Divina.
>
> Todos los *yogas* terminan con la aniquilación del ego y el logro de la dicha inmortal.
>
> El *yoga* enseña el camino para acabar con el dolor y el sufrimiento.

282. Van Lysebeth, André. *The yogic dinamo.* En: *Yoga Magazine*. Septiembre 1981, Munger: Bihar School of Yoga,.pp. 10-14.

La práctica del *yoga* hará posible que te puedas liberar del miedo, la ignorancia, el pesimismo, la confusión de la mente, la enfermedad, etcétera.

El *yoga* es el único remedio para los males de este mundo.

El camino del *yoga* otorga frutos rápidamente solo al aspirante apasionado.

El *yoga* no es una mera teoría. Es una práctica firme.

Primero comprende el *yoga*, luego conviértelo en una verdadera experiencia o *anubhava.*

El *yoga* y el *jñāna* (conocimiento) van juntos.[283]

Swami Sivananda dejó su cuerpo en su *kuṭīr* (estancia) a la orilla del Ganges el 14 de julio de 1963.

La poderosa energía de Swami Sivananda y su celo por expandir la enseñanza del *yoga* por el mundo entero contagiaron a sus discípulos más cercanos como Swami Chidananda, Swami Vishnudevananda, Swami Satchidananda, Swami Satyananda, Swami Venkatesananda, Swami Sivananda Radha, Swami Krishnananda o Swami Viditatmananda, por mencionar solo algunos. Veamos brevemente la repercusión de la vida y enseñanza de cada uno de ellos.

Swami Chidananda (1916-2008). Fue muy respetado en la India como *yogī* y líder espiritual. En el año 1936 abandonó su familia, iniciando su vida como renunciante. En 1943 pasó a formar parte de Sivananda Ashram, donde en poco tiempo y por mandato de su *guru* empezó a dar conferencias e instruc-

283. Sivananda, Swami. *Voice of the Himalayas*, Rishikesh: The Yoga-Vedanta Forest University, 1953, pp. 274-275.

ciones a los visitantes del *āśram*, y también a escribir artículos para la revista del *āśram The Divine Life*. Sivananda lo nombró profesor de *rāja-yoga* en la Yoga Vedanta Forest Academy. En 1949 recibió la iniciación de Swami Sivananda en la orden de *saṃnyāsa*, recibiendo el nombre de Chidananda. En 1963, después de que Sivananda dejara el cuerpo, pasó a ser presidente de la Divine Life Society.

Swami Chidananda viajó repetidamente por la India continuando con el legado de su *guru*. En 1968, a petición de muchos discípulos de Swami Sivananda, hizo una gira mundial y visitó numerosos países, después de la cual siguió dedicando su vida a viajar alrededor del mundo y a enseñar *yoga* y *vedānta*. Swamiji fue autor de más de treinta libros acerca de distintos aspectos del *yoga* y de la vida espiritual.

Swami Vishnudevananda (1927-1993). Llegó a Sivananda Ashram a los veinte años. En 1949 recibió la iniciación en *saṃnyāsa* y Sivananda le dio el cargo de profesor de *haṭha-yoga* en la Yoga-Vedanta Forest Academy, donde enseñó y preparó a muchos estudiantes. En 1957, por instrucción de su *guru* –quien le dijo «la gente está esperando»– viajó a San Francisco y posteriormente a Nueva York, donde creó el Sivananda Yoga, una combinación de *āsanas*, filosofía del *yoga*, purificaciones, dieta *sátvica* y *prāṇāyāma.* Vishnudevananda resumía las bases de la *sādhanā* en estos cinco principios: ejercicio adecuado, respiración adecuada, relajación adecuada, dieta adecuada (vegetariana), meditación y pensamiento positivo.

En 1960 publicó *El libro del yoga*, que se convirtió en un referente para la práctica de *āsanas*. El libro, traducido a muchos idiomas y del que se han vendido más de un millón de copias, consta de 146 fotografías de Swami Vishnudevananda que muestran los diferentes *āsanas* y prácticas yóguicas, incluye además la práctica del *sūrya-namaskāra* como ejercicio de preparación para la práctica de *āsanas*. Su libro *Meditación y mantras*, que incluye una traducción y un breve comentario de los *Yoga Sūtras* de Patañjali, ha sido también una puerta accesible al mundo del *yoga* para muchas personas.

Vishnudevananda fundó el primer Sivananda Yoga Vedanta Center en Montreal, Canadá, en 1959. Dos años más tarde organizó las primeras «vacaciones de *yoga*» en Val Morín, Quebec, idea que se expandió y que han aplicado muchos otros profesores de *yoga*. Swamiji, con su espíritu innovador, también fue uno de los primeros en organizar formaciones para profesores de *yoga* (Teachers Training Course) en las que se entregaba un certificado a los futuros maestros, de los que a día de hoy se han otorgado más de 22.000 en todo el mundo. En 1967, fundó el Sivananda Ashram Yoga Retreat en las Islas Paraíso de las Bahamas y creó varios *āśrams* en Estados Unidos, posteriormente también lo hizo en Kerala, cerca de Neyar Dam, donde se ofrecían formaciones de profesores. Sivananda Yoga de Vishnudevananda llegó a tener once *āśrams* y treinta y un centros alrededor del mundo, además de otros centros afiliados.

Vishnudevananda también fue conocido por su activismo por la paz mundial. En ciertos momentos de violencia o guerras, voló con su avioneta –llamada Paz– sobre Irlanda del Norte y sobre el Canal de Suez, donde fue advertido tanto por las fuerzas israelitas como por las egipcias. Voló también sobre Pakistán y Bangladés lanzando flores y panfletos en nombre de la paz, y en 1983 voló sobre el muro de Berlín.

Swami Vishnudevananda dejó su cuerpo en 1993 en el sur de la India; su cuerpo fue sumergido en el Ganges. Sus discípulos continúan con su amplio legado de enseñanza del *haṭha-yoga* y con las formaciones de profesores. Sin lugar a dudas, Swamiji ha sido uno de los maestros que más ha expandido el legado de Swami Sivananda y la enseñanza del *yoga* en Occidente.

Swami Satchidananda (1914-2002). Llegó al *āśram* de Rishikesh como *brahmacārī* en el año 1949 y encontró a su *guru* en Swami Sivananda, que al poco tiempo le inició en *saṃnyāsa*. Durante casi diez años dirigió un *āśram* de Sivananda en Sri Lanka. En 1966 fue invitado a Europa y a Estados Unidos para enseñar *yoga* y *vedānta*. Allí fundó el Integral Yoga Institute de Nueva York y, en 1969, inició la publicación del *Integral Yoga Magazine*, una de las primeras revistas de *yoga* publicadas en Estados Unidos. En ese mismo año, Swamiji dio la charla de apertura en el festival de Woodstock. Michael Lang, el organizador del famoso festival, junto a Peter Max y Artie Kornfield, ante la masiva e inesperada asistencia de público –que llegó casi a medio millón de personas–, pidieron a Swamiji si podía dar una charla inaugural para calmar los ánimos de los asistentes. Swamiji accedió y subió al escenario junto a un grupo de discípulos. En esta conocida charla, Swamiji dijo:

> América lidera el mundo entero de diversas maneras. Muy recientemente, cuando estaba en el este, el nieto de Mahatma Gandhi me visitó y me preguntó qué es lo que estaba sucediendo en América. Yo le respondí: «América está ayudando al mundo entero en el plano material, pero ha llegado el momento para América de ayudar al mundo entero también con la espirituali-

> dad». Y esta es la razón por la que vemos a gente por todas partes, a miles de personas, con una mentalidad yóguica, con una mentalidad espiritual (...). Que todas nuestras acciones y todas nuestras artes expresen el *yoga.*
>
> No luchemos por la paz, encontremos primero la paz en nosotros mismos. El futuro del mundo está en vuestras manos (...) lo estoy viendo.

Swami Satchidananda concluyó su charla de apertura del festival con una recitación:

> Me gustaría que nos acompañarais a mí y a nuestro grupo repitiendo un canto muy sencillo. Antes os hablaba del poder del sonido, existen sonidos místicos que en la terminología sánscrita se denominan *bījākṣaras* o palabras semilla. Vamos a usar tres palabras semilla o palabras místicas para este canto. Si todos participáis con entusiasmo, después del canto tendremos un minuto de absoluto silencio. En este período de silencio, vais a sentir el gran poder del sonido y la maravillosa paz que puede aportaros a vosotros y a todo el mundo (...) Estas palabras van a ser *Hari* y *oṃ.*

Así fue como casi medio millón de jóvenes, muchos de ellos bajo la influencia del ácido (LSD), la marihuana, el hachís y otras drogas, recitaron *Hari oṃ*, *Hari oṃ*, *Hari Hari*, *Hari oṃ.* En el escenario, justo detrás de Swamiji, participando en la recitación se encontraban músicos y cantantes conocidos del momento, como Richie Havens, Ravi Shankar, Melanie, Joan Baez, Arlo Guthrie, Sweetwater, The Incredible String Band, y otros. Swamiji pasó a ser llamado el «*guru* de Woodstock».

Los textos del Integral Yoga Institute siguen rememorando ese momento especial en el que Swami Satchidananda participó en los famosos tres días de «paz, amor y armonía». En su *Historia del yoga*, Alistair Shearer aporta otra visión de este acontecimiento:

> De hecho, la generación de Woodstock estaba más centrada en el hedonismo que en la salud, más atraída por la pasión de viajar que por el trabajo. El *look* deseado no era el de alguien centrado, en buena forma y musculoso, sino el de un soñador, decadente y andrógino: los chicos querían parecerse a Mick Jagger y a Marc Bolan, las chicas, a Marianne, Twiggy y The Shrimp.
>
> La mayoría de los jóvenes no estaban realmente interesados en desarrollar sus cuerpos. La nueva cultura estaba dirigida por «fumetas» que se llamaban a sí mismo «*heads*» y que querían ir hacia dentro y hacia arriba para encontrar el «*Eight Miles High*» (Ocho millas hacia arriba) de los Byrds (…) o unirse a los Stones en «*Out of My Mind*» (Fuera de mi mente).
>
> La meta no era tomar tierra por medio del ejercicio físico yóguico, sino trascender los límites del cuerpo en una búsqueda apolínea de las estrellas y quedar seriamente «*spaced out*» (flotando en el espacio).[284]

Tampoco podemos olvidar que, más allá de los buenos y nobles deseos de Swamiji, América ha sido, y sigue siendo, la mayor causante de que el consumismo desmesurado que con-

284. Shearer, Alistair. *The Story of Yoga. From Ancient India to the Modern West.* Londres: Hurst & Company, 2020, p. 210.

lleva el *American way of life* se haya expandido por todo el mundo y su ayuda espiritual al mundo ha sido nula. Una parte de la generación de Woodstock quedó atrapada en el uso de las drogas, y muchos otros, más tarde, se convirtieron en *yuppies* útiles para el sistema capitalista que antes quisieron cambiar. Solo una pequeña minoría profundizó suficientemente en el *yoga* transformando su vida.

En 1970, Swamiji publicó en gran formato, con muchas imágenes y una bella presentación, el que sería un importante y conocido libro: *Integral Yoga Hatha.* Su organización Integral Yoga empezó a ofrecer un programa de rehabilitación para drogadictos y otro programa en el que se ofrecían clases de *haṭha-yoga* en las prisiones. También se abrieron nuevos centros para la enseñanza del *yoga* en distintas ciudades de Estados Unidos, país donde Swamiji adquirió la ciudadanía. Unos años más tarde, Swamiji creó el Integral Yoga Teacher Training para formar y titular a profesores de *haṭha-yoga* y, posteriormente, se creó el Teacher Training de *rāja-yoga* y meditación, para ofrecer esta titulación a los profesores. Swamiji dio la iniciación en *saṃnyāsa* a varios discípulos occidentales. En 1978 creó el Satchidananda Ashram en Yogaville, Virgina, lugar que a lo largo de los años han visitado miles de practicantes de *yoga*.

Al igual que su *guru*, Swami Satchidananda tenía un gran interés por el diálogo interreligioso y patrocinó y organizó encuentros durante años. Para Swamiji, el diálogo interreligioso era «aceptar que todos los diversos caminos van hacia una misma fuente»; esto le llevó a fundar en Virginia el gran templo Light of Truth Universal Shrine (LOTUS), dedicado a todas las religiones y a propiciar la paz. Para Swamiji: «La definición misma de *yoga* es tranquilidad. La ecuanimidad en el cuerpo y en la mente es *yoga*. El *yoga* real es actuar con tranquilidad en medio de la actividad».

Swami Satchidananda dedicó cincuenta años de su vida a servir a su *guru* Swami Sivananda y a propagar la enseñanza del *yoga* con ocho largas giras mundiales en las que visitó numerosos países. En el año 2002 Swamiji dejó su cuerpo.

El Integral Yoga Institute continúa con sus actividades, se sigue formando a numerosos profesores y se han abierto centros en Argentina, Taiwán y Hong Kong. La repercusión de Swami Satchidananda en la propagación del *yoga*, especialmente en Estados Unidos, es inconmensurable.

Swami Satyananda (1923-2009). A los dieciocho años abandonó su hogar familiar en busca de un maestro espiritual. Dos años más tarde encontró a su *guru*, Swami Sivananda, y se quedó junto a él en el *āśram* de Rishikesh. En 1947 recibió la iniciación de *saṃnyāsa*. Nueve años después se estableció en Munger, Bihar, y siguiendo la instrucción de Sivananda de «expandir el *yoga* de puerta a puerta y de costa a costa», viajó por la India expandiendo la enseñanza, pasando también temporadas de reclusión. En 1962, Swamiji fundó el International Yoga Fellowship Movement (IYFM), con el propósito de establecer *āśrams* y centros de enseñanza de *yoga* en la India y en distintas partes del mundo. Poco después fundó la Bihar School of Yoga, con el propósito de ofrecer cursos sobre distintos aspectos de la práctica yóguica y preparar a futuros profesores. En 1968, Swamiji fue invitado a enseñar en Europa, Australia, Nueva Zelanda, Japón, Estados Unidos, etcétera, donde su enseñanza tuvo una fuerte repercusión y se establecieron diferentes centros y *āśrams*.

En 1988, después de años de gran actividad y de muchos viajes enseñando *yoga*, Swami Satyananda pasó la responsabilidad de la organización a su sucesor espiritual, Swami Niranjanananda, y dejó Munger. Durante varios años vivió una vida ascética y retirada. Posteriormente creó un *āśram* en Rikhiapeeth, cerca de Deoghar.

Swamiji escribió unos ochenta libros, entre ellos su libro *Asana, pranayama, mudra y bandha*, que ha sido traducido a numerosos idiomas y es una guía muy completa para la práctica del *haṭha-yoga.* Otras de sus publicaciones, como *Kuṇḍalinī Tantra* o *Surya Namaskara*, entre muchas otras, se han convertido en libros de referencia para muchos practicantes. En diciembre del año 2009, Swamiji dejó su cuerpo.

La creativa e innovadora enseñanza de Swami Satyananda y de la Bihar School of Yoga ha significado una notable contribución en la expansión del *haṭha-yoga* moderno. En la actualidad, tanto la Bihar School of Yoga como el *āśram* de Rikhiapeeth continúan floreciendo bajo la guía de su discípulo y sucesor Swami Niranjanananda Saraswati, y de Swami Satyasangananda (Swami Satsangi).

Swami Venkatesananda (1921-1982). A los catorce años leyó un libro de Swami Sivananda que le causó un fuerte impacto. En 1945 se unió al Sivananda Ashram para servir a su *guru*. Después de residir allí un tiempo, se convirtió en el secretario personal de Swami Sivananda, encargándose de su correspondencia y trabajando en la recopilación y edición de los textos de Sivananda para su publicación.

En 1961, Sivananda lo envió a enseñar a Sudáfrica, donde colaboró con Swami Sahajananda. Posteriormente enseñó en Madagascar y en las Islas Mauricio, donde se estableció. Desde allí viajaba a otros países, especialmente a Australia –donde su intensa labor de enseñanza tuvo una gran repercusión–, para enseñar el «*yoga* de la síntesis» basado en la enseñanza de su *guru* Swami Sivananda:

> Existen cuatro tipos de seres humanos: los activos, los emocionales, los místicos y los intelectuales. Los *ṛṣis* han mostrado cuatro caminos, *karma-yoga*, *bhakti-yoga*, *rāja-yoga* y *jñāna-yoga*, para que las personas de los cuatro temperamentos lleguen a la meta (autoconocimiento).

A lo largo de sus viajes, Swamiji fundó varios centros y *āśrams*. Swamiji Venkatesananda es conocido por su claridad de expresión tanto en sus charlas como en sus libros. Swamiji fue el editor de *The Complete Works of Swami Sivananda* (*Las obras completas de Swami Sivananda*), una serie de dieciocho volúmenes editados temáticamente. Otro de sus remarcables trabajos fue la serie *Daily Readings* (*Lecturas diarias*), que constaba de varios volúmenes con selecciones de la *Bhagavad Gītā*, el *Srimad Bhagavatam*, el *Ramayana* de Valmiki, lecturas de Buda y lecturas de Sivananda, entre otros; cada uno de estos libros tiene 365 páginas y consta de una contemplación para cada día del año. En 1969, Swamiji empezó una traducción del *Yoga Vasiṣṭha*, que culminó en su obra *The Supreme Yoga* (*El yoga supremo*), una selección de más de 700 páginas de este gran tratado de *jñāna-yoga*. El libro se publicó por primera vez en 1976 en dos volúmenes y nunca ha dejado de reeditarse. Swamiji Venkatesananda dejó su cuerpo en Johannesburgo (Sudáfrica) en 1982.

Swami Sivananda Radha (1911-1995). Nacida en Alemania, de joven tuvo una experiencia interior en la que se le apareció Swami Sivananda, quien posteriormente sería su *guru*. Esto la llevó a viajar a la India y a residir durante un tiempo en Sivananda Ashram. En 1956 fue iniciada en *saṃnyāsa*, siendo la primera mujer occidental iniciada por Swami Sivananda. Por instrucción de su *guru*, regresó a Canadá para enseñar y fundó el Sivananda Ashram en la Columbia Británica que, en 1963, pasó a llamarse Yasodhara Ashram. Según sus discípulos, la meta de Sivananda Radha fue interpretar las antiguas enseñanzas yóguicas de Oriente para que pudiesen ser comprendidas y aplicadas en Occidente y presentar el *yoga* como un sistema filosófico y espiritual de forma accesible.

Sivananda Radha enseñó durante casi cuarenta años por medio de charlas y seminarios en distintas partes del mundo. Viajó a Inglaterra, Países Bajos, Alemania, y abrió centros en Estados Unidos y México. Organizó también cursos de formación de profesores de *yoga* en los que se entregaba una certificación. Creó la editorial Timeless Books para la difusión de sus enseñanzas y las de sus discípulos. En 1992, en sintonía con Sivananda, fundó un templo dedicado a «La Luz de todas las Religiones». Algunas de sus obras, como *Hatha Yoga: The Hidden Language, Symbols, Secrets & Metaphors* (*Haṭha-yoga: el lenguaje escondido, símbolos secretos y metáforas*), *Kundalini Yoga for the West* (*Kundalini yoga para Occidente*) y *Mantras: Words of Power* (*Mantras: palabras de poder*), han inspirado a muchos practicantes. Swami Sivananda Radha dejó su cuerpo en 1995. Sus discípulos continúan expandiendo su enseñanza. Swami Radhananda es la cabeza actual de Yasodhara Ashram.

Los discípulos de Swami Sivananda fueron muy numerosos, entre ellos no podemos dejar de mencionar a Swami Krishnananda y a Swami Shivapremananda.

Swami Krishnananda (1922-2001). En 1944, a los 22 años, llegó a Sivananda Ashram. Dos años más tarde recibió la iniciación en *saṃnyāsa*. Debido a su gran dedicación y entrega ejerció como Secretario General de la Divine Life Society desde 1958 hasta su muerte. Swamiji fue el editor de la revista mensual *Divine Life* durante veinte años, era un prolífico autor y escribió más de cuarenta libros sobre *yoga* y *advaita-vedānta*. Swami Krishnananda era conocido en el *āśram* por sus conferencias de gran contenido y profundidad y por sus agradables *satsaṅgs* informales en los que los visitantes podían exponer sus preguntas y recibir su guía. Swami Krishnananda dejó el cuerpo en Rishikesh el año 2001.

Swami Shivapremananda (1925-2019). Llegó a Rishikesh a una edad temprana y vivió junto a Swami Sivananda durante dieciséis años. Editó la revista *Divine Life* y numerosos libros de Swami Sivananda. En 1961 recibió la iniciación en *saṃnyāsa*. Sivananda le indicó que viajara y «que fuera la voz de la Divine Life en Occidente». Estableció el Sivananda Yoga-Vedanta Center en Milwaukee, Wisconsin, y posteriormente en Nueva York. Swamiji enseñó también durante años en Sudamérica, donde tuvo una gran influencia, estableciendo *āśrams* y centros en Buenos Aires, Montevideo y Santiago de Chile. Swamiji era un excelente comunicador, un conferenciante incansable y cuenta con numerosas publicaciones en español sobre varios aspectos del *yoga* para llegar a un público más amplio, como por ejemplo *Pláticas sobre yoga* o *Introducción a la filosofía yoga.* Swami Shivapremananda dejó el cuerpo en Buenos Aires a los 94 años.

Como hemos visto, por medio de los discípulos y seguidores de T. Krishnamacharya y Swami Sivananda, el *yoga* postural adquirió fama internacional y pasó a ser practicado por millones de personas en todo el mundo. En su *Historia de la filosofía del yoga*, Peter Connolly comenta:

> Podemos ver en las tradiciones de Krishnamacharya y Sivananda algunas transformaciones radicales en la forma en que se comprende el *yoga* y del papel que puede tener en las vidas de las personas. Se ha ampliado su acceso y las barreras tradicionales se han erosionado (particularmente en relación con el estatus social/casta, género o país de origen). El *yoga* es para vivir en el mundo y a la vez para apartarte de él. La vida monástica del renunciante se considera aún el ideal en la tradición de Sivananda, mientras que en los linajes de Krishnamacharya se continúa enfatizando el valor de la vida en familia. A pesar de estas diferencias, estas dos ramas del árbol del *yoga* han iniciado cambios significativos en la forma en que se comprende y practica el *yoga*. Son estos cambios los que hacen que su enseñanza del *yoga* sea realmente «moderna».[285]

285. Connolly, Peter. *A Student's Guide to the History and Philosophy of Yoga.* Londres: Equinox, 2007, p. 218.

No es nuestra intención nombrar a todos los maestros que han formado parte del movimiento de transformación y adaptación del *haṭha-yoga*, pero sin duda podríamos mencionar a Shyam Sundar Goswami, Salvarajan Yesudian, Swami Dev Murti, Swami Gitananda Giri, Theos Bernard, y a muchos otros.

Si hacemos una breve referencia a la expansión del *yoga* moderno en Europa, cabría mencionar a Nil Hahoutoff, deportista ruso exiliado en Francia que aprendió *yoga* durante diez años con Hiram Moy Chandra Ghosh y que, posteriormente, creó un método con una mezcla de posturas de *yoga* y prácticas gimnásticas. Su libro *Gimnasia evolutiva para todos* inspiró a muchos practicantes de *yoga* y su influencia en el desarrollo del *haṭha-yoga* contemporáneo, especialmente en Francia en los años 70 y 80, fue muy relevante. Nil Hahoutoff fue uno de los fundadores de la Unión Europea de Yoga (UEY) en 1972.

Otra de las influencias más relevantes de la adaptación del *yoga* en Europa fue la del ya mencionado André van Lysebeth, instructor de *yoga* belga y autor de numerosos libros, como *Aprendo yoga*, *Perfecciono mi yoga*, *Mi sesión de yoga*, etcétera, que han sido traducidos a numerosos idiomas. Muchos de los practicantes de *yoga* entre los años 60 y 80 leyeron sus libros, ya que en aquel momento eran una guía fácil sobre cómo hacer lo que, en realidad, no debería hacerse según el *yoga* tradicional: practicar con poca experiencia y solamente con la guía de un libro. Van Lysebeth visitó a Swami Sivananda en Rishikesh en 1963, unos meses antes de su muerte, y este le instó a publicar una revista de *yoga* en Europa. El primer número de la revista *Yoga* apareció en junio del mismo año.

Según Van Lysebeth:

> El *haṭha-yoga* actúa en el interior del cuerpo. No quiere conseguir una musculatura imponente, sino que actúa en profundidad sobre los órganos, el sistema nervioso y la respiración. Su meta es controlar para perfeccionar la totalidad del individuo.
>
> Esta es la razón por la que el verdadero *yoga* no es el que se ve desde el exterior y por la que el rendimiento acrobático no tiene ningún valor en sí mismo.

Van Lysebeth fue uno de los primeros maestros en promocionar en Europa las llamadas «vacaciones de *yoga*», es decir, retiros de *yoga* en lugares agradables con enseñanza y esparcimiento. También fue uno de los pioneros en organizar «formaciones de profesores de *yoga*», lo que le llevó a viajar repetidamente por toda Europa.

En otra línea algo más curiosa, podemos mencionar a Babacar Khane o Maitre Khane, quien postuló un método de enseñanza que combinaba las posturas de *haṭha-yoga* con ejercicios de *kung-fu* y el «*yoga* del antiguo Egipto». Khane fundó el Institut International de Yoga de Dakar, con sedes en Francia y varios países del mundo.

A partir de los años 70, el *haṭha-yoga*, ampliamente conocido alrededor del mundo, se empezó a presentar con distintas formas y nombres para diferenciar los distintos estilos y escuelas determinadas. Algunas de las denominaciones más conocidas, muchas de ellas vigentes en la actualidad, son: Iyengar Yoga (B.K.S. Iyengar), Ashtanga Vinyasa Yoga (K. Pattabhi Jois), Viniyoga (T.K.V. Desikachar), Sivananda Yoga (Swami Vishnudevananda), Integral Yoga (Swami Satchidananda), Bihar Yoga (Swami Satyananda), Hidden Language Yoga

(Swami Sivananda Radha), Ananda Yoga (Swami Kriyananda), Kripalu Yoga (Swami Kripalvananda y Yogi Amrit Desai), Kundalini Yoga (Yogi Bhajan), Bikram Yoga (Bikram Choudhury), Anusara Yoga (John Friend), Dharma Yoga (Dharma Mittra), Power Yoga (Beryl Bender Birch), Prana Vinyasa o Prana Flow Yoga (Shiva Rea), Yin Yoga (Paulie Zink), Somatic Yoga (Eleanor Criswell), Tri Yoga (Kali Ray), White Lotus Yoga (Ganga White y Tracey Rich), Jivamukti Yoga (Sharon Gannon y David Life), Rocket Yoga (Larry Shultz), Yoga de Cachemira (Jean Klein y posteriormente Éric Baret), Ishta Yoga (Mani Finger y Alan Finger), Shadow Yoga (Shandor Remete y Emma Balnaves), Forrest Yoga (Ana Forrest), etcétera. Las denominaciones son muchas y lentamente se percibe un alejamiento del *yoga* original.

Este movimiento de readaptación del *yoga* llevó a que, con sus múltiples variaciones y métodos, llegara a ser más conocido y practicado en ciertos países de Occidente que en la misma India. Actualmente existe un creciente interés en la práctica de este nuevo *yoga* postural en la India debido a la influencia de Occidente. Es como si una pelota hubiera salido de Mumbai, hubiese llegado a Nueva York y regresara de nuevo a Mumbai con una forma distinta y con otro color. A lo largo de esta expansión, el *yoga* se fue alejando de sus orígenes y de su meta y se incorporaron a él nociones totalmente ajenas a su concepción original.

Como afirma Georg Feuerstein:

> En Occidente, el *yoga* frecuentemente se reduce a un entrenamiento de educación física, despojado de toda referencia a su propósito espiritual original. Aunque esta práctica reduccionis-

> ta de *yoga* pueda ser de ayuda para algunas personas para mantener o recuperar su salud física, no debe confundirse con el auténtico *yoga*.[286]

> (En la actualidad, en Occidente existen) decenas de millones de practicantes cuyo principal interés radica en la salud y en el bienestar corporal, y que son poco conocedores de las metas tradicionales de autotrascendencia, autotransformación y autorrealización. En su viaje desde la India medieval hasta el Occidente moderno, el *haṭha-yoga* ha sufrido un gran número de transmutaciones. Las adaptaciones más significativas han tenido lugar durante las últimas décadas para servir a las necesidades de los estudiantes occidentales.[287]

Leamos las sabias palabras de la respetada *mahātmā* y *yoginī* contemporánea Anandamayi Ma:

> ¿Qué significa *yoga*? Hacer algo con fuerza. «Ser» es una cosa y «hacer» es algo distinto (…) Si el *haṭha-yoga* se practica únicamente como un ejercicio de gimnasia física, la mente no se transformará ni en lo más mínimo. Por medio del ejercicio físico se mejora la condición del cuerpo (…) Cuando la mente recibe el sustento adecuado, el hombre se mueve hacia la divinidad, mientras que el cuidado del cuerpo solo incrementa su mundanalidad. La simple gimnasia es nutrición para el cuerpo. Cuando

286. Feuerstein, Georg. *The Path of Yoga. An Essential Guide to Its Principles and Practices*. Boston: Shambala, 2011, p. 156.
287. Feuerstein Georg. *The Deeper Dimension of Yoga*. Boston: Shambala, 2003, p. 53.

> el buen estado físico que resulta del *haṭha-yoga* se usa como una ayuda en el proceso espiritual, nada se pierde. De lo contrario, no es *yoga*. Si la finalidad del *haṭha-yoga* no es lo eterno, este no es más que una mera gimnasia.[288]

En este proceso de alejamiento, aparecen denominaciones puramente terapéuticas, como el *yoga* restaurativo, *yoga nidrā* (sueño consciente), *yoga* prenatal (para embarazadas), *yoga* postnatal (mamá con bebé), *yoga* para niños, *yoga* con silla, etcétera, llegando a presentarse como nuevos productos de mercado –constituidos por mezclas de otras técnicas, *hobbies*, terapias y deportes– que poco tienen que ver con el propósito del *yoga* original. Entre ellos podemos mencionar: yogalates (una mezcla de *yoga* y pilates), Kalaripayattu Yoga o Kalari Yoga (una mezcla de *āsanas* con artes marciales de Kerala), Dru Yoga (*āsanas* de *yoga* con afirmaciones positivas y visualizaciones), Warrior Yoga (basado en los principios y los conceptos de las artes marciales), acroyoga (una combinación de acrobacias en pareja o en grupo con artes circenses), *yoga* acuático (practicado en una piscina), *yoga* en pareja (posturas corporales, a veces acrobáticas, que se practican junto a otra persona), Holy Yoga (*yoga* cristiano), Naam Yoga (una mezcla de terapias, cábala y movimientos), *yog*a de la risa (usando la risa voluntaria de forma prolongada), *yoga* aéreo (combina posturas de *yoga*, pilates y danza usando un columpio o hamaca), Raje yoga (que trabaja con las emociones más rudas), Bo-

288. Lipski, Alexander, *The Essential Sri Anandamayi Ma: Life and Teachings of 20th Century Indian Saint*. Bloomington: World Wisdom, 2007, p. 100.

xing yoga (para boxeadores y deportistas), Naked yoga (yoga nudista), Cannabis yoga (combinación de *āsanas* con el uso del cánnabis). Este descenso ha llegado en los últimos años a formas tan extrañas y surrealistas como *doga yoga* (*yoga* con perros), *goat yoga* (*yoga* con cabras), *sheep yoga* (*yoga* con ovejas) o el sorprendente *beer yoga* (*yoga* sorbiendo cerveza).

Citemos de nuevo a Georg Feuerstein:

> Es absolutamente necesario salvaguardar el *yoga* de la usurpación de la mentalidad consumista con la que nuestra cultura moderna parece tratarlo todo. El *yoga* nunca estuvo destinado a un consumo fácil.[289]

Actualmente, el mercado del «*yoga*» mueve extraordinarias sumas de dinero. En febrero de 2021, la revista *Forbes* publicó un estudio de la Yoga Alliance que mostraba que solo en los Estados Unidos la venta de «productos yóguicos» generaba beneficios por valor de 17.000 millones de dólares, de los cuales más de 4.600 millones provenían de la compra de ropa y otros 6.000 millones de las formaciones de profesores. En el Reino Unido, el *yoga* genera beneficios anuales por valor de 800 millones de libras.

Como describe Alistair Shearer en su *Historia del yoga*:

> Cada nuevo estilo de *yoga* va acompañado de ciertos accesorios que deben adquirirse: ropas especiales, bolsas, ladrillos, man-

289. Feuerstein, Georg. *The Path of Yoga. An Essential Guide to Its Principles and Practices*. Boston: Shambala, 2011, p. 158.

> tas, esterillas, cojines, inciensos, campanitas, campanas, cuencos, pósteres, libretas, tarjetas, folletos, libros, CD, DVD, aplicaciones, etcétera.
>
> Un buen indicador de la escena actual es el Om Yoga Show, un encuentro anual que se considera el acontecimiento más grande de este tipo en Europa. (...) Según su web: «la presencia de doscientos cincuenta expositores ofrecerá una experiencia en compras incomparable. Todo lo que necesites para tu último estilo yóguico lo podrás encontrar en el Om Yoga Show –esterillas de *yoga*, ropa de *yoga*, complementos alimenticios, equipamiento–, podrás incluso hacer la reserva para retiros exóticos o para formaciones de profesores. Lo encontrarás todo en el Om Yoga Show».[290]

Recapitulemos. Con Sri Yogendra hemos visto cómo se creaba el primer «centro de *yoga*» para que la clase media pudiera practicar *āsanas* sin alterar su forma de vida ni su cosmovisión. Vimos también cómo aparecía la figura del «profesor de *yoga*», separado de la figura del *guru*, así como la del «alumno de *yoga*», separado del aspirante que seguía una estricta vía ascética de purificación. Con Swami Kuvalyanandanda hemos advertido un proceso de medicalización del *yoga*, en el que este se convierte en una práctica terapéutica y curativa. Hemos observado además cómo los efectos de las prácticas yóguicas necesitaban ser probados por medio de métodos científicos y pragmáticos, como si la voz de los *ṛṣis* y los *siddhas* de la

290. Shearer Alistair, *The Story of Yoga. From Ancient India to the Modern West*. Londres: Hurst & Company, 2020, p. 290.

que se originó el *yoga* ya no fuera suficiente prueba para las personas educadas en los nuevos sistemas educativos. Con T. Krishnamacharya hemos observado que ciertas prácticas gimnásticas y de entrenamiento militar pasaron a denominarse *yoga* y que la práctica del *haṭha-yoga* pasó de ser algo estático a convertirse en una serie de movimientos dinámicos. Con Swami Sivananda y sus discípulos hemos percibido el gran afán de llevar el *yoga* a todo el mundo y que la preparación interior (*adhikāra*) de las personas casi no era tomada en consideración. En este proceso, el *haṭha-yoga* moderno pasó a ser un bien global. En los años 60 y 70, con la influencia del movimiento *New Age* (Nueva Era), el *yoga* se mezcló con todo tipo de prácticas, terapias y procesos ajenos a él. Surgieron *yogas* chamánicos, esenios o cristianos; supuestas enseñanzas «canalizadas» que se sobreponían a la enseñanza del *yoga*, reduciendo el *yoga*, en algunas ocasiones, a puras acrobacias practicadas en el aire o en el agua. En algunos casos, el uso de la palabra «yoga» pasó a ser superfluo y equívoco, ya que la enseñanza de algunas de las denominaciones modernas anteriormente mencionadas no tiene nada que ver con el *yoga* que hemos visto en la primera parte de este capítulo: un *haṭha-yoga* cuya meta es el aquietamiento de la mente, el despertar de *kuṇḍalinī*, trascender la asociación con el cuerpo y la mente y llegar al estado de absorción o *samādhi*.

No es nuestra intención, ni en lo más mínimo, afirmar que muchas de estas prácticas no sean válidas, curativas, saludables, terapéuticas o divertidas; lo único que podemos observar objetivamente es que no son *yoga*. Tal como afirma la erudita Tara Michaël:

> No olvidemos que Vyasa había escrito en su comentario al primer *sūtra* de Patañjali que «*yoga* significa *samādhi*». Sin el *samādhi* no hay *yoga* (...).
>
> Este *yoga* del siglo XX no tiene nada que ver, a pesar de las pretensiones y de las protestas de sus creadores y de sus profesores, con ninguna forma de *yoga* tradicional.[291]

El *yoga* en su estado puro sigue existiendo, quizás no hablen de él en las revistas *New Age*, puede que tampoco lo encontremos en las webs, ni en Facebook o en Instagram; puede que no necesite hacerse publicidad ni crear algo nuevo u original, y que ningún famoso se haga millonario a través de él. Pero es posible que, ahora mismo, en un pequeño *āśram* o en un lugar retirado, un sabio maestro, después de haber probado durante tiempo a su discípulo –que lleva una vida ascética dedicada a la contemplación y a la práctica yóguica–, le inicie en el *yoga* y le enseñe cuidadosamente. Y es posible que sea este mismo discípulo quien, dentro de un tiempo, siga enseñando de manera silenciosa a otras personas que tengan el fuego necesario para vivir en la ascesis y la contemplación, continuando así una sucesión casi eterna de enseñanza.

El *yoga* –completamente separado y ajeno a las extrañas y en ocasiones ridículas expresiones que haya podido tomar en las últimas décadas– sigue existiendo y siempre existirá. No solo en la India sino también en Occidente. El *yoga* es la manifestación concreta de la profunda aspiración del ser humano

291. Michaël Tara, «*L'avènement du Yoga postural moderne*». Yoga, Vedanta & Sadhana. Aditi No III, 2020. Capvern: Le Refuge du Rishi, 2020, p. 61.

por abrazar la plenitud, la dicha y la perfección de su propio Ser y fundirse en él. Ante esta aspiración, la divinidad siempre nos otorgará los medios necesarios.

Siete errores comunes en la comprensión del *yoga*[292]

Veamos ahora cuáles son algunos de los malentendidos más comunes en la comprensión del *haṭha-yoga* en la actualidad, y cómo estos lo alejan de sus bases tradicionales y de la forma original en la que este fue concebido y practicado. Estos errores son:

–*El* yoga *se basa únicamente en la práctica de posturas (*āsanas*):*
Con lo anteriormente expuesto, queda claro que el *haṭha-yoga* es mucho más que esto. Es cierto que la práctica de los *āsanas* ayuda a que nos sintamos mejor y a que el cuerpo sea más flexible, pero su meta es algo mucho más grande. La práctica del *yoga* nos puede conducir a otro estado de conciencia, a trascender la mente dual y conflictiva, para así liberarnos del sufrimiento y vivir en armonía con nosotros mismos y con los demás. ¿Por qué tomar solo una pequeña migaja cuando es tanto lo que el *yoga* puede aportarnos?

292. Basado en la conferencia con este título del 25 marzo de 2017 en Espacio de Yoga, Barcelona.

–La práctica del yoga tiene lugar solo durante la hora y media que estamos en clase o practicando:
El *yoga* tradicional tiene lugar siempre, y no únicamente cuando estamos en la esterilla recibiendo la clase. El *yoga* abarca nuestra acción, nuestra habla, nuestra conducta, nuestras emociones y nuestra actitud interna; también es *yoga* la forma en la que tratamos a nuestros padres, hijos o compañeros de trabajo. El *yoga* es una actitud que está presente en todos los aspectos de nuestra vida. Si limitamos el *yoga* a un corto espacio de tiempo de una hora y media, dos o tres días a la semana, nunca podremos experimentar un estado interior de trascendencia y plenitud. El *yoga* es estar atentos no solo a nuestra mente, sino especialmente a Aquello que la trasciende. Cada momento es una oportunidad para estar centrados en el presente, observar el estado de nuestra mente y buscar los medios para centrarla y aquietarla. Cada instante de nuestra vida es *yoga*.

–El fin del yoga *es conseguir un mejor estado de salud y bienestar físico:*
Por medio de los *āsanas* y el *prāṇāyāma*, la energía vital (*prāṇa*) fluye de forma armoniosa y la mente se hace más nítida, así muchas enfermedades pueden desaparecer. Es cierto que el *yoga* tiene estos beneficios, pero su fin real es la expansión de la conciencia, que los textos denominan como *kaivalya* o liberación.

–El yoga *no tiene nada que ver con el hinduismo:*
Afirmar esto sería como decir «Yo no tengo nada que ver con mi madre». Existimos gracias a nuestra madre, que nos dio

a luz y nos trajo al mundo, se lo debemos todo a ella. Evitar mencionar que el *yoga* tiene un origen hindú es una tendencia bastante común por parte de muchos profesores. A veces incluso se intenta enseñar el *yoga* de forma escéptica, diseccionando estas prácticas de la rica cosmovisión y metafísica que las envuelve y acompaña. El *yoga* forma parte integral del hinduismo desde el texto más antiguo de esta tradición, el *Ṛg Veda*, en el que ya se hace mención de los misteriosos y poderosos *yogīs*. En la actualidad estamos en un mundo multicultural y globalizado, ¿por qué nos debería asustar que el *yoga* forme parte de una tradición milenaria, llena de sabiduría y a través de la cual podemos desarrollar un proceso interno muy beneficioso?

–Para la práctica de yoga no es necesario un maestro:
En el mundo tradicional –no solo en la tradición hindú, sino también en las antiguas tradiciones indoeuropeas–, se reconoce claramente el valor de las personas de sabiduría, que pueden compartir su enseñanza, bendecirnos y ayudarnos en nuestro camino. Por supuesto que para practicar *āsanas* no es necesario un maestro avanzado y que un buen profesor podrá guiarnos durante la fase inicial del camino, pero si queremos profundizar realmente en el *yoga* e ingresar en los espacios de infinitud interior que los textos yóguicos describen, llegará un momento en que sentiremos la profunda necesidad de seguir la guía de un maestro cualificado. Este sentimiento no se puede forzar, es un impulso interior que surge y que los textos reconocen como un momento trascendental. Tras sentir la necesidad de un guía que nos pueda llevar hasta el final del

camino, el maestro podrá aparecer y lo podremos reconocer. Si tenemos una aspiración sincera, a veces se puede recibir una cierta guía por medio de la lectura y de la contemplación de un texto sagrado, o incluso a través de un sueño. Un eslabón nos llevará a otro hasta que, finalmente, reconoceremos a nuestro *guru* y podremos recibir su iniciación.

–Para la práctica del haṭha-yoga, *no es necesario seguir las restricciones* (yamas) *y observancias* (niyamas)*:*
Por desconocimiento del poderoso efecto que tienen estos *yamas* y *niyamas* en la mente, algunas personas consideran que cultivar estas virtudes no es necesario para su práctica yóguica. En muchos casos, esto es debido a que sus profesores no les han mostrado el amplio mundo interior que abarca el *yoga.* En otros casos son una muestra de una implicación totalmente superficial y de que siguen limitadas por la idea de «yo quiero seguir haciendo lo que me gusta», olvidando el sentido real de *yoga* como yugo, aquello que hábilmente canaliza nuestra energía hacia un plano más elevado.

Pongamos el ejemplo del primero de los *yamas*, la no violencia (*ahiṃsā*). En el *Mahābhārata*, considerado como el quinto *Veda*, podemos leer: *ahiṃsā paramo dharma* (el no dañar es el *dharma* más elevado). A menudo podemos observar a profesores y practicantes de *yoga* que no siguen *ahiṃsā* en relación a su alimentación y comen animales a los que se les ha dado muerte para satisfacer su paladar, cuando con una dieta yóguica y vegetariana no habría ninguna necesidad de que esta violencia tuviera lugar. En Occidente, debido a la prolongada influencia de las religiones monoteístas –que teológicamente consideran que los animales no tienen alma y son para el consumo humano–, no existe el respeto hacia los demás seres con los cuales compartimos esta Tierra y es común que esto se justifique afirmando que aquí se come carne y que este es un hecho cultural, pero si tenemos un conocimiento algo más profundo del *yoga*, nos damos cuenta de que *ahiṃsā* es la base sobre la cual se sustenta toda la vida yóguica: en la tradición hindú encontramos unos versos que se recitan muy a menudo: *sarve bhavantu sukhinaḥ* (que todos los seres sean felices).

Si alguien que come carne mirara hacia atrás y viera los cadáveres de todos los animales que se han matado para convertirse en su alimento hasta el momento presente, se asustaría. Es una satisfacción mirar atrás y no ver a ningún ser muerto, sobre todo en un mundo donde existe abundancia de alimentos nutritivos y sanos que no implican la violencia. Cada vez hay más médicos que aceptan que no comer carne es saludable. El *yogī* poco a poco tiene en cuenta su dieta y la ajusta a su proceso. También observa que el consumo de alimentos con predominancia de *sattva* (pureza) genera luminosidad y armonía en su mente y que la carne no es la mejor compañera de la meditación porque su efecto en la mente tiene una predominancia de *rajas* (excitación) y *tamas* (pesadez y opacidad).

Ningún *yogī* puede dejar de lado los *yamas* y *niyamas*, y en especial *ahiṃsā*, porque es el medio para llegar al estado en el cual, de forma natural, podemos ver nuestra esencia en todos los seres.

–El yoga no forma parte de un camino espiritual:
Aunque una persona empiece únicamente practicando *āsanas*, estas forman parte de un camino y de un proceso que tiene

distintos pasos. ¿Cuál es la meta del *yoga*? La práctica de los *āsanas* forma parte de un antiguo camino de autoconocimiento que conduce a la trascendencia y a la liberación. La meta del *yoga* es hacerse uno con la infinitud.

Hemos mencionado siete errores, pero podríamos añadirle un octavo.

–*Hace falta adaptar el* yoga *al momento actual:*
La enseñanza del *yoga* existe desde hace milenios y a lo largo de los siglos ha modificado su lenguaje pero no su esencia. La mente del ser humano sigue siendo la misma y baila con la dualidad placer-dolor, agrado-desagrado. Cada uno de los *āsanas* es una llave para armonizar el cuerpo y la mente. El mejor profesor es aquel que enseña el *yoga* en su pureza, sin nuevas invenciones, adaptaciones ni añadidos. Muchas veces es al «adaptarlo» cuando la enseñanza del *yoga* pierde toda su metafísica y todo su poder para convertirse en una simple postura de gimnasia. Es necesario que el profesor de *yoga* recuerde que detrás de todos los *āsanas* y prácticas yóguicas subyace una metafísica y una concepción sagrada del cosmos.

El *yoga*, tal como es, nos llevará primero a reconocer nuestra esencia y luego a comprender que esta esencia existe en todo. Si perseveramos en nuestra práctica y pasamos de *āsana* a *prāṇāyāma*, a *dhāraṇā* (concentración) y, finalmente, a *dhyāna* (meditación), nuestra vida se transformará y entraremos en los espacios de infinitud interior. Esta es la esencia inmutable del *yoga*.

El profesor de *yoga*

El buen profesor de *haṭha-yoga* es aquel que acoge respetuosamente al alumno que acude a él debido a un dolor de espalda y que, aunque quizás le resuelva esta dolencia, también le da otras pautas, ya que no existe dolor o sufrimiento mayor que el sufrimiento mental. A medida que observa que el alumno está abierto, le ofrece otras indicaciones yóguicas para vivir de una forma más armoniosa. El buen profesor es el que sabe acoger a la persona al nivel en el que esta se acerca –porque muy pocas personas llegan a un centro de *yoga* diciendo: «Hola, vengo aquí buscando la liberación»– y le abre la puerta a la sagrada enseñanza de este camino.

No imaginemos que existen muchas personas interesadas en la meta última del *yoga*, el mundo es así y no debemos de desanimarnos por ello. Pero si de noventa personas que asisten a un centro, una sola siente un auténtico interés por profundizar en la verdadera esencia del *yoga*, el profesor debe ser capaz de procurarle la enseñanza y el método necesarios que la dirijan hacia los elevados espacios de la conciencia.

Para un profesor de *haṭha-yoga* es un reto enseñar *yoga* en el Occidente actual, tan condicionado y manipulado por los medios de comunicación masivos. Es un gran desafío acercar una cosmovisión en la que el ser humano forma parte de un cosmos sagrado –tal como lo es para un hindú, o lo era para un antiguo griego o celta– a una persona educada con las concepciones materialistas del mundo moderno.

La labor del profesor es aportar algo más que los métodos para hacer que el cuerpo sea flexible. Es dar a las personas los medios para recuperar la sacralidad en cada momento de su vida, recuperar otra comprensión que respete plenamente su fortaleza interior y su esencia divina, para así respetar la misma esencia en los demás. Por eso, el profesor deberá tener el conocimiento de cuál es la meta del *yoga*, pero además deberá saber cuál es la preparación (*adhikāra*) de aquel que se acerque a su clase.

Las formaciones de *yoga*

Un fenómeno reciente y cada vez más extendido son las formaciones masivas de profesores de *yoga*. El *yoga* no es algo que se pueda enseñar con prisa ni en poco tiempo, ni tan siquiera a todo el mundo. Requiere de ciertas cualificaciones y, sin duda, de cierta intensidad y fuego interior. Mi maestro contaba una historia:

Un hombre llamado Nasrudín estaba en casa con su mujer, habían comido un buen cazo de sopa espesa para cenar. De repente llamaron a la puerta, era un buen amigo y lo invitaron a entrar. Quedaba muy poca sopa, así que le agregaron una taza de agua, la calentaron y se la ofrecieron. Al rato, otro amigo llamó de nuevo a la puerta, otra visita inesperada. Tampoco querían dejar de ofrecerle algo para comer, con lo que le añadieron otra taza de agua a la pequeña porción de sopa ya diluida previamente y la calentaron para ofrecérsela. ¿Qué ocurrió? Que la sopa se fue volviendo cada vez más ligera, hasta convertirse básicamente en agua. Lo mismo ocurre en ciertos casos cuando el *yoga* es enseñado sin su metafísica, su cosmovisión y sin la firme base de los *yamas* y *niyamas* que abarcan la totalidad de la vida: la enseñanza se diluye y pierde su sentido esencial.

Hoy en día existen formaciones de profesores de *yoga* de un mes, de pocos meses, de un año o, en algunos casos, de varios años. Es cierto que se obtiene un título, ¿pero hasta qué punto el que obtiene el título es un *yogī*? Para ser un profesor de *yoga* es necesario integrar en la propia vida la cosmovisión del *yoga*, que sin duda incluye la disciplina de los *yamas* y *niyamas*, para así poder ascender en la práctica interior del autoconocimiento. A veces es sorprendente ver cómo en ciertas formaciones de *yoga*, en vez de ahondar en la rica enseñanza de la tradición yóguica, dedican horas a aprender a posicionarse en internet, cómo dar clases *online*, cómo darse a conocer, o cómo poder vivir de las clases de *yoga* en poco tiempo; lo que nos muestra que el *haṭha-yoga* en muchos casos ha pasado a ser un producto de consumo más en el gran mercado mundial.

En España, poco después del año 2000, hubo un curioso movimiento impulsado por importantes asociaciones de formadores de profesores de *yoga* –posiblemente con muy buena intención– que llevó a que el *yoga* se regulara a través de una titulación oficial.

Estas asociaciones propusieron a la Generalitat de Catalunya la regularización de la enseñanza del *yoga* y, a la vez, el Ministerio de Educación español tuvo la voluntad de establecer titulaciones oficiales para «nuevas profesiones», muchas de ellas del ámbito deportivo, entre las que estaba la de profesor de *yoga*, así como la de profesor de *ping pong*, tenis o esgrima. Finalmente, el Gobierno central reguló la enseñanza del *yoga* como «cualificación profesional» y creó una formación estandarizada que incluía algunos elementos completamente ajenos al *yoga*.

En la actualidad, los profesores de *yoga* que quieran impartir clases en toda regla en España deben obtener obligatoriamente un Certificado de Profesionalidad cursado a través de centros homologados e inscribirse en el Registro Oficial de Profesionales del Deporte.

Ser un centro homologado implica cumplir con unas características muy determinadas en cuanto a dimensión y estructura, lo que obliga, por ejemplo, a disponer de un aula de informática, o a tener un tamaño muy superior a la media de los centros de *yoga* habituales. A la vez, los formadores deben contar con una licenciatura o diplomatura universitaria, independientemente de su área de conocimiento, con lo cual muchos de los centros que llevaban años ofreciendo formaciones de *yoga*, así como respetados formadores con experiencia en la enseñanza del *yoga* corporal, en la actualidad no pueden ofrecer este certificado oficial por no cumplir con los requisitos.

Además, los profesores que ya tienen una formación privada deben pasar por un proceso de acreditación –que anualmente tiene un número muy limitado de plazas– y dar cuenta de su formación y experiencia.

En resumen, hoy en día en España, a raíz de este intento por estandarizar un conocimiento que nada tiene que ver con el deporte por parte de instituciones gubernamentales totalmente ajenas al conocimiento del *yoga*, aunque nos visitara un avanzado *yogī* establecido en *samādhi* y conocedor de toda la sabiduría yóguica, no podría enseñar en este curso hecho a medida por el Estado al no tener la requerida acreditación, el Certificado de Profesionalidad adecuado y carecer de un título universitario.

El verdadero *yogī*

El *yogī* o la *yoginī* no viven en un mundo abstracto, sino que son una luz que resplandece cada vez más. Su comportamiento, su palabra, su mente, su intelecto son cada vez más brillantes, puros y prístinos. Las negatividades y limitaciones van desapareciendo y, a medida que llegan al final de su proceso, viven inmersos en la plenitud de su esencia.

En la *Maṇḍala-brāhmaṇa Upaniṣad*, el gran sabio Yajñavalkya se acerca a Surya (la deidad de la esfera solar) y le pregunta acerca del *yogī* liberado que vive en un estado de no mente y plenitud. Surya responde:

> Después de alcanzar el conocimiento del *paramātman* (absoluto) y viendo a su propio *ātman* como *brahman* trascendente, inconmensurable, sin origen, el auspicioso, el *ākāśa* trascendente, que no depende de nada, sin segundo, la causa primera de todo; y habiendo adquirido el conocimiento de que el que baila en la caverna (del corazón) es Él, elevándose por encima de las dualidades tales como existencia e inexistencia, tras experimentar el estado de *unmanī* (en el que no hay mente) y trascender los sentidos, el *yogī* alcanza al trascendente *brahman* (el Absoluto), que es inamovible como la llama de una lámpara en un lugar sin viento y que es como la confluencia del río de la mente con el océano de la dicha de *brahman* y la felicidad de *amanaska* (no mente).
>
> Entonces, (el *yogī* permanece) como un árbol seco, disfrutan-

> do solo del estado de éxtasis sin respiración, con su cuerpo inamovible abrazando la quietud suprema. Así, al quedar exento de los movimientos de la mente, se absorbe en el *paramātman* (el Absoluto).[293]

Nada se puede añadir a esta enseñanza. Concluyamos con unos versos del gran maestro Gorakshanath acerca de aquel que ha alcanzado la meta del *yoga*:

> Aquel que siempre experimenta la unidad entre la realidad trascendente y el universo manifestado es un *siddha-yogī* (*yogī* perfecto).
>
> Aquel que es indiferente, siempre tranquilo, absorto en sí mismo, que experimenta la luminosidad de su propio ser y la dicha absoluta, es un *siddha-yogī.*
>
> Aquel que está siempre establecido en la dicha, que es causa de felicidad para todos, que es sabio y que siempre está dispuesto a beneficiar a todos los seres, es un *siddha-yogī.*
>
> El *yogī* no sufre por la pérdida, no anhela la prosperidad ni se alegra de sus logros. Permaneciendo siempre dichoso y absorto en la experiencia de su propio ser, no está afectado por el curso del tiempo.[294]

Que por la bendición del *yoga* podamos reconocer la dicha y la plenitud que existe siempre en nosotros como nuestra propia esencia.

293. *Maṇḍala-brāhmaṇa Upaniṣad* III, 1-4.
294. *Siddha-siddhānta-paddhati* VI, 65, 67, 69-70.

PARTE VI
Preguntas en el camino del *yoga*

Selección de preguntas y respuestas de distintas enseñanzas sobre el *yoga*

Durante la meditación puedo observar que se agranda el espacio entre pensamiento y pensamiento y llega un momento en el que este cesa: ¿qué hay que hacer? ¿Hay que hacer algo?

Cuando en meditación vas entrando en el espacio de silencio y de no pensamiento, simplemente debes permanecer en él y acostumbrarte a este silencio. Allí existe una gran enseñanza. Si de verdad en la mente no hay pensamiento y podemos permanecer en nosotros mismos sin ningún recuerdo, ninguna noción, ni tan solo la idea de «yo» –recordemos que, para Patañjali, la noción de «yo» es también una *vṛtti* (pensamiento)–, al permanecer libres de toda asociación, esta experiencia deja en nosotros un profundo impacto. Aquí tiene lugar una enseñanza silenciosa que nos transforma. En lenguaje yóguico, esto es *samādhi* (absorción).

Cuando nuestro maestro nos enseña que nuestra esencia es el *puruṣa*, la conciencia, nos cuesta reconocerlo debido a que existe en nosotros una poderosa impresión de creernos ser una individualidad limitada. Cuando en meditación accedemos al estado de *samādhi* (absorción), nuestra individualidad desaparece en el silencio. Este estado de *samādhi* va despertando en nosotros el reconocimiento de la conciencia infinita; a la vez, va debilitando la impresión (*saṃskāra*) de ser una individualidad limitada. Así, por medio de este proceso invisible, el *yogī* se va estableciendo en su naturaleza esencial.

Podemos preguntarnos: cuando el *yogī* está establecido en la Conciencia, ¿qué ocurre en su vida diaria? Posiblemente haga lo mismo o algo muy parecido a lo que hacía antes, pero desde la plena libertad: quizás se levante a la misma hora; si antes le gustaba el té, ahora también le seguirá gustando, y si antes no le gustaba, seguramente seguirá sin gustarle. Caminará mucho o poco en el parque cercano a su casa; si es profesor de *yoga*, quizás siga enseñando, o quizás trabaje en el comercio donde trabajaba antes; pero todo lo que su cuerpo haga, toda acción que tenga lugar en su cuerpo y en su mente, ya no podrá velar el reconocimiento pleno de ser el *puruṣa*, la conciencia siempre libre.

En esta manifestación, en este plano relativo, todos tenemos nuestro pequeño papel, el que interpretamos en este baile. A la vez, la parte más importante en todos nosotros, el *puruṣa*, no baila ni se mueve, es quietud, silencio y plenitud. Según la tradición del *yoga* y del *sāṃkhya*, existen tantos *puruṣas* como seres; según el *advaita*, existe una única conciencia o *ātman*. Según las enseñanzas de las *Upaniṣads*, Eso es lo que somos, la conciencia absoluta más allá de la división y de la dualidad. Este es el extraordinario baile: lo Absoluto baila con lo relativo, lo infinito con lo finito, lo eterno con lo temporal. El *yogī*, una vez se ha establecido en este conocimiento, actúa en el mundo relativo, se mueve, habla, gana y pierde en el mundo, ciertamente, pero siempre sabe quién es. Sabe que en su esencia (*puruṣa*) no hay cambio, que en lo Real nunca ocurre nada, que la plenitud absoluta existe siempre. El *yogī* vive desde este espacio. Esta es la imagen del *yogī* o la *yoginī* que vive en la plenitud.

Volviendo a tu pregunta: cuando entramos en espacios de silencio permanecemos allí sin esperar nada. Si esperamos algo, esta expectación es una *vṛtti*, una distracción en el proceso meditativo. Hemos de perdernos en el silencio para que el Silencio nos engulla, nos enseñe y nos transforme.

Por medio de la meditación podemos llegar al reconocimiento del* ātman, *pero ¿cómo podemos llegar a esta experiencia en la vida diaria? ¿Es por medio de la concentración en el silencio entre pensamiento y pensamiento?

Ese podría ser un medio. Cuando en meditación entramos en estados de absorción o *samādhi*, el reconocimiento de la conciencia libre que existe en nosotros va dejando un impacto, una impresión (*saṃskāra*). Cuando después de la meditación volvemos a nuestras actividades diarias, permanece un reconocimiento de nuestra esencia. Somos conscientes de que el cuerpo está actuando, pero también somos conscientes de que existe en nosotros una conciencia trascendente y que nunca está afectada por nada. A medida que la meditación se hace más profunda, su efecto impregna la totalidad de nuestra vida. Aunque empecemos meditando siempre en quietud, retirados y en silencio, en realidad, a partir de cierto estadio, la meditación tiene lugar siempre: durante nuestras actividades diarias, por medio de la observación de los espacios de silencio en nuestro interior, mediante la repetición y la absorción en el *mantra*, permaneciendo en la consciencia testigo, por la observación desapegada del espacio de la mente y sus pensamientos, por la intensa concentración en la respiración sin que se genere ningún otro pensamiento; a través de vivir en total presencia

–cuando caminamos, por ejemplo, caminamos plenamente–, etcétera. Estos son métodos que nos ayudan a mantenernos en espacios de concentración. Poco a poco, la práctica va dando su fruto, y, debido a la intensidad de nuestro propósito, va llenando la totalidad de nuestra vida y nos transforma. Esto es algo muy distinto a acudir a un centro de *yoga*, practicar *āsanas* durante hora y media y, al salir, olvidar el proceso yóguico hasta la siguiente sesión. Cuando nuestra práctica y nuestra aspiración son intensas, el *yoga* afecta a cada instante de nuestra vida.

Quizás podemos llegar a cierto bienestar interior, pero considero que, en la actividad de la vida diaria, el sostener la consciencia de unión con el Ser es más complicado.
Cuando hablamos de establecernos en la conciencia, hablamos de algo que es totalmente natural. No se trata de que tengamos que sostener algo o hacer un esfuerzo, llega un momento en el que el estado de conciencia de plenitud se establece de forma natural. ¿Por qué los grandes *yogīs* y *mahātmās* viven sus vidas a veces muy activos y ocupados –llevando sus *āśrams*, enseñando, viajando–, o a veces retirados, y están plenamente establecidos en este estado de conciencia? Porque es algo absolutamente natural, es solo reconocer aquello que uno ya es. Por el poder del *samādhi*, el velo de la ilusión (*avidyā*) desaparece.

Durante el proceso yóguico es necesario un intenso esfuerzo, claridad de propósito y una fuerte volición. Pero después, el *yogī* está establecido en su esencia y la ilusión del buscador, el camino, la meta desaparecen y todo esfuerzo cesa. El *yogī* es lo que ya Es y vive la plenitud de este reconocimiento. Es algo absolutamente natural. Es aquí donde los *mahātmās*

Práctica de *sūrya-namaskāra* (saludo al sol) al amanecer

«vuelven al mercado». No es necesario para ellos mantenerse alejados de nada. En ellos ya no existe el miedo, no tienen que estar protegidos ni retirados en su *āśram*, ni tienen que permanecer en silencio o absortos en meditación. Sería una contradicción, ya que a los *mahātmās* los reconocemos porque viven en la plena libertad, más allá de toda dualidad.

Swamiji, ¿en la vida diaria es importante ser muy conscientes a cada momento?

Mantener la presencia constante es un método muy válido y muy poderoso. Todos podemos observar que la mente tiene una clara tendencia a dispersarse. Vyasa, en su comentario de los *Yoga Sūtras*, habla de cinco estados mentales. *Mūdha* es una mente con falta de atención y claridad, ausencia de luz, sin paz mental; una mente que no comprende ni asimila. *Kṣipta* hace referencia a un estado mental de inquietud; la mente está atraída hacia los objetos debido a un exceso de *rajas* (pasión y deseo). *Vikṣipta* se refiere a un estado en el que la mente está dispersa, distraída, inestable… y su atención se dirige de un objeto a otro.

Vyasa afirma que estos tres estados mentales deben evitarse, ya que son un impedimento en el camino del *yoga*, y menciona otros dos estados que el *yogī* debe cultivar. El primero es *ekāgratā*, la mente concentrada. Muchas personas han perdido la capacidad de concentrarse plenamente y la concentración es muy necesaria para crecer en el *yoga*. El segundo, *nirodha*, es el estado mental en el que el pensamiento cesa y la mente está aquietada. Cuando podemos mantenernos en el no pensamiento, estamos en el gran *yoga*.

Debemos intentar mantener la mente concentrada (*ekāgratā*) para dar un salto y, cuando la opacidad y la dispersión hayan cesado, establecernos en espacios de no pensamiento. A la vez, debemos ser plenamente funcionales: cuando tengamos que usar la mente, debemos ser capaces de concentrarnos para funcionar de manera hábil en este mundo. En la *Bhagavad Gītā*, Sri Krishna enseña:

yoga karmasu kauśalam

El *yoga* es la habilidad en la acción.[295]

295. *Bhagavad Gītā* II, 50.

El *yoga* es la destreza en la acción; el *yogī* no es aquel que se desentiende de todo. El *yogī* es aquel que es hábil. Pero observemos ahora cuál es el significado profundo de la enseñanza de Sri Krishna acerca de la habilidad en la acción, ya que existen distintos niveles de comprensión. La habilidad en la acción puede significar la necesidad de ser diestro, de hacer las cosas bien. ¿Por qué hacemos las cosas adecuadamente? Porque tenemos concentración y presencia. Pero el *yogī*, además, va desarrollando una nueva actitud y comprensión interior que le van llevando a entregar el fruto de su acción, a no depender de los resultados. Aquí entramos en el *karma-yoga*, el *yogī* lleva a cabo la acción con excelencia y sin expectación. El desapego de los frutos de la acción también es *yoga*. Pero hay más: el *yogī* vive su vida activa como una ofrenda, una ofrenda a la divinidad, una ofrenda al cosmos. No vive únicamente para sí mismo –papá, mamá, el niño, el perrito y el jardín– como nos transmite la televisión, que espero que no veáis, con su condicionamiento que nos aturde. El *yogī* vive para algo más grande. Desea que su vida sirva para algo superior, elevado, divino. Más aún, el *yogī*, a medida que por medio de la meditación y el silencio va reconociendo su esencia, se da cuenta de que aquello que actúa es el cuerpo y la mente, y que su esencia es siempre libre. El *yogī* se reconoce como el *puruṣa*, la Conciencia, y en el *puruṣa* no hay acción. Entonces, desde esta libertad, observa cómo el cuerpo lleva a cabo sus actividades manteniendo este reconocimiento. Estas serían diferentes visiones de la enseñanza de Sri Krishna acerca de la destreza en la acción.

Por el mero hecho de mantenernos en el aquí y ahora, estaríamos practicando un *yoga* constante y poderoso. Si estamos en el aquí y ahora, no estamos en el recuerdo del pasado, ni en la fantasía ni en la especulación acerca del futuro. Este es un gran *yoga*, una gran austeridad. En la medida en que nos mantenemos en el presente, en el aquí y ahora, estamos en la plenitud.

Las personas que se retiran y viven como* swamis, *como usted, lo tienen más fácil. Muchos de nosotros tenemos hijos, pareja, familia, etcétera, y todo es más complicado. ¿Que tengamos la posibilidad de retirarnos o de estar implicados en las actividades del mundo forma parte de nuestro karma, de lo que a cada uno nos toca vivir?

No es cierto que la vida de un renunciante sea más fácil o más difícil: es diferente. Desde la antigüedad, en el hinduismo siempre han existido dos caminos: *pravṛtti* y *nivṛtti*. *Pravṛtti mārga* es el camino de aquellos que tienen familia e hijos, que tienen obligaciones y sostienen la sociedad. *Nirvṛtti mārga* es el camino de los que se retiran, los ascetas, los renunciantes y los antiguos *yogīs* que vivían al margen de los valores de la sociedad. Estos dos caminos siempre han estado presentes. En el *yoga*, lo más importante no es cómo vivimos externamente, sino nuestra actitud interior.

Mi maestro contaba una historia que muestra la importancia de la actitud interior y cómo esta es superior a la acción del cuerpo. En un pequeño pueblo vivía un *sādhu*, un renunciante que lo había abandonado todo. Vivía ascéticamente y pasaba el día inmerso en prácticas espirituales: hacía sus ofrendas a la divinidad, recitaba la *Bhagavad Gītā*, practicaba *āsanas* de *yoga* y meditación. En la misma calle y algo más abajo, a poca distancia, vivía una cortesana, una prostituta, que recibía a varios visitantes cada día. El *sādhu* miraba a menudo por la ventana y, cuando veía que alguien entraba o salía de la casa de esta mujer, se irritaba y murmurando decía: «Esto es horrible, otro hombre más; ¡hoy ya han entrado y salido cinco!».

La cortesana hacía este trabajo porque era lo que le había enseñado su madre y lo que hacía también su abuela; su vida era así, no había visto nada mejor y cambiar de vida no le era fácil. Cada vez que la cortesana miraba calle arriba y veía la casa del *sādhu* pensaba: «Qué suerte tiene este asceta: se pasa el día concentrado en la divinidad, recitando textos, haciendo rituales, estudiando, meditando… y yo llevo esta penosa vida. Me gustaría mucho vivir de otra forma, pero no sé cómo hacerlo». Ella siempre pensaba luminosamente del *sādhu* y el *sādhu* siempre pensaba muy negativamente de la cortesana. Así pasaron muchos años.

¿Qué ocurrió? Murieron, es lo que ocurre siempre; todos moriremos. El sabio y la cortesana, curiosamente, murieron el mismo día y a la misma hora. Los mensajeros de Yama, el Señor de la muerte, fueron a buscarlos. Al *sādhu* lo condujeron a un mundo inferior y a la cortesana, a un mundo luminoso. El *sādhu*, al ver lo que pasaba, exclamó:

–¡Oigan! ¡Oigan! ¡Aquí hay un error! Os estáis equivocando: ella es la cortesana. ¡Yo soy el *sādhu*! ¡Toda mi vida he repetido *mantras*, he llevado a cabo rituales y mi vida ha sido virtuosa y sin faltas!

Los enviados de Yama respondieron:

–Oh *sādhujī*, no hay ninguna equivocación; estamos llevando a cabo el encargo adecuadamente. Pasaste la mayor parte de tu vida dedicado a las actividades espirituales, pero tu mente estaba obsesionada por la vida que llevaba la cortesana; meditabas en ella, en sus clientes y en el tiempo que estaban en su casa. Tu mente pasó años y años con estos pensamientos que no te ayudaron. La cortesana, a pesar de su trabajo, pasó casi toda su vida pensando en ti, en la vida pura y luminosa que llevabas, en la suerte que tenías de estar recitando y alabando a la divinidad, de vivir retirado, meditando y llevando a cabo rituales. Su mirada fue siempre pura; esto la lleva ahora a unos planos elevados.

La moraleja de la historia es que, si bien es muy importante todo lo que hacemos, aún es más importante nuestra actitud. Podemos observar que muchos maestros no recomiendan a sus discípulos aislarse. En mi caso, aunque recibí la iniciación de *saṃnyāsa*, mi maestro jamás me recomendó que viviera totalmente aislado. Las transacciones y las relaciones con los demás nos permiten ver dónde estamos. Podemos observar nuestras reacciones y ser conscientes de si el ego está aún más o menos presente. Supongamos que alguien se retira a un lugar aislado durante años, viviendo en soledad. Esta persona puede imaginar que está muy bien, pero la prueba llegará cuando «baje al mercado», cuando alguien no la trate como esperaba, o le diga algo que no le complazca; aquí es cuando puede tener una reacción inesperada. La persona casada, con su vida familiar, con el niño que llora, con el esposo o esposa que un día está de mal humor, con el esfuerzo del trabajo y de las responsabilidades, si tiene una actitud adecuada, puede mantenerse en un elevado estado yóguico; todo dependerá de su actitud. Vida de renuncia o vida de familia, un camino no es superior al otro; cada uno vive lo que tiene que vivir. Estemos en la situación en que estemos, allí podemos crecer. El lugar donde estamos hoy, si tenemos la actitud adecuada, puede ser el punto de partida de nuestro proceso de expansión por medio del *yoga*.

¿Podría comentar el segundo de los* sūtras *de Patañjali? Me pregunto: ¿solo es* yoga *cuando la mente está aquietada, en* nirodha*?

En realidad, el segundo *sūtra* nos habla de la meta del *yoga*. *Yogaścitta-vṛtti-nirodhaḥ*, «el *yoga* es la cesación de los movimientos de la mente». Desde un punto de vista, el *yoga* es la cesación de todo movimiento en el espacio mental. Desde otro punto de vista, el *yoga* también puede ser la no identificación con estos movimientos. Existe una mente funcional que en esta realidad empírica necesita pensar, discernir y recordar ciertas cosas. El *yogī* es aquel que no se identifica con el contenido de la mente y que se mantiene como el testigo. En este estado permanece siempre libre, absorto en su esencia, la conciencia pura siempre presente. Aunque la mente piense, este *yogī* sabe que es la mente la que piensa y que es la mente la que experimenta el placer y el dolor. Sri Krishna lo expone de forma muy clara en el capítulo seis de la *Bhagavad Gītā*:

> *duḥkha-saṃyoga-viyogaṃ*
>
> El *yoga* es la disociación con el sufrimiento [de la mente].[296]

296. *Bhagavad Gītā* VI, 23.

El *yogī*, después de años de práctica meditativa, se reconoce como el testigo nunca afectado por los pensamientos y descansa en su esencia.

El segundo *sūtra* de Patañjali no habla del camino del *yoga*, sino de su meta. El *yoga* también es el camino para llegar a ella. Como muchos otros textos tradicionales, los *Yoga Sūtras* de Patañjali comienzan con una enseñanza muy elevada, en este caso el *Samādhi Pāda*. Vyasa, en su comentario, nos dice que esta enseñanza es para aquellos que tienen una mente aquietada y pueden entrar con facilidad en estados de absorción. Como hemos visto, el segundo capítulo, *Sādhanā Pāda*, es para aquellos que aún tienen pensamientos en su mente y se identifican con ellos. En este capítulo, Patañjali habla de los ocho pasos del *rāja-yoga* para purificar la mente y llegar finalmente al *samādhi*. Por medio de una práctica yóguica continuada, de forma natural llegaremos a estados de no mente en los que se manifiesta un estado de gran paz y plenitud. Es necesario aprender a sostener estos estados de no limitación y permanecer en ellos. Tenemos que acostumbrarnos a permanecer allí, en nosotros mismos, porque todo pensamiento no deja de ser una limitación de la Conciencia. Según el *tantra*, es *mātṛkā-śakti* (el poder de las letras, las palabras y los conceptos) la que crea la limitación en nuestra mente. Si podemos permanecer en el espacio en el que no hay letras ni palabras, es decir, en el que no hay pensamiento limitador, permanecemos en nuestra propia inmensidad.

El *yogī*, en estos espacios no conceptuales y de silencio, puede experimentar una intensa plenitud y dicha. A medida que el *yogī* se va deleitando en esta dicha interior, su apego por el mundo externo va decreciendo; con lo cual puede concentrar cada vez más su energía en su proceso interior y ahondar más y más en los espacios de plenitud. El *yoga* nos hace menos dependientes de las cosas, las personas y las situaciones; nos hace libres. Si seguimos realmente el camino del *yoga*, este producirá en nosotros una poderosa transformación.

El* yoga *nos lleva a trascender los deseos, pero ¿que nuestra vida pueda ser un servicio al* dharma *no es otro deseo?

Sí, ciertamente es un deseo. Este plano relativo se mueve por la fuerza del deseo (*kāma*). El *yogī* intenta que sus deseos sean puros, armónicos y que no sean contrarios al *dharma*. La enseñanza también nos dice que no vivamos únicamente para nosotros y que nuestra vida pueda ser un ofrecimiento al cosmos y a los demás. En los textos del hinduismo hay una frase muy importante: *loka-saṃgraha*, que significa «el bien de todos los seres de este plano». Se trata de ir más allá del egoísmo patológico y poder vivir de una forma más expandida y libre. Que nuestra vida sirva para algo es un deseo, también lo es el deseo de liberación; mientras exista la mente individual existirá el deseo, mientras exista la ilusión de una entidad limitada existirá el deseo. La cesación del deseo es el final del camino.

Patañjali afirma que existen dos tipos de *vṛttis* (pensamientos). *Kliṣṭa* es el pensamiento que no nos ayuda en nuestro camino, nos contrae y nos lleva a un mayor sufrimiento, y *akliṣṭa* es el que nos ayuda en nuestro proceso yóguico. Si el bien de los demás es importante para nosotros, si somos capaces de no vivir únicamente para nosotros mismos, si sentimos empatía y proximidad con todos los seres de este universo, esta actitud *akliṣṭa* nos libera de la asfixia del pensamiento egoico.

Llegará un momento en el camino en el que todos nuestros deseos quedarán trascendidos. Si observamos el proceso yóguico, querer hacer *āsanas* adecuadamente es un deseo, pero un deseo que nos puede ayudar; querer aprender los *prāṇāyāmas* es un deseo que también nos puede ayudar; querer conocer y profundizar en un texto también es un deseo. Según Patañjali, este tipo de deseos o procesos mentales son *akliṣṭa*, pueden ser ayudas en el camino.

Los textos afirman que *mumukṣutva*, el deseo de liberación, debe existir hasta el final del camino. Es un deseo liberador, es el único deseo que nos ayuda hasta que todo deseo desaparece. ¿Cómo desaparece? Porque nosotros mismos somos la meta, el *puruṣa* es siempre real. Cuando el *yogī* se reconoce como *puruṣa*, es tal la plenitud que ya no tiene que lograr nada, todo permanece en la suprema perfección.

Swamiji, ¿está diciendo que mientras haya mente habrá deseos y que hace falta que estos sean sanos con el fin de que sean una ayuda para el camino?

Exactamente. Sri Ramakrishna afirmaba: «En este mundo todos estamos locos. La mayoría están locos por los placeres del mundo, unos pocos estamos locos por la divinidad». Mantengamos la locura por el *yoga* y su extraordinario proceso hasta que la mente dual desaparezca; este deseo será un soporte en el camino.

Siento que puede dar mucho miedo pasar por este proceso. ¿Cómo puedo afrontar el miedo a cambiar?

El miedo es uno de los primeros obstáculos. Existe un miedo superficial, por ejemplo: algunas personas, al profundizar en su práctica y experimentar ciertos cambios en su actitud y estado interior, tienen un cierto temor de lo que dirán en su entorno, sus amigos o su familia, ante este camino que están siguiendo. Existe otro miedo más profundo que surge de uno mismo, el miedo al cambio, a lo desconocido, el miedo a los nuevos espacios que vamos experimentando en este proceso.

Cuando practicamos *yoga* durante un tiempo, el cambio que podemos experimentar puede ser muy grande. Empezamos a encontrar la felicidad en nosotros mismos, tenemos menos deseos, somos menos dependientes de las cosas externas, nos sentimos más plenos y posiblemente podamos entrar en espacios de infinitud e inmensidad a los que no estábamos acostumbrados. En algún momento del camino, es muy posible sentir miedo hacia los estados de ausencia de limitación que podemos experimentar en meditación. Normalmente estamos identificados con un cuerpo y una mente limitada, entonces, ante esta nueva visión de nosotros mismos, puede surgir el miedo. ¿Qué podemos hacer? Nada, solo darnos cuenta de que el miedo es un pensamiento (*vṛtti*), que aparece y desaparece.

El *yoga* es el proceso de reconocimiento de la infinitud que existe en nosotros. También es importante comprender el proceso yóguico y sus fases. Aquí, la enseñanza y guía del maestro, así como el estudio de los textos clásicos, son una gran ayuda. El camino del autoconocimiento no es algo irracional; en el proceso yóguico todo es muy claro: existen unos pasos, unas ayudas y unos obstáculos. Si seguimos un camino tradicional, hemos recibido una iniciación y formamos parte de un linaje (*saṃpradāya*), no tenemos por qué tener ningún temor, al contrario, todos los temores desaparecerán en su justo momento.

¿Es adecuado meditar en* śavāsana *(postura del cadáver) o estirado en la cama?

Es mejor no meditar tumbados. *Śavāsana*, la postura del cadáver, no es la mejor postura para meditar. ¿Qué nos ocurre cada noche cuando nos tumbamos en la cama y vamos dejando de pensar? Cuando estamos relajados y tumbados en la cama, olvidamos a nuestro marido o mujer, a nuestros hijos y amigos, a nuestra empresa y trabajo; olvidamos las penas y las felicidades del día y, finalmente, cuando la mente está en silencio, nos dormimos. Los textos clásicos de *yoga* aconsejan meditar sentados, con la espalda recta y alineada con el cuello. Se consideran muy apropiadas posturas clásicas como postura del loto (*padmāsana*), postura perfecta (*siddhāsana*) o más sencillas, como postura auspiciosa (*svastikāsana*) o postura fácil (*sukhāsana*), entre otras. Para aquellos que tengan dificultad para sentarse en estas posturas clásicas, una opción es «silla-*āsana*»: sentarse en una silla con la espalda recta y el cuello erguido, con las manos encima de las rodillas y los pies planos en el suelo, buscando la inmovilidad.

Los textos afirman que el *āsana*, la postura de meditación, debe ser firme y confortable. Confortable para poder permanecer largos períodos absortos en nuestro interior, sin la necesidad de mover el cuerpo. Firme debido a que, si en el proceso de meditación la mente se va aquietando, existe en nosotros la tendencia a dormirnos. Aquí, el meditador tiene que estar muy presente y atento; si en la meditación, cuando la mente se aquieta, no estamos en una postura firme, es muy fácil que entremos en estado de sueño. El *yogī*, con una postura firme y confortable, podrá entrar en el espacio de no pensamiento sin dormirse y entonces vendrá lo más importante del proceso meditativo. Cuando en mí no hay pensamiento alguno, ¿quién soy? Aquí entramos en el gran *yoga*.

Siempre existen excepciones y en el caso de aquellas personas que tengan dificultad en permanecer en cualquiera de las posturas con la espalda recta, pueden tumbarse en *śavāsana* para meditar, prestando mucha atención a no quedar sumidos en el sueño.

Durante la enseñanza ha hablado de la necesidad del maestro en el camino del* yoga. *¿Podría desarrollarlo un poco más?

En el hinduismo existe una bella analogía que describe al aspirante usando la imagen de un ave. Para volar alto, el ave necesita dos fuertes alas. Una de ellas simboliza el esfuerzo personal, su volición, su convicción, la energía de su práctica (*sādhanā śakti*); esta ala es muy importante. La otra ala simboliza la gracia. La gracia es muy necesaria en el camino y esta no puede surgir del esfuerzo. Si un aspirante practica siempre desde el yo, puede crear un ego espiritual muy fuerte: «yo he alcanzado», «yo he conocido», «yo he llegado». En el camino podemos observar que hay «algo» independiente de nuestro esfuerzo que nos ayuda a dar importantes saltos y cambios en nuestro proceso. Esto es la gracia (*kṛpā*). En los textos yóguicos, siempre encontramos a un maestro y un discípulo. El maestro puede enseñar por medio de técnicas y de elaborados discursos, o quizás mediante el silencio, pero lo más importante es la emanación de su estado de conciencia. Esto es lo que el auténtico maestro transmite; los textos yóguicos lo denominan *gurukṛpā*, la gracia del *guru*. Si el *yoga* está vivo, es por esta transmisión silenciosa que tiene lugar de *guru* a discípulo, a lo largo de milenios. Volviendo a la imagen del ave, por un lado, tenemos el esfuerzo personal por medio de la excelencia en la práctica y la contemplación de la enseñanza; por otro, la gracia del *guru* (*gurukṛpā*), este elemento invisible y silencioso. Los maestros afirman desde la antigüedad que solo con ambas alas el *yogī* podrá llegar a lo más elevado.

La enseñanza más importante y transformadora que me transmitió mi maestro no fue por medio de las palabras cuando daba enseñanzas, ni con la iniciación en el *mantra*, ni tampoco cuando me otorgó la iniciación en *saṃnyāsa* (renunciante). Fue estando juntos en silencio. En esos momentos era como si su estado de conciencia llegara a mí y de forma natural me hiciera reconocer la plenitud que ya existía en mí, el reconocimiento de la plena libertad que existe en todos nosotros. Este es un momento muy sagrado.

En el hinduismo existe un término llamado *darśan*; la palabra «*darśan*» viene de *dṛś* que significa «ver». Visitar y acercarse a un *mahātmā* y tener su *darśan* es algo muy valorado. Hay personas que viajan miles de kilómetros desde el sur de la India hasta Cachemira para pasar solo unos momentos en compañía de un *mahātmā*, muchas veces en silencio. Quizás el maestro te hable o te mire, pero sin duda tiene lugar una bendición. Este es un aspecto importante de la tradición y se considera una gran ayuda para el proceso espiritual.

¿Es posible que una persona tenga un maestro en un momento de su vida y que posteriormente sienta que su maestro es otro?

El *guru* (maestro), en realidad, es un principio cósmico. Este principio normalmente se manifiesta por medio de la forma física de un maestro espiritual que puede guiar al discípulo a lo largo de su camino. Algunas personas tienen una fuerte relación con un maestro, pero quizás, en la última fase de su práctica, este principio cósmico se manifestará por medio de otra persona que le guiará hacia espacios más elevados. Todos los textos enfatizan la necesidad del *guru*. Hoy en día oímos a personas practicantes de *yoga* decir: «A mí no me hace falta un maestro». ¿Quién es el que afirma que no le hace falta? El ego. En el camino yóguico pasamos por delicados procesos internos en los que la ayuda del maestro es muy necesaria. En varias ocasiones, he hablado con personas que afirman haber visto «el Ser» o haber tenido «la experiencia del Ser», y, ante la pregunta de qué es lo que vivenciaron, algunos respondieron: «Vi una forma divina que me miraba» o «vi una inmensa luz blanca». El *ātman* no es una luz, no es una forma ni es una experiencia sensorial ni mental, externa o interna. En la experiencia del Ser –que no es una experiencia– no hay meditador ni objeto de meditación. Es una absorción total donde el experimentador desaparece. Conozco incluso a varias personas que se consideran «iluminadas» porque tuvieron unos instantes de reconocimiento en este espacio trascendente. Pero lo importante es que este reconocimiento de la absoluta plenitud se establezca y se haga permanente en nosotros. Otros afirman que han tenido un despertar de *kuṇḍalinī*, pero lo importante no es despertar la *kuṇḍalinī śakti*, sino que tenga lugar la totalidad del sagrado proceso de *kuṇḍalinī* hasta establecernos en la conciencia suprema. El *guru* es aquel que nos guía, a veces por medio de su ejemplo, de su enseñanza, o de forma muy sutil por medio del silencio.

El *guru* muchas veces te indica «esto no, así no»; como en la historia de Shvetaketu, que regresó a la casa de su padre Uddalaka creyendo que tenía un gran conocimiento y su padre, muy sabio, podía ver en él un gran orgullo que representaba un impedimento para que pudiera establecerse en la plenitud. A veces, a lo largo del camino se crea un ego espiritual y podemos decirnos: «Yo he estado viviendo en los *āśrams* de la India durante doce años», «he recibido iniciaciones de grandes maestros», «he tomado cursos en este o en aquel lugar». ¿Quién es el personaje que se identifica con todo esto? El ego espiritual. Aquel que está establecido en el *ātman* actúa siempre con una gran humildad y sencillez, porque no tiene necesidad de mostrar nada, no le falta nada, está en su propia esencia. El *guru* y la gracia son factores muy importantes en el proceso yóguico y se pueden manifestar de distintas maneras.

Algunos pueden pensar: «¿Si no tengo *guru* qué puedo hacer? ¿Salir corriendo a buscarlo?». No. Sigamos con nuestra práctica, con la confianza de que en el momento adecuado, si estamos abiertos, este principio cósmico se manifestará en nuestra vida. No es necesario dar vueltas buscando, porque tampoco sabríamos dónde encontrarlo; lo mejor es permanecer concentrados en nuestra práctica y contemplación.

En el camino del* yoga, *¿es importante el* mantra *personal?
El *mantra* siempre es personal e íntimo. Es cierto que hay maestros que otorgan la iniciación del *mantra* de forma individual y secreta y otros la dan de forma menos ritualista y más generalizada, dando el mismo *mantra* a muchos de sus discípulos. Hay maestros que inician en conocidos y poderosos *mantras*, como «*oṃ namaḥ śivāya*», «*oṃ namo nārāyaṇāya*», «*śrī rām, jai rām, jai jai rām oṃ*», «*hare kṛṣṇa, hare kṛṣṇa, kṛṣṇa kṛṣṇa, hare hare, hare rām, hare rām, rām rām, hare hare*», etcétera. Depende de cada maestro. Tradicionalmente, el *mantra* que un *guru* ha recibido de su maestro es el *mantra* con el que iniciará a sus discípulos. Algunas veces incluso dará la bendición a alguno de sus discípulos para que pueda iniciar a otras personas con el mismo *mantra*. Es como una línea de poder que se mantiene de *guru* a discípulo. Si no hemos sido iniciados en un *mantra*, no podemos iniciar, pero sí que podríamos sugerir un *mantra* a alguien que nos pida ayuda. Es importante que la persona sienta afinidad con el *mantra* para que pueda concentrarse plenamente en él. Hemos de ser siempre consecuentes con lo que hemos vivenciado realmente y solo enseñar aquello que ha sido procesado de manera adecuada en nuestro interior. Si no, se puede generar un vacío que podría crear dificultades a la persona que siga nuestras instrucciones. En el camino espiritual, para todos aquellos que enseñáis *yoga*, la honestidad es algo muy importante.

Swamiji, ha afirmado que el hinduismo no es una religión y que no tiene una única creencia, que lo más importante del camino yóguico es la autobservación. Me cuesta comprender cómo por medio de la autobservación se puede llegar a la trascendencia o a la experiencia de la divinidad. ¿No sería esto también una creencia?

Olvidemos por un momento las palabras trascendencia y divinidad. Si el *yogī* se mantiene en la profunda observación de lo más íntimo de sí mismo, si queda inmerso en Aquello que está más allá del cuerpo y la mente, poco a poco irá entrando en espacios de cesación del pensamiento. Cuando no hay pensamiento (*nirodha*), no puede haber creencia. En el no pensamiento, *nirodha*, que es la meta del *yoga*, no hay fe, ni creencia ni concepto alguno. En el proceso de la meditación, en los estadios de *samādhi*, incluso el meditador desaparece. En este profundo estado, los deseos han desaparecido, no hay nada, incluso la idea de nada ha desaparecido. Los mismos textos yóguicos expresan que no pueden describir Aquello que trasciende la mente dual. Observemos que la mente vive en el tiempo y en el espacio, y esta experiencia de plenitud unitiva está más allá de ambos. Esta experiencia de plenitud es la esencia misma del camino del *yoga*. Llegar a este estado es la meta de muchos de los caminos del hinduismo. Por otro lado, es cierto que existen muchas enseñanzas y variados caminos dentro de lo que denominamos hinduismo y que algunos de ellos se basan en creencias.

Como *yogīs*, buscamos la experiencia sutil de nuestra esencia. Si leemos a los filósofos presocráticos o incluso a los neoplatónicos, esta búsqueda de la infinitud está muy presente porque es un impulso inherente en el ser humano. No pertenece a ningún «-ismo» ni a ninguna religión particular. Si leemos a Plotino y a otros maestros neoplatónicos, podremos ver que hablan de la conciencia una y de la plenitud que existe en nosotros. Esta es la esencia del camino. Aquí no hay necesariamente una creencia, sino una autoindagación y una observación sutil de lo que ya existe en nosotros. Cuando vamos más allá del pensamiento y más allá de la mente, no hay ninguna creencia. ¿Que en alguna fase del camino quizás algunas creencias puedan ayudarnos? Puede ser que a algunas personas sí y a otras no; esto dependerá de la constitución mental de cada uno.

En el* yoga *se habla mucho de la importancia de la alimentación. Leyendo a Nisargadatta Maharaj me encontré con una pregunta en la que le decían: «Pero usted fuma, usted come carne», y él respondía afirmativamente. ¿Cómo se explica esto?

Nisargadatta Maharaj no fue un *haṭha-yogī*, ni siguió la disciplina de los *Yoga Sūtras*. Cuando se encontró con su *guru* Sri Siddharameshwar Maharaj, este le dio un *mantra*. Su *guru* le dijo: «Repite este *mantra* constantemente y mantén la conciencia de que tú eres el Absoluto». Nisargadatta comentaba que estuvo tres años siguiendo esta instrucción con gran intensidad, repitiendo su *mantra* absorto en la conciencia de que él no era ni el cuerpo ni la mente ni el intelecto, sino que era el Absoluto. Así, en un corto período de tiempo, llegó al final del camino. Posteriormente, cuando uno de sus discípulos le preguntó «Maharaj, ¿por qué llevo tantos años escuchando su enseñanza, leyéndola, estudiando textos sagrados y aún me siento tan limitado, atado al cuerpo y a la mente, y usted en solo tres años llegó al final del camino?». Él respondió: «Porque cuando mi *guru* me dijo que yo era el Absoluto me lo creí de verdad».

Muchas veces escuchamos la enseñanza, pero la mente conceptual bloquea la posibilidad de acceder a una experiencia no mental. En el caso de Nisargadatta todo fue muy rápido. El *haṭha-yogī* también busca establecerse en la compresión plena de lo que él es, pero usa el cuerpo y desea que este sea puro y brillante. Sigue las normas y pautas que le van a ayudar. Las pautas yóguicas no son para castigarnos, sino para ayudarnos y elevarnos. Hay pautas en la dieta que hacen que nuestro proceso sea más fácil. En cierto modo, Nisargadatta es una excepción. En todo hay excepciones y diferentes posibilidades.

Hay personas que, para justificar sus acciones, dicen: «Nisargadatta fumaba» o «cierto lama bebía alcohol». Pero es importante ser conscientes de que el hecho de ser capaces de cambiar un hábito genera un desapego de nuestros condicionamientos. Este desapego genera una distancia con nuestra mente y sus hábitos; es un proceso yóguico muy interesante. A la vez, en el *yoga* se da gran importancia a *ahiṃsā*, la no violencia, y a la compasión hacia los demás seres. Muchos de nosotros venimos de una cultura cristiana cuya teología afirma que los animales no tienen alma y que sitúa al hombre en el centro de la creación. Para un hindú, una vaca tiene tanto derecho a vivir como un humano, sin diferencias. Cada ser está en su mundo, con su cuerpo y con diferentes posibilidades, y el hombre es uno más en este cosmos sagrado.

Cuando esta comprensión forma parte de nosotros, ya no es tan agradable matar a una gallina y comérsela, menos aún si sabemos que la pobre gallina ha sido criada en una factoría industrial donde nunca ha visto la luz del sol, le han cortado el pico y ha sufrido durante toda su corta existencia. El *yogī* se pregunta ¿quiero participar en esto o deseo ser más consecuente? También es cierto que existen hábitos adquiridos que cambiarán poco a poco, pero tendremos que ser fuertes en este proceso. Si queremos cambiar el mundo, hemos de empezar cambiando nosotros. No sirve de nada quejarse si no hacemos nada. La forma de empezar es cambiando nuestra forma de vivir y la vida empieza con lo que comemos; es algo muy básico.

Como profesora de* yoga *me doy cuenta de la responsabilidad que esto comporta. Solo con la enseñanza de los* yamas *y* niyamas *me doy cuenta del largo camino que me queda. Hay mucha confusión hoy en día debido a la forma en la que se enseña el yoga, alejado de sus textos. Como profesora considero muy importante la observación de mi propio comportamiento y el estudio de los textos tradicionales.

Un profesor de *yoga* nunca debe cesar en su esfuerzo de buscar la excelencia en todos los aspectos de su vida. Su vida debe ser plenamente yóguica y tener una intensa aspiración. El profesor debe leer y releer las *Upaniṣads*, la *Bhagavad Gītā*, los *Yoga Sūtras*; debe rememorar y contemplar la enseñanza y vivenciarla. Tampoco hemos de imaginar que todos los profesores de *yoga* van a ser extraordinarios; nunca va a ser así. Lo importante es hacer nuestro trabajo tan bien como podamos, con entrega y humildad. Aunque podamos ver que nos falta excelencia en la práctica de ciertos *āsanas* o ciertos *prāṇāyāmas* o en la comprensión de ciertos conceptos filosóficos, aun así debemos transmitir tan bien como podamos y con inspiración nuestra comprensión del *yoga*. Siempre es necesaria la contemplación de las fuentes del *yoga* y de su cosmovisión. Existen algunos profesores de *yoga* que niegan la importancia de los *yamas* y *niyamas* y afirman tranquilamente que el proceso yóguico no tiene nada que ver con beber alcohol, comer carne o pescado, insistiendo en que esto son costumbres de la India y que el *yoga* debe adaptarse al Occidente moderno. Esto no es *yoga*, así no puede tener lugar la transformación física y mental que debe darse en el *yogī* para alcanzar el estado de plena libertad, *kaivalya*.

Los textos del hinduismo recomiendan también el *satsaṅga*; tener contacto con *mahātmās*, o en su ausencia con personas avanzadas en el camino, para aprender en su compañía. Si la actitud de aquel que sigue el camino del *yoga* es abierta, sincera y tiene plena confianza en la tradición yóguica (*śraddhā*), todas las ayudas le llegarán hasta la culminación de su camino.

Epílogo

asato mā sadgamaya
tamaso mā jyotirgamaya
mṛtyor-mā amṛtaṃ gamaya

Condúceme de la irrealidad a lo real,
de la oscuridad a la luz,
de la muerte a la inmortalidad.

Estos *mantras* de la *Bṛhadāraṇyaka Upaniṣad* describen la esencia del camino del *yoga*. El *yoga* es un proceso de transformación que nos conduce de la finitud a la infinitud, de la oscuridad a la luz, de la muerte a la inmortalidad.

El *yogī*, al comienzo de su camino, se considera un ser individual limitado identificado con una mente condicionada. A medida que, con determinación y una intensa práctica, avanza en el camino del *yoga*, su *prāṇa* se armoniza, su intelecto se agudiza, su mente se aquieta, puede acceder a los espacios de infinitud mediante la meditación y, finalmente, en el silencio, reconoce su esencia, el *ātman*.

Una historia clásica que contaba mi maestro expresa bellamente este proceso: cerca de una pequeña aldea de la India rural, en una humilde choza, vivía un leñador con su familia en un estado de gran pobreza. Su trabajo consistía en cortar ramas secas de los arbustos y pequeños árboles de la parte externa de la jungla. Esta leña la usaba para su propio hogar, pero también vendía algunos fajos para poder alimentar a su mujer y a sus hijos. Debido a la falta de lluvia, muchos arbustos y árboles se habían muerto, por lo que había menos leña para recoger y esto los llevó a la miseria. El leñador no se atrevía a adentrarse en la jungla porque la consideraba peligrosa –había serpientes, tigres y otros animales salvajes– y en aquella zona nadie se adentraba en la densidad de la jungla.

En cierta ocasión, el leñador estaba en una aldea cercana y se encontró con un majestuoso *sādhu* (asceta), un *mahātmā*. Muchas personas se le acercaban para mostrarle sus respetos y le ofrecían comida. Muchas veces, cuando los *sādhus* viajan por la India rural, las personas aprovechan para comentarles sus problemas cotidianos: «mi hijo está enfermo», «mi mujer no puede tener hijos», «tengo dificultades económicas». No hemos de pensar que las personas se relacionan con los *sādhus* solo para preguntarles acerca de los estados avanzados de meditación. La vida es una unidad y el *sādhu*, con su bendición –fruto del poder de sus austeridades (*tapas*)–, intenta ayudar a todos los niveles en la medida de lo posible. El leñador se acercó al *sādhu*, con unas frutas de ofrenda, se inclinó ante él como muestra de respeto y le dijo:

–Oh *sādhujī*, soy leñador, cada vez hay menos leña en la parte externa de la jungla, casi no puedo alimentar a mi familia y pasamos hambre. Tengo dos hijos pequeños. Dime qué puedo hacer, ayúdame.

El *sādhu* le miró fijamente con firmeza y, con gran compasión, le dijo:

–Ve más adentro, adéntrate, adéntrate.

El leñador regresó a su casa; las palabras del *sādhu* resonaban en su mente: «Ve más adentro, ve más adentro». Al día siguiente, al despertar, el leñador, sintiendo una nueva fuerza, se atrevió a adentrarse en la jungla. Parecía que no sentía miedo. Allí encontró más arbustos y mucha más madera y empezó a cortar y a cortar. Al cabo de unas semanas su economía había mejorado, la familia comía mejor. No solo esto, sino que perdió el miedo a adentrarse en la jungla y encontró árboles más grandes e inmensas ramas secas que podía cortar. A la familia ya no le faltaba nada, pudo reparar su choza y los niños ya podían ir a la escuela. Así pasaron varios años, hasta que un día recordó las palabras y la mirada del *sādhu*: «Adéntrate, adéntrate». Al día siguiente, fortalecido por este recuerdo, se atrevió a adentrarse aún más en la densa jungla, caminando por lugares donde pocos humanos habían estado. Allí encontró árboles inmensos, que para él significaron más leña y más abundancia. El leñador construyó una casa más grande para su familia y así pasó una temporada hasta que un día, de nuevo, recordó la mirada y las palabras del *sādhu*: «Ve más adentro, ve más adentro». Esta vez se aventuró a adentrarse mucho más en la jungla; no sentía miedo. ¿Qué encontró allí? Árboles de sándalo. Los árboles de sándalo en la actualidad están protegidos y existe un gran control sobre su madera, pero en aquella época podía cortarlos y vender el preciado sándalo. Se hizo muy rico. Su familia vivía en la abundancia, materialmente tenían todo lo que podían desear: sus hijos ya estaban casados, tenían sus casas y sus familias, él tenía dos ayudantes y su mujer cuidaba a los nietos y estaba muy complacida con esta nueva situación. Pero, en cierta manera, el leñador no se sentía pleno y no era del todo feliz; sentía que le faltaba algo. De nuevo recordó los ojos de aquel *mahātmā* que tanto le había impresionado y sus palabras, que habían transformado su vida, y oyó en su interior: «Ve más adentro, ve más adentro». Y, esta vez, se atrevió a adentrarse en zonas de la jungla en las que nunca había habido presencia humana. Caminando cuidadosamente entre la espesura de los árboles y matorrales, pudo ver un pequeño claro en el que entraba la luz del sol y, al acercarse, ¿a quién vio sentado y absorto en meditación? Al mismo *sādhu* a quien había ofrecido sus respetos hacía ya más de treinta años. El *sādhu* estaba en silencio, con los ojos cerrados y en profunda introspección. Al verlo, el leñador, ahora un comerciante adinerado, sintió una fuerte emoción. Se acercó, se sentó a su lado y respetuosamente esperó en silencio. Así pasó un tiempo. Al ver que el *sādhu* salía de su estado meditativo y abría sus ojos, el leñador, conmovido y con las manos juntas, le dijo:

–Oh *sādhujī*, ¿te acuerdas de mí?

El *sādhu*, con su penetrante mirada, respondió:

–Claro que me acuerdo.

El leñador continuó:

–Hace más de treinta años que me dijiste: «ve más adentro, ve más adentro», y al seguir tu consejo mi vida se ha transformado. De ser muy pobres pasamos a ser menos pobres, luego a vivir con cierta abundancia y ahora somos ricos. Materialmente tenemos todo lo que podemos desear, pero Babaji, siento que me falta algo, no soy plenamente feliz.

El *mahātmā*, mirándole, le contestó:

–Te dije que fueras más adentro. Y está muy bien lo que has hecho, pero ahora adéntrate en la profundidad de tu corazón. Ahora te has podido dar cuenta de que, si buscas externamente, nada ni nadie te hará sentir completo. Ahora busca en tu interior, indaga en tu interior. ¡Ve más adentro, adéntrate, adéntrate!

El *yoga* y su extraordinario proceso podrían resumirse en: «Ve más adentro, ve más adentro». El aspirante, a lo largo de su camino, va soltando todas sus limitaciones y toda asociación. Primero cultiva y purifica su cuerpo por medio de los *āsanas* y armoniza su respiración con *prāṇāyāmas*; después, mediante *mudrās*, *bandhas* y *kriyās* propicia la ascensión de *kuṇḍalinī śakti*; a través de un *āsana* firme llega a la interiorización de los sentidos (*pratyāhāra*) y alcanza estados de concentración (*dhāraṇā*) y meditación (*dhyāna*). La contemplación y el estudio de los textos sagrados (*svādhyāya*) le ayudan en la comprensión del camino y de sí mismo. La guía y la gracia de su *guru* (*gurukṛpā*) le conducen más allá de las limitaciones del ego hasta que, finalmente, por medio de una intensa y prolongada práctica (*abhyāsa*), se pierde en los infinitos espacios de silencio interior (*samādhi*), llegando así al reconocimiento pleno de su esencia (*mokṣa*), la liberación (*kaivalya*). Allí está la dicha, allí está la plenitud, allí está la meta del *yoga*.

Bibliografía

Hinduismo

Albrecht, Ada D. *Vedavyasa. Srimad Bhagavatam*. Buenos Aires: Hastinapura, 2005.

Ashokananda, Swami. *Avadhuta Gita*. Chennai: Sri Ramakrishna Math, 1981 (3.ª ed.).

Dasgupta, Shashibhusan. *Obscure Religious Cults*. Kolkata: Firma KLM, (reimpr.) 1976.

Duch Plana, Josep Maria. *El Devi Gita. L'Univers de la gran Deessa*. Barcelona: R. Dalmau, 2001.

Enterría, Álvaro. *La India por dentro. Una guía cultural para el viajero*. Palma de Mallorca: José J. Olañeta, 2006.

Gallud Jardiel, Enrique. *Diccionario de hinduismo*. Madrid: Alderabán, 1999.

Ganapathy, T.N. *Vettaveli. Conferencias sobre los Siddhas tamiles. Volumen I*. Puerto Moral: Asociación Vettaveli, 2016.

–. y Govindan, Marshall (eds.). *El Yoga de los 18 Siddhas*. Quebec: Babaji Kriya Yoga, 2015.

Grimes, John. *A Concise Dictionary of Indian Philosophy*. Benarés: Indica, 2009 (2.ª ed.).

Herrero, Naren. *Hinduismo para la vida moderna*. Barcelona: Kairós, 2020.

Hinduism Today (eds.). *What is Hinduism? Modern Adventures Into a Profound Global Faith*. Kauai: Himalayan Academy, 2007.

Jnanananda Bharati, Swamigal. *Diálogos con el guru. Conversaciones con Jagadguru Sri Chandrasekhara Bharati Swaminah*. Barcelona: Advaitavidya, 2019.

Klostermaier, Klaus K. *Hinduism. A Short History.* Oxford: Oneworld, 2003.

–. *Hinduism. A Short Introduction.* Oxford: Oneworld, 2005.

–. *A Survey of Hinduism*. Nueva York: SUNY, 2007.

Lipski, Alexander, *The Essential Sri Anandamayi Ma: Life and Teachings of 20th Century Indian Saint*. Bloomington: World Wisdom, 2007.

Mahadevan, T.M.P. *Invitación a la filosofía de la India*. México D.F.: F.C.E., 1998 (2.ª ed.).

Nathan, R.S. *Hinduism. That is Sanatana Dharma*. Mumbai: Central Chinmaya Mission Trust, 1989.

Padoux, André. *El Tantra. La tradición hindú.* Barcelona: Kairós, 2011.

Radhakrishnan, Sarvepalli. *La concepción hindú de la vida*. Madrid: Alianza, 1979 (2.ª ed.).

Rama, Swami. *Living with the Himalayan Masters.* Honesdale: Himalayan Institute, 1999.

Ruiz Calderón, Javier. *Breve historia del hinduismo. De los Vedas al siglo XXI*. Madrid: Biblioteca Nueva, 2008.

Satyananda Saraswati, Swami (ed.). *Mística medieval hindú*. Madrid: Trotta, 2003.

–. *El hinduismo*. Barcelona: Fragmenta, 2014.

Stoddart, William. *El hinduismo*. Palma de Mallorca: José J. Olañeta, 2002.

Tola, Fernando. *Himnos del Atharva Veda.* Buenos Aires: Sudamericana, 1968.

Venkatesananda, Swami. *Vasistha's Yoga.* Albany: SUNY, 1993.

Villegas, Laia (tr.). *Isvarakrsna. Samkhyakarika. Las estrofas del Samkhya.* Barcelona: Kairós, 2016.

Vivekananda, Swami. *The Complete Works of Swami Vivekananda. Volume I.* Mayavati: Advaita Ashrama, (reimpr.) 1989.

Zimmer, Heinrich. *Mitos y símbolos de la India.* Madrid: Siruela, 2001 (3.ª ed.).

Upaniṣads

Albrecht, Ada D. *El Mandukya Upanishad explicado por el Swami Sarvananda*. Buenos Aires: Hastinapura, 1997.

–. *Isa, Katha, Kena, Mundaka y Prashna Upanishads con los comentarios de Swami Nikhilananda.* Buenos Aires: Hastinapura, 2011.

Arnau, Juan. *Upanisad. Correspondencias ocultas*. Girona: Atalanta, 2019.

De Palma, Daniel. *Upanisads*. Madrid: Siruela, 1995.

Esnoul, M. y Kapani, Lakshmi. *Maitry Upanisad. Atmapujopanisad.* París: Adrien-Maisonneuve, 2005.

González Reimann, Luis. *La Maitrayaniya Upanisad.* México D.F.: Colegio de México, 2009.

Ilárraz, Felix G. y Pujol, Òscar. *La sabiduría del bosque. Antología de las principales upanisads.* Madrid: Trotta, 2003.

Madhavananda, Swami. *Minor Upanishads*. Kolkata: Advaita Ashrama, 1973.

Mahadevan, T.M.P. *Los Upanishad esenciales*. México D.F.: Lectorum, 2006. (Contiene selecciones de las *Upanishads* mayores y menores).

Martín, Consuelo. *Gran Upanisad del Bosque (Brihadaranyaka Upanisad) con los comentarios de Sankara*. Madrid: Trotta, 2002.

Nikhilananda, Swami. *The Upanishads*. Kolkata: Advaita Ashrama, 2008.

Radhakrishnan, S. *The Principal Upanisads*. Londres: George Allen & Unwin, 1974.

Ráphael. *Gaudapada. Mandukyakarika. El sendero tradicional del Vedanta Advaita.* Madrid: Biblioteca Nueva, 2004.

Tola, Fernando y Dragonetti, Carmen. *Upanishads. Doctrinas secretas de la India.* Buenos Aires: Las Cuarenta, 2018.

Upaniṣads del *yoga*

Aiyar, K. Narayansvami. *Thirty Minor Upanishads. Including the Yoga Upanishads*. Oklahoma: Santarasa, (reimpr.) 1980.

Ayyangar, T.R. Srinivasa. *The Yoga Upanisads* (rev. Murti, G. Srinivasa). Adyar: The Adyar Library and Research Centre, 2008.

Balasubramaniam, K.S. y Vasudeva, T.V. *Advayatarakopanisat.* Chennai: Kuppuswami Sastri Research Institute, 2009.

–. *Amrtanadopanisat.* Chennai: Kuppuswami Sastri Research Institute, 2009.
–. *Dhyanabindupanisat.* Chennai: Kuppuswami Sastri Research Institute, 2015.
–. *Darsanopanisad.* Chennai: Kuppuswami Sastri Research Institute, 2016.
Chidananda, Swami. *Amrta Bindu Upanisad.* Mumbai: Central Chinmaya Mission Trust, 2000 (2.ª ed.).
Gharote, Manmath M.; Devnath, Parimal y Jha, Vijay Kant (eds.). *Mandalabrahmanopanisad and Nadabindupanisad.* Lonavla: The Lonavla Yoga Institute, 2012.
–. *Trisikhi-brahmanopanisad, Yogakundalyupanisad, Yogacudamanyupanisad.* Lonavla: The Lonavla Yoga Institute, 2017.
Perini, Ruth (Srimukti). *Shandilya Upanishad. Timeless Teachings on the Eightfold Path of Yoga.* Amazon, 2020.
Satyadharma Saraswati, Swami. *Yoga Chudamani Upanishad. Crown Jewel of Yoga.* Munger: Yoga Publications Trust, 2003.
Satyadharma Saraswati, Swami y Perini, Ruth (Srimukti). *Yoga Tattwa Upanishad. Essence of Yoga.* Amazon, 2018 (2.ª ed.).
–. *Yoga Darshana Upanishad. Ancient Insight into the System of Ashtanga Yoga.* Amazon, 2018.
–. *Yoga Kundali Upanishad. Theory and Practices for Awakening Kundalini.* Amazon, 2019.
–. *Nadabindu & Dhyanabindu Upanishads. Meditations on the Inner Sound.* Amazon, 2019.
Varenne, Jean. *Upanishads du yoga.* París: Gallimard, 1971.
Vishnuswaroop, Swami. *Triyoga Upanishad. Yoga Kundalini, Yoga Darshana and Yogatattva.* Kathmandu: Divine Yoga Institute, 2017.
–. *Minor Yoga Upanishads. Amritanada, Amritabindu, Kshurika, Yogaraja and Hamsa.* Kathmandu: Divine Yoga Institute, 2017.

Bhagavad Gītā

Albrecht, Ada D. *Bhagavad Gita. La Canción del Señor.* Buenos Aires: Hastinapura, 2008.
Arnau, Juan. *Bhagavadgita. El Canto del Bienaventurado.* Girona: Atalanta, 2016.

Bhoomananda Tirtha, Swami. *Essential Concepts in Bhagavadgita* (6 volúmenes). Thrissur: Narayanashrama Tapovanam, 2012.

Date, V.H. *Brahma-Yoga of the Gita*. Nueva Delhi: Munshiram Manoharlal, 1971.

Dayananda Saraswati, Swami. *Bhagavad Gita*. Chennai: Arsha Vidya Centre, 2007.

Feuerstein, Georg. *The Bhagavad Gita. A New Translation*. Boston: Shambala, 2011.

Gambhirananda, Swami. *Madhusudhana Saraswati. Bhagavad-Gita with the Annotation Gudhartha Dipika*. Kolkata: Advaita Ashrama, 1998.

Martín, Consuelo. *Bhagavad Gita con los comentarios advaita de Sankara*. Madrid: Trotta, 2002 (3.ª ed.).

–. *Sabiduría en la acción. Investigaciones sobre la Bhagavad Gita y la conducta auténtica*. Palma de Mallorca: José J. de Olañeta, 2010.

Pla, Roberto. *Bhagavad Gita*. Madrid. Palma de Mallorca: José J. Olañeta e Indica, 2018.

Rivière, Jean. *La Santa Upanishad de la Bhagavad Gita*. Buenos Aires: Kier, 1993.

Sargeant, Winthrop. *The Bhagavad-Gita*. Nueva York: SUNY, 1984.

Sivananda, Swami. *Shrimad Bhagavad Guita. Diálogos con lo eterno*. Madrid: ELA, 1999.

Soriano Ortega, Pedro A. (tr.). *Jñanésvari (Bhavarthadipiká). Obra compuesta por Shri Jñanesvar Maharaj*. Sevilla: Fundación Genesian, 2004.

Tola, Fernando. *El canto del Señor. Bhagavad-Gita*. Madrid: Biblioteca Nueva, 2000.

Vidyaprakashananda, Swami. *Gita Makaranda*. Kalahasti: Sri Suka Brahma Ashram, 1980.

Yardi, M.R. *The Bhagavadgita as a Synthesis*. Poona: Bhandarkar Oriantal Research Institute, 1991.

Yoga sūtras de Patañjali

Angot, Michel. *Le yoga-sutra de Patañjali. Le Yoga-Bhasya de Vyasa. La parole sur le silence*. París: Les Belles lettres, 2012.

Arya, Pandit Ushardbudh. *Yoga Sutras of Patañjali with the Exposition of*

Vyasa. Volume I. Samādhi pāda. Honesdale: Himalayan International Institute of Yoga, 1986.
Bryant, Edwin F. *The Yoga Sutras of Patañjali.* Nueva York: North Point, 2009.
García Buendía, Emilio. *El yoga como sistema filosófico. Los Yogasutras.* Madrid: Escolar y Mayo, 2015.
Gardini, Walter. *Yoga clásico. Aforismos de los sutras de Patañjali.* Buenos Aires: Hastinapura, 2004.
Hariharananda Aranya, Swami. *Yoga Philosophy of Patañjali. Containing his Yoga aphorisms with commentary of Vyasa.* Kolkata: University of Kolkata, 1981 (3ª ed.).
Iyengar, B.K.S. *Luz sobre los Yoga Sutras de Patañjali.* Barcelona: Kairós, 2003.
–. *El corazón de los Yoga Sutras*. Barcelona: Kairós, 2015.
Karambelkar, P.V. *Patañjala Yogasutra*. Lonavla: Kaivalyadhama, s.f.
Offroy Arranz, José Antonio. *El Yoga de Patañjali. Los Yoga Sutras con el comentario Yoga Bhasya de Vyasa.* Madrid: ELA, 2012.
Pujol, Òscar. *Patañjali. Yogasutra. Los aforismos del yoga*. Barcelona: Kairós, 2016.
Ráphael. *Patañjali. Yogadarśana. La Vía Real de la Realización.* Madrid: Ashram Vidya, 2006.
Rukmani, T.S. *Yogavarttika of Vijñānabhikṣu* (4 volúmenes). Nueva Delhi: Munshiram Manoharlal, 1981.
Tola, Fernando y Dragonetti, Carmen. *Yogasutras de Patañjali. Libro del samadhi o concentración de la mente.* Barcelona: Barral, 1976.
Bharati, Swami Veda. *Yoga Sutras of Patañjali with the Exposition of Vyasa. Volume II. Sādhana pāda.* Delhi: Motilal Banarsidass, 2001.
Vihari Joshi, Rasik. *Los Yogasutra de Patañjali.* México D.F.: Árbol, 1992.

Estudios sobre el *yoga*

Adiswarananda, Swami. *The Four Yogas. A Guide to the Spiritual Paths of Action, Devotion, Meditation and Knowledge.* Chennai: Sri Ramakrishna Math, 2008.
Arya, Pandit Usharbudh. *Philosophy of Hatha Yoga*. Honesdale: The Himalayan International Institute, 1998 (2.ª ed.).

Bernard, Theos. *El auténtico Hatha Yoga. Un curso de yoga en la India.* Madrid: ELA, 2019.

Bhaskarananda, Swami. *Meditation. Mind and Patanjali's Yoga.* Chennai: Sri Ramakrishna Math, 2002.

Bühnemann, Gudrum. *Eighty-four Asanas in Yoga. A Survey of Traditions.* Nueva Delhi: D.K., 2011.

Burley, Mikel. *Hatha-Yoga. Its Context, Theory and Practice.* Delhi: Motilal Banarsidass, 2000.

Daniélou, Alain. *Yoga. The Method of Re-Integration.* Londres: C. Johnson, 1973 (4ª ed.).

Das Manoj (ed.). *Streams of Yogic and Mystic Experience. History of Science, Philosophy and Culture in Indian Civilization* Volume XVI, part 3. New Delhi Centre for Studies in Civilizations, 2010.

Dasgupta, Surendranath. *Yoga. As Philosophy and Religion.* Delhi: Motilal Banarsidass, 2007.

–.*Yoga Philosophy. In Relation to other Systems of Indian Thought.* Delhi: Motilal Banarsidass, (reimpr.) 1996.

Eliade, Mircea. *El Yoga. Inmortalidad y libertad.* México D.F.: F.C.E., 1991.

–. *Técnicas del yoga.* Barcelona, Kairós, 2008 (3.ª ed.).

Feuerstein, Georg. *The Philosophy of Classical Yoga.* Rochester: Inner Traditions, 1996.

–. *Las enseñanzas del yoga.* Barcelona: Oniro, 1998.

–. *Libro de texto de yoga.* Buenos Aires: Kier, 2003.

–. *The Deeper Dimension of Yoga. Theory and Practice.* Boston: Shambala, 2003.

–. *The Path of Yoga. An Essential Guide to Its Principles and Practices.* Boston, Shambala, 2011. (Existe traducción al español de la primera edición (1998): *Yoga. Introducción a los principios y practices de una antiquísima tradición.* Madrid: Oniro [2011]).

–. *La tradición del yoga. Historia, literatura, filosofía y práctica.* Barcelona: Herder, 2013. (Contiene las traducciones de: *Siddha-Siddhanta-Paddhati* [selección], *Amrita-Bindu Up.*, *Bhakti-Sutra*, *Yoga-Sutra*, *Amrita-Nada-Bindu Up.*, *Advaya-Taraka Up.*, *Kshurika Up.* y *Goraksha-Paddhati*).

Flores, Víctor M. *Diccionario práctico de yoga.* Madrid: ELA, s.f.

Goswami, Shyam Sundar. *Layayoga. The Definitive Guide to the Chakras and Kundalini.* Rochester: Inner Traditions, 1999.

Jacobsen, Knut A. *Theory and Practice of Yoga. Essays in Honour of Gerald James Larson.* Delhi: Motilal Banarsidass, 2008.

Larson, Gerald James y Bhattacharya, Ram Shankar (eds.). *Yoga: India's Philosophy of Meditation. Encyclopedia of Indian Philosophies. Vol. XII.* Delhi: Motilal Banarsidass, 2008.

Mallinson, James y Singleton, Mark. *Roots of Yoga*. Londres: Penguin, 2017.

Michael, Tara. *Corps subtil et corps causal. Les six chakra et le kundalini yoga.* París: Le Courrier du livre, 1979.

–. *Introduction aux voies du yoga*. París: Rocher, 1980.

–. *Le Yoga de l'éveil dans la tradition hindoue*. París: Fayard, 1992. (Contiene la traducción de la *Atma-puja-upanishad* y de *Amanaska-yoga*).

Philosophico-Literary Research Department. *Yoga Kosa. Yoga Terms. Explained with Reference to Context*. Lonavla: Kaivalyadhama S.M.Y.M. Samiti, 2009.

Rai, Ram Kumar. *Encyclopedia of Yoga*. Varanasi: Prachya Prakashan, 1982 (2.ª ed.).

Ráphael. *Esencia y finalidad del yoga. Las Vías iniciáticas a la Trascendencia*. Madrid: Ashram Vidya España, 2009.

Singh, Satya Prakash (ed.). *History of Yoga. History of Sicence, Philosophy and Culture in Indian Civilization.* Volume XVI, part 2. Nueva Dheli: Centre for Studies in Civilizations, 2010.

Sivananda, Swami. *Spritual Experiences. Amrita Anubhava.* Sivanandanagar: The Divine Live Society, (reimpr.) 1981.

Villegas, Laia y Pujol, Òscar. *Diccionario del yoga. Historia, práctica, filosofía y mantras*. Barcelona: Herder, 2017. (Contiene los *Yoga Sutras* de Patañjali).

Vishnu Tirtha, Swami. *Devatma Shakti (Kundalini) Divine Power.* Muni-kireti: Yogshri Peeth Trust, (reimpr.) 1993.

VV.AA. *Some Responses to Classical Yoga in the Modern Period.* Kolkata: Ramakrishna Mission Institute of Culture, 2010.

Whicher, Ian. *The Integrity of the Yoga Darsana. A Reconsideration of Classical Yoga*. Nueva Delhi: D.K., 2000.

Whicher, Ian y Carpenter, David (eds.). *Yoga. The Indian Tradition*. Londres: Routledge, 2003.

White, David Gordon. *The Alchemical Body. Siddha Traditions in Medieval India.* Chicago: The University of Chicago, 1996

–. (ed.). *Yoga in Practice*. Princeton: Princeton University, 2012.
–. *The Yoga of Patanjali. A Biography.* Princeton: Princeton University, 2014.
Woodroffe, Sir John. *El poder Serpentino (El sat-cakra-nirupana y el paduka-pancaka).* Buenos Aires: KIER, 1979.

Haṭha-yoga

Gorakshanath

Brahmamitra, Awasthi. *Yoga Bija by Siddha Guru Gorakhnath*. Delhi: Swami Keshawananda Yoga Institute, 1985.
Brezezinski, Jan K. (Jagadananda Das). *Yoga-Tarangini. A Rare Commentary on Goraksa-sataka*. Delhi: Motilal Banarsidass, 2015.
Djurdjevic, Gordan y Singh, Shukdev. *Sayings of Gorakhnath. Annotated Translation of Gorakh Bani*. Nueva York: Oxford University, 2019.
Gharote, M.L. y Pai, G.K. (eds.). *Siddhasiddhantapaddhatih. A Teatrise on the Natha Philosophy by Gorakshanatha*. Lonavla: The Lonavla Yoga Institute, 2005.
Gharote, Manmath M. y Jha, Vijay Kant (eds.). *Amrtavakyam (Immortal Sayings of Sri Goraksanatha)*. Lonavla: The Lonavla Yoga Institute, 2015.
Kuvalyananda, Swami y Shukla, S.A. *Goraksasatakam*. Lonavla: Kaivalyadhama S.M.Y.M. Samiti, s.f.
Malik, Kalyani. *Siddha-Siddhanta-Paddhati and other Works of the Natha Yogis*. Pune: Poona Oriental Book House, 1954. (Contiene el texto sánscrito de algunos de los textos más importantes de los *nathas*).
Michael, Tara. *La Centurie de Goraksa suivi du Guide des principes des siddha*. (*Goraksa-sataka* y *Siddha-siddhanta-paddhati*). París: Almora, 2007.
Poggi, Colette y Bornstain, Claire. *L'alchimie du yoga selon Goraksa. «Le Recueil des paroles de Goraksa» (XIIe siècle). Goraksa-vacana-samgraha*. París: Les Deux Océans, 2019.
Rajarshi Muni, Swami. *A Great Indian Yogi Gorakshanath*. Vadodara: Life Mission, 2017.
Sharma, Shailendra. *The Twilight Language of Gorakh Bodh*. Amazon, 2017.
Singh, Mohan. *Gorakhnath and Mediaeval Hindu Mysticism*. Lahore: Oriental College, 1937.

Estudios sobre los *nātha-yogīs*

Abhayananda, Swami. *Jnaneshvar: The Life and Works of the Celebrated Thirteenth Century Indian Mystic-Poet*. Delhi: Sadguru, 2000.

Admirer, An. *Light on The Path of Self-Relization. Containing the life-sketch of Shri Gajanan Maharaja and Spiritual Experiences of his Disciples and Devotees*. Nasik: Shri Gajanan Maharaj Gupte Samadhi, 2005 (2.ª ed.).

Anónimo. *An Introduction to Natha Yoga*. Gorakhpur: Gorakhpur Mandir, s.f.

Arrese, Alejandro. *Gñaneshvar. Amritanubhava. Sublime experiencia de unidad.* Madrid: Etnos - Indica, 1994.

Bagchi, P.C. *Kaulajnana-nirnaya of de the School of Matsyendranatha*. Benarés: Prachya Prakashan, 1986.

Banerjea, Akshaya Kumar. *The Nath Yogi Sampradaya and The Gorakhnath Temple*. Gorakhpur: Gorakhnath Temple, 1979.

–. *The Natha Yoga*. Gorakhpur: Gorakhnath Temple, s.f.

–. *Philosophy of Gorakhnath with Goraksha-Vacana-Sangraha*. Delhi: Motilal Banarsidass, 1983.

Bhatnagar, V.S. *The Natha Philosophy and Ashtanga-Yoga*. Nueva Delhi: Aditya Prakashan, 2012.

Bouillier, Véronique. *Itinérance et vie monastique. Les ascètes Nath Yogis en Inde contemporaine*. París: Maison des sciences de l'homme, 2008.

Bouy, Christian. *Les Natha-Yogin et les Upanisads*. París: Boccard, 1994.

Briggs, George Weston. *Gorakhnath and the Kanphata Yogis*. Delhi: Motilal Banarsidass, 1982 (reimp.). (Contiene la traducción del *Goraksa Sataka*).

Djurdjevic, Gordan. *Masters of Magical Powers: The Nath Yogis in the Light of Esoteric Notions*. Sarrebruck: VDM Verlag, 2008.

Dupuis, Stella. *Tantra des yoginis du Kaula. Le Kaulajñananirnaya. Matsyendranatha.* París: Les Deux Océans, 2020.

Gold, Ann Groszins. *A Carnival of Parting. The Tales of King Bharthari and King Gopi Chand as Sung and Told by Madhu Natisar Nath of Ghatiyali Rajasthan*. Berkeley: University of California, 1992.

Gordon White, David. *The Alchemical Body. Siddha Traditions in Medieval India*. Chicago: University of Chicago, 1996.

–. *Sinister Yogis*. Chicago: University of Chicago, 2009.

Kale, M.R. *The Niti and Vairagya Satakas of Bhartrhari.* Delhi: Motilal Banarsidass, (reimpr.) 1071.
Kiss, Csaba. *The Yoga of The Matsyendrasaṃhita. A Critical Edition and Annotated Translation of Chapters 1-13 and 55*. Pondicherry: French Institute of Pondicherry, 2021.
Lorenzen, David N. y Muñoz, Adrián. *Yogi Heroes and Poets. Histories and Legends of the Naths*. Albany: SUNY, 2011.
Madhavananda, Swami (tr.). *Bhartrihari's Vairagya-Satakam or The Hundred Verses on Renunciation*. Mayavati: Advaita Ashrama, 1976 (7.ª ed.).
Muñoz, Adrián. *La piel de tigre y la serpiente. La identidad de los nath-yoguis a través de sus leyendas*. México D.F.: El Colegio de México, 2010.
–. *Radiografía del hathayoga*. México D.F.: El Colegio de México, 2016.
Plana, Antonio. *Viaje al mundo de Nisargadatta Maharaj. Inchegiri Navnath Sampradaya.* Barcelona: La Liebre de marzo, 2017.
Poggi, Colette. *Goraksa. Yogin et alchimiste*. París: Les Deux Océans, 2018.
Salgaokar, Jayraj. *The Gorakhnath Enlightenment. The Path to Om*. Mumbai: Indus Source, 2016.
Sensharma, Debabrata (ed.). *Matsyendra Samhita. Ascribed to Matsyendranatha*. Part I. Kolkata: The Asiatic Society, 1994. (Contiene el texto sánscrito de los primeros veinte capítulos [*patalas*] del texto).
Tikhomiroff, Christian. *Le Banquet de Shiva. Pratiques et philosophie de yoga tantrique des Natha-Yogin*. París: Dervy, 2000.
Vellal, B.G. *Self Realisation through Soham Sadhana.* Madikeri: Sri Nath Niwas, (reimpr.) 2002.
Vidyananda, Swami. *The Paramahansa of Pawas.* Pawas: Swami Swaroopananda Seva Mandal, 1999.

Haṭha-yoga Pradīpikā

Akers, Brian Dana (tr.). *The Hatha Yoga Pradipika.* Woodstock: Yoga Vidya, 2002.
Gharote, M.L. y Devnath, Parimal (eds.). *Hathapradipika of Svatmarama (10 chapters). With Yogaprakasika Commentary by Balakrsna*. Lonavla: The Lonavla Institute, 2001.
Maheshananda, Swami y Sharma, B.R. *A Critical Edition of Jyotsna*

(Brahmananda's Commentary on Hathapradipika). Lonavla: Kaivalyadhama S.M.Y.M. Samiti, 2012.

Michael, Tara. *Hatha-Yoga-Pradipika. Traité de Hatha-Yoga. Traduction, introduction et notes avec le traité de Brahmananda*. París: Fayard, 1974.

Mohan, A.G. y Mohan, Ganesh. *Hatha Yoga Pradipika with notes from Krishnamacharya*. Svastha Yoga, 2017.

Muktibhodananda Saraswati, Swami. *Hatha Yoga Pradipika. Light on Hatha Yoga*. Munger: Bihar School of Yoga, 1993 (2.ª ed.).

Rábago Palafox, Efrén (tr.). *El Camino de la luz Perfecta. Hatha Yoga Pradipika. Svatmarama*. México D.F.: Yug, 2009 (4.ª ed.).

Sajvay, Gyan Shankar. *Svatmarama's Hathayogapradipika*. Lonavla: Yogic Heritage, 2016.

Souto, Alicia. *Una Luz para el Yoga. Traducción y comentario del Hatha Pradipika, con los comentarios de Brahmananda*. Buenos Aires: Instituto de Yoga de Lonavla, 2007 (4ª ed.).

–. *Los orígenes del hatha yoga. Hatha Pradipika, Gheranda Samhita, Goraksa-shataka y la tradición del hatha yoga*. Madrid: ELA, 2009.

Vishnu-Devananda, Swami. *Hatha Yoga Pradipika. A Classic Guide for the Advanced Practice of Hatha Yoga (Kundalini Yoga)*. Nueva York: Om Lotus, 1997 (3.ª ed.).

Gheraṇḍa Saṃhitā

Bhatt, Shweta. *Gheranda Samhita*. Benarés: Krishnadas Academy, 2001.

Digambarji, Swamiji y Gharote, M.L. *Gheranda Samhita*. Lonavla: Kaivalyadhama S.M.Y.M. Samiti, 1997 (2.ª ed.).

Mallinson, James. *The Gheranda Samhita*. Woodstock: Yoga Vidya, 2004.

Niranjanananda Saraswati, Swami. *Gheranda Samhita. Commnetary on the Yoga Teachings of Maharshi Gheranda*. Munger: Yoga Publications Trust, 2012.

Pranavananda, Yogi. *Pure Yoga. The Gherandasamhita*. Delhi: Motilal Banarsidass, 1992.

Souto, Alicia. *El Yoga de la purificación. Traducción y comentario del Gheranda Samhita*. Buenos Aires: Instituto de Yoga de Lonavla, 2003 (2.ª ed.).

Srisa Chandra Vasu, Rai Bahadur. *Gheranda Samhita. Tratado de Yoga Clásico*. México D.F.: Yug, 2009 (3.ª ed.).

Śiva Saṃhitā

Gosh, Shyam. *Shiva Samhita. Tratado original de yoga.* México D.F.: Yug, 2000.

Maheshananda, Swami. *Siva Samhita.* Lonavla: Kaivalyadhama S.M.Y.M. Samiti, 2009.

Mallinson, James. *The Shiva Samhita. A Critical Edition.* Woodstock: Yoga Vidya, 2007.

Srisa Chandra Vasu, Rai Bahadur. *The Siva Samhita.* Nueva Delhi: Oriental Books Reprint, 1975 (2.ª ed.).

Otros textos clásicos de *haṭha-yoga*

Awasthi, Brahman Mitra. *Yoga Sastra of Dattatreya.* Delhi: Swami Keshawananda Yoga Institute, 1985.

–. *Amanaska Yoga.* Delhi: Swami Keshavananda Yoga Samsthana Prakashana, 1987

Bhatt, Shweta. *Sivasvarodayah.* Benarés: Krishnadas Academy, s.f.

Desikachar, TKV (tr.). *Yogayajñavalkya Samhita. The Yoga Teatrise of Yajñavalkya.* Chennai, Kirshnamacharya Yoga Mandiram, 2000.

Digambarji, Swami; Jha, Pitambar y Sajvay, Gyan Shankar. *Vasishtha Samhita (Yoga Kanda).* Lonavla: Kaivalyadhama S.M.Y.M. Samiti, 2005 (2.ª ed.).

Gharote, M.L. y Jha, Vijay Kant. *An Introduction to Yuktabhavadeva (a treatise of yoga) of Bhavadeva Miśra.* Lonavla: The Lonavla Yoga Institute, 2002.

Gharote, M.L.; Devnath, Parimal y Jha, Vijay Kant (eds.). *Hatharatnavali. A Treatise on Hathayoga of Srinivasayogi.* Lonavla: The Lonavla Yoga Institute, 2002.

Gharote, Manmath M.; Jha, Vijay Kant y Devnath, Parimal (eds.). *Amanaskayogah. A Teatrise on Layayoga.* Lonavla: The Lonavla Yoga Institute, 2011.

Gharote, Manmath M. y Devnath, Parimal (eds.). *Dattatreyayogasastram.* Lonavla: The Lonavla Yoga Institute, 2015.

Mallinson, James. *The Kecharividya of Adinatha.* Benarés: Indica, 2010.

Rai, Ram Kumar. *Svarodaya. La ciencia del aliento.* México D.F.: Yug, 1980.

Sahajananda. *Hatha Yoga Manjari by Disciple of Guru Gorakhanath.* Lonavla: Kaivalyadhama S.M.Y.M. Samiti, 2006.

Satapathy, Bandita. *Amrtasiddhiyogah.* Lonavla: Kaivalyadhama S.M.Y.M. Samiti, 2018.

Estudios sobre el *yoga* postural moderno

Alter, Joseph S. *Yoga in Modern India. The Body Between Science and Philosophy*. Princeton: Princeton University, 2004.

Ceccomori, Silvia. Cent Ans de Yoga en France. París: Edidit, 2001.

Connolly, Peter. *A Student's Guide to the History and Philosophy of Yoga*. Londres: Equinox, 2007.

De Michelis, Elizabeth. *A History of Modern Yoga. Patañjali and Western Esotericism*. Londres: Continuum, 2004.

Diken, Bülent y Laustsen, Carsten Bagge. *Yoga in the Modern World. Contemporary Perspectives*. Abingdon: Routledge, 2008.

Goldberg, Elliott. *The Path of Modern Yoga. The History of an Embodied Spiritual Practice*. Rochester: Inner Traditions, 2016.

Goldberg, Philip. *American Veda. From Emerson and the Beatles to Yoga and Meditation*. Nueva York: Harmony, 2010.

Jain, Andrea R. *Selling Yoga. From Counterculture to Pop Culture*. Oxford: Oxford University, 2015.

Joseph S. Alter. *Gandhi's Bodhi. Sex, Diet, and the Polítics of Nationalism*. Filadelfia: University of Pensilvania, 2000.

Michaël, Tara, *L'avènement du Yoga postural moderne* en Yoga, Vedanta & Sadhana. Aditi n.° III. Capvern: Le Refuge du Rishi, 2020.

Muñoz, Adrián y Martino, Gabriel. *El Yoga. Historia mínima*. México D.F.: El Colegio de México, 2019.

Newcombe, Suzanne. *Yoga In Britain. Stretching Spirituality and Educating Yogis*. Sheffield: Equinox, 2019.

Stec, Krysztof. *Dymanic Suryanamaskar. Sun Salutations*. Bengaluru: Swami Vivekananda Yoga Prakashana, 2012.

Shearer, Alistair. *The Story of Yoga. From Ancient India to the Modern West*. Londres: Hurst & Co, 2020.

Singleton, Mark y Goldberg, Ellen (eds.). *Gurus of Modern Yoga*. Nueva York, Oxford University, 2014.

Singleton, Mark. *El Cuerpo del Yoga. Los orígenes de la práctica postural moderna*. Barcelona: Kairós, 2018.

Strauss, Sarah. *Positioning Yoga. Balancing Acts Across Cultures*. Oxford: Berg, 2005.

Sjoman, N.E. *The Yoga Tradition of the Mysore Palace*. Nueva Delhi: Abhinav, 1996.

Syman, Stefanie. *The Subtle Body. The Story of Yoga in America.* Nueva York: Farrar, Straus and Giroux, 2010.

Precusores y maestros del *yoga* contemporáneo

Apostolli, Natalia. *Indra Devi. Una vida un siglo*. Barcelona: Vergara, 1992.

Bordow, Sita y otros. *Sri Swami Satchidananda: Apostle of Peace*. Yogaville: Integral Yoga, 1986.

Chidananda, Swami. *Guidelines to Illumination*. Shivanandanagar: The Divine Life Society, 1975.

–. *The Philosophy, Psychology and Practice of Yoga*. Shivanandanagar: The Divine Life Society, 1991.

Desikachar, T.K.V. y Cravens R. H., *Health, Healing and Beyond: Yoga and the Living Tradition of Krishnamacharya*. Denville: Aperture Foundation, 1998.

Desikachar, T.K.V. *Yoga. Conversacoines sobre teoría y práctica.* Barcelona: Hogar del libro, 1983.

–. *El corazón del yoga. Desarrollando una práctica personal.* Vermont: Inner Traditions, 2003.

Desikachar, Kausthub. *The Yoga of the Yogi. The Legacy of Krishamacharya.* Chennai: Krishnamacharya Yoga Mandiram, 2005.

Devi, Indra. *Yoga y espiritualidad.* Buenos Aires: Vergara, 1999.

–. *Yoga for Americans: A Complete 6 Weeks' Course for Home Practice.* Eastford: Martino Fine Books, 2015.

–. *Yoga para todos.* Barcelona: Vergara, 2016.

Mohan, A.G. y Mohan, Ganesh. *Krishnamacharya his life and teachings.* Boston: Shambhala, 2010.

Iyengar, B.K.S. *Luz sobre el pranayama*. Barcelona: Kairós, 1997.

–. *El arbol del yoga.* Barcelona: Kairós, 2000.

–. *Luz sobre el yoga. Yoga Dipika. La guía definitiva para la práctica del yoga*. Barcelona: Kairós, 2005.

Iyengar, Prashant S. *Discourses on Yoga*. Nueva Delhi: New Age Books, 2016.

Jois, K.Pattabhi. *Yoga Mala. Las enseñanzas originales del Maestro del Ashtanga Yoga.* Buenos Aires: El Hilo de Ariadna, 2017.

Krishnananda, Swami. *El yoga como ciencia universal.* Madrid: Biblioteca Nueva, 1997.

–. *An Introduction to The Philosophy of Yoga.* Shivanandanagar: The Divine Life Society, 2000.

–. *My Life.* Shivanandanagar: The Divine Life Society, 2001.

–. *The Epismetology of Yoga.* Shivanandanagar: The Divine Life Society, 2008.

Krishna, Gopala. *The Yogi. Portraits of Vishnu-devananda.* Nueva Delhi: New Age Books, 2002.

Kuvalayananda, Swami. *Asanas de yoga.* Berriozar: Ambrosía, 2005.

–. *Pranayama.* Berriozar: Ambrosía, 2005.

Kuvalayannada y Vinekar, S.L. *Yogic Therapy.* Nueva Delhi: Ministry of Health. Central Health Educacion Bureau, (reimpr.) 1971.

Lebeau, Yvonne. *This Monk from India.* Shivanandanagar: The Divine Life Society, (reimp.) 1999. (Sobre la vida de Swami Chidananda).

Mandelkorn, Philip (ed.). *To Know Your Self. The Essential Teachings of Swami Satchidananda.* Nueva York: Anchor Books, 1978.

Niranjanananda Saraswati, Swami. *Yoga Darshan. Vision of the Yoga Upanishads.* Rikhia: Sri Panchdashnam Paramahamsa Alakh Baba, 1993.

Mohan, A.G. *Práctica yoga para el cuerpo y la mente.* Barcelona: Hispano Europea, 2008.

Mohan, A.G. y Mohan, Indra. *La terapia del yoga.* Guía práctica de yoga y ayurveda para el cuerpo y la mente. Barcelona: Paidós Ibérica, 2007.

Pagés Ruiz, Fernando. *Krishnamacharya's Legacy: Modern Yoga's Inventor. Yoga Journal.* Mayo/junio 2001.

Pandit Pratinidhi, Balasahib. Raja of Aundh. *The Ten-Point Way to Health. Surya Namaskars.* Londres: J.M. Dent ans Sons, 1938.

Ramaswami, Srivatsa, y Hurwitz, David. *Yoga Beneath the Surface. An American Student and his Indian Teacher Discuss Yoga Philosophy and Practice.* Nueva York: Marlowe & Company, 2006.

Ramaswami, Srivatsa, *La obra completa sobre Vinyasa Yoga.* Badalona: Paidotribo, 2018.

Satchidananda, Swami. *Integral Yoga Hatha.* Nueva York: Holt, Rinehart and Winston, 1970.

Satyananda Saraswati, Swami. *Yoga from Shore to Shore.* Munger: Bihar School of Yoga, (reimpr.) 1980.

–. *Kundalini Tantra*. Munger: Bihar School of Yoga, 1984.
–. *Surya Namaskara. A Technique of Solar Vitalization*. Delhi: Full Circle, 1999.
–. *A Systematic Course in the Ancient Tantric Techniques of Yoga and Kriya*. Munger: Yoga Publications Trust, (reimpr.) 2006.
Satyananda Saraswati, Swami y Niranjanananda Saraswati, Swami. *Bihar School of Yoga. The Vision of a Sage*. Munger: Yoga Publication Trust, 2013.
Shivapremananda, Swami. *Introducción a la filosofía yoga*. Buenos Aires: Centro Sivananda de Yoga Vedanta, 1971.
–. *Yoga integral*. Buenos Aires: Centro Sivananda de Yoga Vedanta, 1992.
Sivananda, Swami. *Voice of the Himalayas*, Rishikesh: The Yoga-Vedanta Forest University, 1953.
–. *Hatha Yoga*. Buenos Aires: Kier, (reimpr.) 1978.
–. *Autobiography of Swami Sivananda*. Shivanandanagar: The Divine Life Society, (reimpr.) 1983.
–. *Senda Divina*. Madrid: Librería Argentina, 2012.
–. *La esencia del yoga*, Madrid: Librería Argentina, 2013.
Sivananda Radha, Swami. *Kundalimi Yoga for the West*. Boston: Shambala, (reimpr.) 1985.
–. *Hatha Yoga. The Hidden Language*. Mumbai: Jaico, 1993.
–. *Radha: Diary of a Woman's Search*. Spokane: Timeless Books, (reimpr.) 2012.
Van Lysebeth, André. *The Yogic Dinamo. Yoga Magazine*, Munger: Bihar School of Yoga, septiembre 1981.
–. *Aprendo Yoga*. Barcelona: Urano, 1985.
–. *Perfecciono mi yoga*. Barcelona, Urano, 1985.
Venkatesananda, Swami. *Lectures on Raja Yoga.* Ciudad del Cabo: The Children Yoga Trust, 1972 (2ªed.).
–. *Sivananda's Integral Yoga.* Shivanandanagar: The Divine Life Society, 1981 (7.ª ed.).
Vishnudevananda, Swami. *El libro de yoga*. Madrid: Alianza, 1974.
–. *Meditación y mantras*. Madrid: Alianza, 1980.
Pant, Apa. *Surya Namaskars. An ancient Indian Exercise*. Mumbai: Orient Longman, 1970.
Yogendra, Sri. *Yoga Personal Hygiene.* Mumbai: Yoga Institute, 1931.

–. *Yoga Asanas Simplified.* Mumbai: Yoga Institute, 1956.
–. *Yoga Essays*. Mumbai: Yoga Institute, 1978.

Otros libros mencionados

De Coulanges Fustel. *La ciudad antigua. Estudio sobre el culto, el derecho, las instituciones de Grecia y Roma*. México D.F.: Nueva España, (reimpr.) 1944.
Haudry, Jean. *Le feu dans la tradition indo-européenne.* Milán: Arché, 2016.
Shourie, Arun. *Missionaries in India. Continuities, Changes, Dilemmas*. Nueva Delhi: ASA, 1994.

Glosario

Abhyāsa: práctica estable, constante y repetitiva. Práctica firme y continuada.

Adhikāra: capacidad, cualificación necesaria requerida para un estudio o una práctica particular. (*Adhikārī*: aspirante cualificado).

Advaita: literalmente, «no dual». Se aplica al sistema de pensamiento conocido como no dualismo, postulado en las *Upaniṣad*s y expuesto por Sri Shankaracharya.

Aham: noción del yo. El yo como reflejo de la conciencia.

Ahaṃkāra: sentido del yo, conciencia individual.

Ahiṃsā: no dañar, no violencia. El primero y más importante de los *yamas*, o abstenciones, del *rāja-yoga* de Patañjali.

Amanaska: estado más allá de la mente. Estado de *samādhi* que trasciende la mente.

Ānanda: dicha, felicidad, gozo. Uno de los atributos esenciales de *brahman*, el Absoluto.

Aparigraha: no acumular, no codiciar, poseer solo lo necesario. Una de las abstenciones (*yama*) del *rāja-yoga* de Patañjali.

Ārjava: rectitud, honradez, honestidad. Una de las abstenciones (*yama*) del *haṭha-yoga*.

Āsana: postura del *haṭha-yoga*. Asiento. Tercer paso del *rāja-yoga* de Patañjali.

Āśram (hindi). *Āśrama* (sánscrito): lugar de retiro. Lugar donde habita un *guru* o personas que siguen una disciplina espiritual. Estadio de la vida. El hinduismo considera que hay cuatro estadios en la vida del ser humano que lo ayudan en su camino hacia la liberación: *brahmacarya* (estudiante), *gṛhastha* (padre de familia), *vānaprastha* (retirado) y *saṃnyāsa* (renunciante).

Aṣṭāṅga-yoga: el *yoga* de los ocho pasos hacia la liberación descrito por Patañjali en los *Yoga Sūtras*. Comprende: *yama*, *niyama*, *āsana*, *prāṇāyāma*, *pratyāhāra*, *dhāraṇā*, *dhyāna* y *samādhi*.

Asteya: no robar, honestidad, ausencia de deseo por lo ajeno. Una de las abstenciones (*yama*) del *rāja-yoga* de Patañjali.

Asura: demonio, ser sobrenatural enemigo de los *devas*.

Āstikya: plena confianza en la enseñanza de los *Vedas* y la tradición. Una de las observancias (*niyama*) del *haṭha-yoga*.

Ātman: el Ser. Según el *advaita-vedānta*, la realidad o esencia del individuo que es una con el Absoluto, *brahman*.

Ātmapūjā: adoración a la divinidad como el propio Ser.

Avidyā: ignorancia, ilusión. Confundir lo temporal con lo eterno. No reconocer la Realidad absoluta inherente en nosotros. Causa raíz del sufrimiento humano.

Āyurveda: literalmente, «ciencia de la vida». Ciencia tradicional de la medicina india basada en el equilibrio de los tres humores corporales: aire (*vāta*), bilis (*pitta*) y flema (*kapha*) para mantener la salud.

Bandha: literalmente, «cadena», «lazo» o «atadura». En el *haṭha-yoga*, cierre o constricción que sella el *prāṇa* en el interior del cuerpo.

Bhakti: amor divino, devoción. El camino devocional que lleva a la unión con la divinidad.

Bhāva: ser, existencia, emoción, actitud, disposición mental. Sentimiento de absorción o de identificación. Actitud espiritual.

Bīja: semilla, origen, inicio. Causa primera.

Bhūmi: la Tierra. Suelo. En lenguaje yóguico, plano de conciencia, estadio, nivel.

Bindu: punto, centro. Según el *tantra*, símbolo de la condición primordial y unidad indiferenciada de la que emana el cosmos. En los textos del *tantra* y del *hatha yoga*, esta palabra hace referencia al *retas*, o fluido sexual masculino.

Brahmacarya: el primero de los *āśramas* tradicionales (véase *āśrama*). Estudiante que sigue el celibato. Continencia. Una de las abstenciones (*yamas*) del *rāja-yoga* de Patañjali.

Brahman: la Realidad última, el Absoluto, el Principio supremo más allá de cualquier atributo.

Buddhi: intelecto, facultad de discernir.

Cakra: rueda, círculo. Plexo, centro energético ubicado en el cuerpo sutil.

Ḍamaru: pequeño tambor de forma bicónica asociado con Shiva.

Dāna: dar, regalo, donación, acto de generosidad. Una de las observancias (*niyama*) del *haṭha-yoga*.

Darśana: visión. Tener una visión auspiciosa de la divinidad, un lugar sagrado o un *mahātmā*. Una de las seis escuelas ortodoxas del hinduismo.

Dayā: compasión, gracia, empatía. Una de las abstenciones (*yama*) del *haṭha-yoga*.

Deva: brillante. Deidad, dios.

Dhāraṇā: concentración, focalización estable de la mente. Sexto paso del *rāja-yoga* de Patañjali.

Dharma: literalmente, «aquello que mantiene unido». Virtud, mérito. Base del orden social y ético. Cualidad intrínseca, característica.

Dhyāna: meditación, concentración total. Séptimo paso del *rāja-yoga* de Patañjali.

Dhṛti: firmeza, constancia, esfuerzo firme y sostenido. Una de las abstenciones (*yama*) del *haṭha-yoga*.

Duḥkha: dolor, sufrimiento, infelicidad.

Ekādaśī: decimoprimer día de la luna de las dos fases lunares (creciente y decreciente) del mes hindú.

Guṇa: cualidad, atributo, característica. Cualidad básica de *prakṛti* (naturaleza primordial). Los tres *guṇas* son: *sattva* (pureza y armonía), *rajas* (actividad y pasión) y *tamas* (inercia e ignorancia).

Guru: maestro, preceptor. Aquel que aparta la oscuridad de la ignorancia. Aquel que inicia a sus discípulos en el camino espiritual, guiándolos hacia la liberación.

Guru-kṛpā: la gracia del *guru*.

Haṭha-yoga: camino de purificación del cuerpo físico y sutil por medio de posturas (*āsana*), ejercicios de respiración (*prāṇāyāma*) y cierres energéticos (*bandhas* y *mudrās*) para así despertar la *kuṇḍalinī śakti*, la energía latente interior.

Hrī: modestia, remordimiento, vergüenza (tras no actuar según la enseñanza de los *Vedas* o del *guru*). Una de las observancias (*niyama*) del *haṭha-yoga*.

Iḍā: canal sutil (*nāḍī*) que se origina en la base de la columna vertebral y termina en la fosa nasal izquierda. También se le denomina *candra nāḍī* (*nāḍī* lunar).

Ishvara: el Señor, Dios. El Absoluto manifestado con forma (*saguṇa-brahman*).

Īśvara-praṇidhāna: entrega, dedicación a la divinidad. Devoción a la divinidad mediante el ofrecimiento de todas las acciones (acto, pensamiento y palabra).

Japa: repetición de un *mantra*. Esta repetición o recitación puede ser oral (*vācika*), susurrada (*upāṃśu*) o mental (*manasa*).

Jīva: ser individual (*jīvātmā*). Entidad viviente.

Jīvan-mukta: liberado en vida. Aquel que ha alcanzado la liberación durante su existencia corporal.

Jñāna: conocimiento, sabiduría. Según el *advaita-vedānta*, *jñāna* es el medio para lograr la liberación, ya que es lo único opuesto a la ignorancia.

Kaivalya: estado de liberación según el *yoga* y el *sāṃkhya*. Total desapego de la materia. Soledad absoluta.

Kāṇḍa: sección, parte, capítulo.

Karma: acción (física, mental y verbal). Acción ritual. Acumulación de acciones pasadas.

Kleśa: aflicción, sufrimiento. Según el *rāja-yoga* de Patañjali, existen cinco aflicciones: la ignorancia (*avidyā*), la egoicidad (*asmitā*), el apego (*rāga*), la aversión (*dveṣa*) y el deseo de vivir (*abhiniveśa*).

Kṣamā: paciencia. Ausencia de agitación ante diferentes situaciones. Una de las abstenciones (*yama*) del *haṭha-yoga*.

Kumbhaka: retención de la respiración. Una de las tres fases de *prāṇāyāma*.

Kuṇḍalinī: literalmente, «la que está enroscada». Energía primordial. Energía cósmica dormida en el *mūlādhāra cakra* en el ser humano.

Mahātmā: gran ser. Título de respeto y honor otorgado a las personas avanzadas en el camino espiritual.

Mahāvākya: gran afirmación o sentencia. Las grandes afirmaciones de las *Upaniṣads*. Tradicionalmente son cuatro: *prajñānam brahma* (*brahman* es Conciencia) del *Ṛg Veda*; *aham brahmāsmi* (yo soy *brahman*) del *Yajur Veda*; *tat tvam asi* (Eso eres tú) del *Sāma Veda*; *ayam ātma brahma* (el *atman* no es distinto de *brahman*) del *Atharva Veda*. El *advaita-vedānta* afirma que los *mahāvākyas* indican la identidad entre el *jīva* (ser individual) y *brahman* (el Absoluto).

Mantra: palabra o frase sagrada que posee un poder espiritual. Himno védico.

Mārga: camino, medio, método.

Mati: convicción, comprensión de la enseñanza. Una de las observancias (*niyama*) del *haṭha-yoga.*

Māyā: ilusión. Ilusión cósmica. La apariencia del mundo fenoménico.

Mitāhāra: moderación en la dieta. Una de las abstenciones (*yama*) del *haṭha-yoga.*

Mokṣa: liberación, emancipación espiritual. La meta final de la vida humana.

Mudrā: gesto, sello. Ciertas posturas de las manos usadas en los rituales o la meditación. En el *haṭha-yoga*, hace referencia a las técnicas para mantener el *prāṇa* en el cuerpo y llevarlo hacia el canal central (*suṣumṇā*) para propiciar el despertar de *kuṇḍalinī.*

Mūlādhāra: *cakra* raíz. Centro energético ubicado en la base de la columna vertebral. Asiento de *kuṇḍalinī śakti.*

Mumukṣutva: intenso deseo de liberación. Forma parte del *sādhanā-catuṣṭaya*, las cuatro cualificaciones en el camino del *advaita-vedānta.*

Muni: asceta silencioso. Sabio.

Nāḍī: conducto, arteria, canal sutil por donde circula la energía vital (*prāṇa*).

Nirguṇa: libre de atributos.

Nirodha: cesación, restricción, aquietamiento.

Niyama: observancia, disciplina. Segundo paso del *rāja-yoga* de Patañjali. Los *niyamas* son *śauca* (pureza o limpieza), *santoṣa* (contentamiento), *tapas* (austeridad), *svādhyāya* (estudio de los textos sagrados y de uno mismo) e *īśvara-praṇidhāna* (entrega a la divinidad).

Ojas: vitalidad, lustre, energía espiritual.

Oṃ: sílaba sagrada (*praṇava*), sonido primordial que representa al Absoluto.

Pāda: parte, capítulo. Pie.

Piṅgalā: canal sutil (*nāḍī*) que se origina en la base de la columna vertebral y termina en la fosa nasal derecha. También se le denomina *sūrya nāḍī* (*nāḍī* solar).

Prajñā: conocimiento puro, sabiduría.

Prakṛti: naturaleza primordial. Según el *sāṃkhya*, es la fuente de la creación y está constituida por los tres *guṇas*: *sattva*, *rajas* y *tamas.*

Prāṇa: energía vital. Energía sutil que sustenta el cuerpo y sostiene el universo. Aire vital ascendente. Uno de los cinco *prāṇas.*

Praṇava: la sílaba sagrada *oṃ.*

Pañcaloha: cinco metales. Aleación de oro, plata, cobre, zinc y hierro utilizada para la confección de imágenes iconográficas.

Prāṇāyāma: control del *prāṇa*. Control de la respiración. Este se compone de inspiración (*pūraka*), espiración (*recaka*) y retención (*kumbhaka*). Cuarto paso del *rāja-yoga* de Patañjali.

Pratyāhāra: interiorización o retracción de los sentidos. Quinto paso del *rāja-yoga* de Patañjali.

Puruṣa: ser individual. Ser cósmico. Divinidad que reside en el interior.

Pūraka: inspiración. Una de las tres fases de *prāṇāyāma*.

Rajas: pasión, deseo. Una de las tres cualidades básicas (*guṇas*) de *prakṛti*.

Rājas: en los textos del *tantra* y del *haṭha-yoga*, esta palabra hace referencia al fluido sexual femenino.

Rāja-yoga: véase *aṣṭāṅga-yoga*.

Recaka: espiración. Una de las tres fases de *prāṇāyāma*.

Ṛṣi: vidente. Antiguos sabios que percibieron y transmitieron los himnos védicos.

Rudrakṣa: semilla sagrada asociada con Shiva.

Sādhanā: disciplina espiritual. Medio o práctica.

Sādhu: renunciante, asceta. Persona virtuosa, buena, sabia.

Sahaja: natural, innato, espontáneo.

Sahasrāra: literalmente, «el de los mil pétalos». Centro sutil (*cakra*) ubicado en la coronilla. Asiento de Shiva.

Śakti: poder, potencia. Energía cósmica divina que proyecta, mantiene y disuelve el universo. La Madre divina. Poder latente de Shiva.

Samādhi: absorción, unión. Estado de absorción en el que el intelecto se funde en el objeto de meditación. Estado más allá del pensamiento. Octavo paso del *rāja-yoga* de Patañjali. También puede referirse al lugar donde está enterrado un *mahātmā*.

Sāṃkhya: uno de los sistemas ortodoxos, o *darśanas*, del hinduismo. Escuela dualista que considera que hay dos realidades eternas: *puruṣa* (la Conciencia) y *prakṛti* (la materia primordial).

Saṃpradāya: tradición, tradición oral, linaje espiritual, doctrina tradicional.

Saṃsāra: ciclo continuo. Flujo perenne del devenir. Rueda del nacimiento, la muerte y la transmigración.

Saṃskāra: impresión latente o residual. Predisposición. Ritual de purificación. Rito de paso.

Śānti-paṭha: himno o plegaria que invoca la paz. Se encuentra en las *Upaniṣads* y se recita al inicio o al final de las enseñanzas para apartar los obstáculos externos e internos.

Santoṣa: contentamiento, paz. Una de las observancias (*niyama*) del *rāja-yoga* de Patañjali y del *haṭha-yoga.*

Satsaṅga: asociación con lo real. Estar en compañía de la verdad. Permanecer en compañía de los sabios y *mahātmās* o de los devotos.

Sattva: pureza, luminosidad, felicidad. Una de las tres cualidades básicas (*guṇas*) de *prakṛti.*

Satya: verdad, veracidad. La realidad. Una de las abstenciones (*yamas*) de Patañjali y del *haṭha-yoga.*

Śauca: pureza (externa e interna), limpieza. Una de las observancias (*niyama*) del *rāja-yoga* de Patañjali y del *haṭha-yoga.*

Siddha: perfecto. Aquel que ha alcanzado la perfección yóguica. Aquel que es uno con el Absoluto.

Śraddhā: completa confianza en la enseñanza, en el *guru* y en la tradición. Una de las seis virtudes (*ṣaṭ-sampatti*) del aspirante en la *sādhanā* del *advaita-vedānta.*

Sūrya-namaskāra: salutación al sol. Serie de doce posturas, o *āsanas*, de *haṭha-yoga* que se ejecutan invocando a la deidad solar.

Suṣumṇā: canal sutil (*nāḍī*) central, localizado en la columna vertebral, por donde asciende *kuṇḍalinī śakti* durante el proceso yóguico.

Sūtra: literalmente, «hilo». Aforismo, enseñanza condensada y críptica. Normalmente requiere un comentario para hacerlo inteligible.

Svādhyāya: estudio de los textos sagrados. Estudio de uno mismo. Una de las observancias (*niyama*) del *rāja-yoga* de Patañjali.

Svarūpa (*sva*: propia, *rūpa*: forma): forma real, naturaleza esencial.

Svātantrya: absoluta libertad e independencia.

Tamas: oscuridad, inercia. Una de las tres cualidades básicas (*guṇas*) de *prakṛti.*

Tantra: norma, ritual, escritura. Textos sagrados a menudo considerados como el quinto *Veda*. Escrituras reveladas que normalmente toman la forma de diálogo entre Shiva y Shakti.

Tapas, *tapasyā*: calor ascético. Austeridad, disciplina. Una de las observancias (*niyama*) del *rāja-yoga* de Patañjali y del *haṭha-yoga.*

Tejas: fuego, esplendor, luminosidad interior que se logra por medio de intensas prácticas espirituales.

Upaniṣad: literalmente, «sentarse cerca». Parte final de los *Vedas* que trata del conocimiento del *ātman*.

Vairāgya: desapego, renuncia. Indiferencia hacia todo lo que no es real. Forma parte del *sādhanā-catuṣṭaya*, las cuatro cualificaciones en el camino del *advaita-vedānta*.

Vāsanā: impresión, tendencia latente, condicionamiento.

Vedas: las principales escrituras sagradas de los hindúes. Se considera que son eternas.

Vicāra: autoindagación. Investigación u observación interior.

Vrata: voto, regla de conducta. Una de las observancias (*niyama*) del *haṭha-yoga*.

Vṛtti: fluctuación, modificación o actividad de la mente.

Yama: abstención, restricción. Primer paso del *rāja-yoga* de Patañjali. Los *yamas* son *ahiṃsā* (no dañar), *satya* (veracidad), *asteya* (abstención de robar), *brahmacarya* (continencia) y *aparigraha* (no acumular innecesariamente).

Yantra: literalmente, «restringir», «instar». Diagrama místico.

Guía para la pronunciación del sánscrito transliterado

Las palabras sánscritas se han incluido de acuerdo al alfabeto internacional de transliteración sánscrita (AITS), conservando el género del sánscrito original.

Los nombres propios de dioses, *mahātmās* y lugares siguen su escritura habitual en Occidente, sin signos diacríticos.

Esta lista de palabras es una referencia para pronunciar el sánscrito transliterado de manera aproximada.

a	mesa	*au*	causa
ā	par *(duración doble)*	*k*	cada
i	patio	*g*	gato
ī	frío *(duración doble)*	*ṅ*	tengo
u	jugo	*c*	chino
ū	uno *(duración doble)*	*j*	adyacente
ṛ	cristal	*ñ*	caña
ṝ	sonriente	*y*	yoga
ḷ	alrededor	*r*	para
e	mesa	*ś, ṣ*	show
ai	traiga	*h*	*(aspiración suave)*
o	rosa		

Cuando una consonante tiene una *h* después, como en:
kh, gh, ch, jh, ṭh, ḍh, th, dh, ph, bh,
debe pronunciarse aspirando suavemente.

Cuando una letra tiene un punto debajo, como en:
ṛ, ṝ, ḷ, ṭh, ḍh, ṭa, ḍa, ṇa, ṣa,
debe pronunciarse con la lengua curvada hacia el paladar.

Cuando una palabra termina en *ḥ* debe aspirarse y repetirse suavemente la vocal anterior.

Índice analítico

Índice de textos

Índice general